Contents

AROUND

Vol. 85
2022 September

케이크가 놓인 자리 With Dessert

ISSN 2287-4216
ISBN 979-11-6754-017-1
KRW 18,000

9 791167 540171 03050

Ha Hyun, Orto Madre, Kim Sooyon & Lim Nicholas, earthus, Erika Park, anemonesi cake, Seonyo, Sangkyung Yu, Saie Pottery, Line and Segment, Johanna Tagada Hoffbeck, guemokdang, umool, Aesop, Lee Jaeyeon

어라운드 사무실이 있는 연남동은 서울에서도 유독 디저트 카페로 유명한 동네다. 이 동네에서 지난 5년 동안 얼마나 많은 카페가 생겨났는지 모른다. 궁금했다. 끼니를 채우기 위한 식사는 아니지만 사람들의 발길이 끊이지 않는 곳의 이야기를. 이렇게 귀여운 음식을 앞에 두고 우리는 제법 진지하게 고민했다. '디저트는 뭘까?', '디저트와 간식은 뭐가 다른 거야?', '맛이 중요한가? 모양이 중요한가?' 이 궁금증은 마감이 가까워질수록 점점 단순해졌다. 좋아하는 간식이 있다는 건 사소한 행복을 안다는 것이다. "저는 아이스크림을 정말 좋아해요."라고 말하는 사람은 비빔밥이나 스파게티를 좋아한다고 말하는 사람보다 왠지 즐거워 보인다. 어라운드에는 이런 사소한 행복을 아는 사람들이 매달 신중하게 간식 리스트를 작성하고, 간식 창고를 채운다. 책상 위에 놓인 간식을 입에 하나씩 넣으며 기쁨에 가득 찬 표정을 짓는다. 이번에 우리가 만난 사람들도 행복한 얼굴로 말한다. 달고 아름다운 음식에 대해서.

김이경—편집장

The Bare Texture of a Cake

케이크의 속살

Lee Jaeyeon—Photographer

에디터 **이주연**

《파도를 넘어서 케이크》를 읽으면서 재연 씨 성격을 어렴풋이 알 수 있었어요. "만나기가 싫지 않은" 사람을 헤아리는 대목에서, "사람을 불러 모으는 것도 부담스러운 일"이라는 대목에서, '맛있다'는 칭찬을 받으면 쑥스러워하는 대목에서요.

저에게는 무척 자연스러운 표현이었는데 그렇게 짚어 주시니 흥미롭네요. 저는 원하는 것이나 편안하다고 생각하는 상황이 매우 한정적이고 모양새도 구체적인 사람인 것 같아요. 그런 만큼 싫지 않은 상황과 사람은 무척 소중한 존재죠. 저는 9시 출근, 6시 퇴근하며 평일을 보내요. 주말이나 쉬는 날에 종종 베이킹을 하고, 그것이 멋져 보이도록 사진을 찍어 사람들에게 보여주는 취미를 가진 사람이에요. 홈 베이킹을 시작하고 베이킹하며 생각한 것들을 조금씩 적었고, 얼마 전엔 이를 엮어 《파도를 넘어서 케이크》라는 책으로 출간했어요.

베이킹 레시피가 아닌 생각을 담은 책이어서 흥미로웠어요.

처음 베이킹을 하고 글을 쓰기 시작했을 땐 막연히 베이킹 블로거 정도의 위치라고 생각했어요. 레시피나 정보를 공유하기 위해 하는 일이라고 나 자신에게 설명하기도 했고요. 근데 주기적으로 포스팅하다 보니 구체적인 레시피나 기술적인 이야기가 피로하고 재미없다는 생각이 들더라고요. 점차 파운드케이크 레시피보다 소개 글에 집중하게 되고, 브라우니에 대해 장황한 서론을 늘어놓기 시작했어요. 어느새 레시피보다는 다양한 디저트에 관한 가벼운 이야기를 더 많이 쓰게 되었지요. 홈 베이커가 느끼는 외로움이나 작은 성취, 소형 오븐으로 굽는 기적 같은 순간에 관해 할 이야기가 훨씬 많았거든요. 저는 전문 레시피 개발자도 아니고 파티시에도 아니니까요. 남을 위해 베이킹하는 건 더더욱 아니고요. 자연스레 레시피는 공유하지 않게 되었고, 새로운 쿠키를 만들면서 느낀 것이나 레몬 타르트 만들기에 실패하며 겪는 고충 같은 걸 기록하기 시작했어요.

"하고 싶은 말과 불평을 하는 대신 쿠키를 굽고 버터크림을 만들어 보는데 그렇다고 내 감정이 어딜 가지는 않는다."라는 문장이 참 좋았어요. 베이킹으로 부정적인 감정을 날려버렸다는 스토리가 아니어서요.

스트레스를 풀려고 베이킹을 하지는 않아요. 베이킹을 한다고 해결되는 고민은 없고 슬픈 현실이 없던 일이 되지는 않으니까요. 힐링, 여유라는 키워드는 제 베이킹 생활과는 거리가 멀어요. 제가 베이킹을 목숨만큼 사랑한다고 말한다면… 그건 거짓말이에요. 베이킹이 제 삶의 모든 것은 아니거든요. 제 인생에 디저트보다 중요한 건 많으니까요.

그럼 재연 씨한테 디저트는 뭐예요?
아마 남들보다 디저트 생각을 200퍼센트 정도 더 하고 있을 거예요. 그렇지만 유명한 디저트 숍을 발품 팔아 찾아다니지는 않아요. 어딜 가서 디저트를 찾아 먹는 것보다 제가 만든 걸 먹는 게 더 즐거워서요. 우리 집에서도 베이커리 부럽지 않은 브라우니를 만들 수 있다는 것에 큰 의미가 있어요. 제가 생각하는 디저트는 사치스러운 선물이 아닌 '우리 집에도 있어 좋은 것'이죠.

"나에게 디저트란, 확실하게 많이 먹었구나! 하는 기분이 들게 먹어야 그게 진짜 먹은 것이다."라고 이야기했죠. 화려하지 않더라도 큼직하고, 밀도 높고 목이 메는 빵과 과자들을 사랑한다고 했어요. 재연 씨만의 언어로 디저트를 한 번 더 설명해 주실래요?
디저트가 식후에 하는 간단한 입가심이라고 생각한다면 작은 케이크 한 입도 큰 의미가 있겠지요. 제 삶에서 베이킹은 요리보다 훨씬 우선순위에 있기 때문에 식후에 즐기는 음식이라는 개념이 어색하다고 느낄 때가 많아요. 심지어 디저트라는 단어를 사용하는 것조차 편하지가 않아요. 그렇다고 많은 사람이 통상적으로 이해하고 있는 문화를 부정하려는 건 아니에요. 저는 베이킹을 할 때 '나는 디저트를 만들고 있다.'고 생각해 본 적이 없기 때문이에요. 제가 SNS나 책에서 디저트라는 단어를 사용했다면, 그것을 달리 표현할 방법은 없을지 고민한 끝에 사용한 거라고 생각하시면 될 것 같아요. 저한테 디저트란 식사와 상관없이 삶의 일부인 습관이기에 식후 입가심처럼 가볍고 개운하기만 할 필요가 없는 것이지요. 식사만큼 존재감이 있어도 되기 때문에 눅진한 초콜릿케이크나 목이 턱턱 막히는 브라우니에서 해방감을 찾는 것 같아요.

책에서 케이크는 물론이고 쿠키, 타르트부터 베이글까지 다양한 종류를 다루고 있죠. 그러나 케이크에 관한 마음은 특히 남다르다고 느꼈어요. "어떠한 방식이라도 내 삶에서 케이크는 필연적이다."라고 이야기했고요.
케이크는 구체적인 디저트의 종류이기보다는 그 단어 자체로 디저트나 간식거리를 대변하는 말 같아요. 인간에겐 불필요하지만 개개인에겐 가치 있는 무언가가 누구에게나 있잖아요. 제 삶엔 그런 의미에서 케이크와 쿠키가 곳곳에 자리 잡고 있어요. 그런 삶을 꾸려가려고 하고요. 그 과정이 번거롭고 힘들어도 언제나 케이크라는 보상이 저에게 주어질 테지요. 제 삶을 이루는 수많은 단편 소설의 엔딩에는 디저트가 있길 바라는 마음으로 하루하루를 지내고 있어요.

재연 씨의 베이킹 이야기에서 쿠키 박스 프로젝트를 빼놓을 순 없을 거예요.
아주 가끔, 인류애가 상승하거나 긍정적인 에너지를 방출하고 싶어질 때면 직접 만든 다양한 쿠키를 사람들에게 보내주는 일을 해요. 그 사람들은 보통 추첨이나 선착순 지원을 통해 받고요. 주말 내내 열심히 만들어서 월요일에 우체국에 가서 발송하죠. 쿠키 박스 안에는 쉽게 상하지 않는 제과류를 담아요. 베이킹을 시작했을 땐 회사에 디저트를 가져가 동료들에게 나눠주는 일이 많았는데, 그게 반복되다 보니 오히려 조금 불편하더라고요. 항상 같은 사람들에게 나눠주는데, 매번 이럴 때마다 억지로 디저트를 먹이는 기분도 들고 내 주변에 디저트를 좋아하는 사람이 생각보다 많지 않다는 것도 알게 됐어요. 계속 베이킹은 하고 싶은데 어디다 이 많은 걸 나눠줘야 할까 고민하다가 차라리 모르는 사람들에게 나눠주면 좋겠다고 생각해서 우편 쿠키 박스 프로젝트를 시작했어요. 그때는 맛이 있었으면 좋겠다는 생각보다는 무사히 도착했으면 좋겠다는 마음이 컸어요. 처음 쿠키 박스를 발송하고 하나둘 수령했다는 소식을 받았을 때 기분이 아직도 생생해요. 그 모든 것이 기적 같고 신기했어요. 항상 우리 집이나 내 주변이라는 경계 안에서만 머물던 쿠키들이 얼굴도 모르는 사람들의 집에 가 있다는 것은 새로운 기분이거든요.

그런 의미에서 홈 베이킹에 돈이나 명예보다 더 중요한 가치를 둔다고 생각했어요.
특별한 목표를 가지고 홈 베이킹을 하는 건 절대 아니에요. 지금도 대단한 뭔가를 어떻게 해보려고 시간을 내서 고생하는 건 아니거든요. 감정과 생각은 대부분 사람들이 가지고 살지만 그것이 겉으로 드러나는 방식은 제각각이에요. 집에서 맛있는 디저트를 만들고 그것에 대해 이야기하는 것이 제가 최근 몇 년간 선택한 표현 방식인 거죠. 표현을 더 잘하려고 애쓰고 연습하는 과정, 즐겁고 좋은 방법을 만들어 나가는 과정을 여러 사람이 봐주는 것이고요. 저는 좋아서 하는 일에 가치가 있는지 고민하는 순간마저도 위험하다고 생각해요. 순수한 즐거움을 누리고 있는 사람에게 "그게 그렇게 재미있냐."라고 묻는 것이, 예민한 사람한테는 무례할 수도 있겠다는 맥락과 비슷한 거죠. 그렇게 묻는 순간 그 사람은 민망한 기분에 잠시 그걸 내려놓고 한 발 떨어져 생각하게 되고 자기 자신에 대해 의심하기 시작하니까요.

맞아요. 누군가의 취향을 재단하지 않도록 조심해야 할 거예요. 재연 씨는 책에서도 "베이킹이 또 다른 표현 도구가 된다."고 했죠. 빈 도화지에 그림을 그리는 것과도 비슷하겠단 생각이 들었어요.
비주얼 면에서도 그렇지만 맛도 그래요. 같은 레시피를 두고서도 이 사람은 잘 해내지만 또 다른 사람은 처참하게 실패하기도 하니까요. 똑같이 잘 만들어도 결과물의 겉모습이 무척 다를 때도 있고요. 신기한 일이죠? 케이크 디자인으로도 예를 들어 볼게요. 멋진 파이핑 테크닉에서 편안함을 느끼는 사람이 있는 반면, 어떤 이는 기발한 상상력이 담긴 구조를 만드는 것에서 케이크의 의미를 찾기도 해요. 그렇기 때문에 우리가 다양한 케이크의 형태를 즐기게 된 거고요. 사실 디저트는 먹으면 없어지는 것이지만, 만드는 이에 따라 같은 디저트여도 어떤 부분을 중요시하는지 자세히 지켜보면 디저트 세계는 훨씬 다채롭게 느껴질 거예요.

추측하건대 재연 씨의 베이킹은 아름다운 작품을 만들기보단 재료 본연에 충실하단 생각이 들어요.
오해하지 말아 주세요! 저도 예쁘고 예술적인 디저트를 만들고 싶어요. 하지만 베이킹이 개인적인 사치를 해소하기 위한 장치가 아닌 것은 맞아요. 베이킹하기 오래전부터 케이크와 쿠키는 제 머릿속에 매우 빈번하게 떠오르는 것들이었고, 그것을 내 손으로 만들어 보는 건 당연히 해야만 하는 일이었어요. 저는 행복을 위해, 제 가치를 상승시키기 위해 디저트를 만들지는 않아요. 베이킹은 제 삶과 가치관의 일부이고, 지루한 일상이 되었을 정도로 무척 당연한 것이거든요. 제가 만드는 디저트의 주인공은 화려한 버터크림 파이핑이 아닌 적나라한 텍스처와 클로즈업된 디테일이에요. 재료의 질감을 살린 투박한 사진을 좋아하는 것도 그런 이유고요.

책에서 읽은 맛과 식감 묘사가 특히 좋았어요. 입 속에 디저트를 담은 느낌이었거든요. 재연 씨에게 '끝판왕' 디저트에 관해 듣고 싶어요.
저한테 모든 디저트는 '달고 진한 초콜릿케이크'로 귀결해요. 홈 베이커로 가질 수 있는 가장 큰 성취는 달고 진한 미국식 초콜릿케이크를 집에서 만들 수 있는 것 아닐까요? 화려한 앙트르메, 아름다운 타르트도 멋지지만 위선 없는 만족은 초콜릿케이크면 충분해요. 하나 덧붙이자면 최근에 올드패션드 도넛을 만들었는데 이 또한 무척 좋았어요. 튀긴 케이크 반죽에 설탕 글레이징을 입힌 건데 더이상 뭐가 필요할까요?

엄청 달고, 분명히 맛있을 것 같아요(웃음). 궁금한 문장이 있었어요. 디저트가 "달지 않고 맛있다."라는 표현이 모순적이라고 하셨죠.
"달지 않고 맛있다."는 말은 실제 의도가 잘못되었다기보다는 표현에 오류가 있는 것 같아요.

그 말이 주는 불편함을 최근에야 제대로 인지하게 됐는데, 사실 그걸 통해 하려는 이야기는 "알맞게 달아서 맛있다."는 거겠죠.

음, 달지 않은 음식은 디저트가 아니라고 생각하시나요?

달지 않은 음식이 후식이 될 순 있을 것 같아요. 식후에 감자칩을 먹기도 하니까요. 하지만 그것은 간식, 즉 스낵에 가까운 것이라 본격적으로 디저트 카테고리에 포함된다고 생각하진 않아요. 간식이 출출한 입을 달래주는 거라면 디저트는 불필요한 것이지만 행복감을 더해주는 게 아닐까 싶어요.

달콤한 디저트로 축복과 응원을 전하려던 마음도 인상적이에요. "내 결정에 대한 축하가 필요했지만 그것을 받지 못했던 여성. 원치 않는 임신을 해 어렵게 임신 중절을 해야만 했거나 홀로 아이를 키우기로 결심하고 강한 어머니가 되기 위한 격려를 받지 못했던 미혼모…." 따듯한 위로가 필요한 여성들에게 케이크로 마음을 건네고자 했죠.

임신 중절을 결정한 친구를 위한 축하 파티를 계획하는 노래의 가사가 있는데, 그 가사 속 여성이 분명 제 주위에도 있을 거란 생각이 새삼스럽게 들었어요. 여성들의 이야기가 겉으로 드러나지 않아서 그들을 위로하거나 축복할 기회가 없다는 것도요. 사적으로, 조용히, 몰래 해야만 했던 결정에 "잘했다, 축하한다."라는 이야기를 들은 사람이 몇이나 될까요? 그들에게 절절한 위로나 눈물 대신, 용기 있게 내린 결정을 종류에 상관없이 축하해 주고 싶었어요. 그들이 한 결정 때문에 자신의 여성성을 원망하지는 않았으면 좋겠다고도요. 어떤 식으로든 누군가의 삶을 지켜낸 거니까요.

긴 시간 베이킹을 해오면서도 꾸준하게 감각하는 기분이나 태도가 있나요?

내가 좋아하는 것을 내 손으로 만들어 보고 싶다는 의지는 저에게 자연스러운 기분이에요. 감사하게도 저는 그런 삶이 주어진 사람이고요. 어떤 기술을 얻어 능숙해진다 한들, 100퍼센트 마스터하는 건 어려워요. 평생 해도 다 못 해보고 끝날 정도로 할 게 많다는 점에서 베이킹 또한 멋진 활동이고요. 홈 베이커로 생활하는 게 좋은 이유는 여러 번 해본 거라 해도 언제나 과정에서 어려움이 생기고 문제를 해결해야 하기 때문이에요. 같은 케이크를 하루에 50개 만들 일은 없기 때문에 케이크 하나하나가 새로운 챕터고 모험이죠. 그래서 베이킹이 지루해지지 않는 것이고 그런 면에서 제가 서툰 홈 베이커라는 사실이 마음에 들어요.

어렵고 번거로울 거라 생각해 온 과일 케이크에 도전한 적이 있죠. 그렇게 만든 체리 피스타치오 케이크가 "완전하게 마음에 든 케이크"가 되었다고 했어요. 베이킹은 도전의 연속이라는 생각도 드는데, 또 새롭게 도전하고 싶은 어떤 것이 있다면요?

그 시도로 개운한 성취감을 느낀 건 사실이지만, 사실 그것이 제 근본적 두려움과 불안감을 해소해 주지는 않았어요. 그렇지만 정말로 불필요한 두려움이 실행을 막는다는 생각이 들 때면 다시금 펼쳐 볼 수 있는 과거의 챕터가 되기는 했지요. 요즘은 제 이야기보다는 지어낸 이야기들을 하고 싶어서 단편 소설을 쓰는 연습을 하고 있어요. 음식이나 케이크, 다양한 디저트가 반드시 한 장면 등장하는 이야기를 써보려고 해요. 아주 짧게 두 편 정도 써보았는데 저의 지질한(웃음) 감정 이야기를 하지 않아도 되어서 무척 상쾌한 기분이에요. 하지만 훨씬 어려워요. 자꾸만 제 모습을 담게 되더라고요. 일상에서 만나게 되는 이상하거나 흥미로운 사람들을 잘 기억하고 기록해 두려고 노력 중이에요. 제가 하고 싶어서 하는 거지만 새로운 시도엔 에너지 소모가 크네요. 하지만 어렵게 써 내려간 에세이가 어느 날 책이 되어 돌아온 사실을 기억하며 소설 쓰기도 포기하지 않으려고 해요.

Between My Dad And Me

한 손엔 딱 맞는 아이스크림 가방을

하현—작가

에디터 이주연
포토그래퍼 Hae Ran

햇빛 찬란한 한낮 우리는 공원을 걸으며 아이스크림 가방에서 갓 꺼낸 몇 개의 아이스크림을 먹었다. 하현은 봉투를 길게 찢어 아이스크림 바를 꺼내 들고 아삭아삭 무심하면서도 다정하게 씹는다. 강렬한 태양에 금세 녹아 뚝뚝 떨어지는 아이스크림을 능숙하게 어르는 한 손과 야무지게 먹는 그 모습을 넋 놓고 보다가, 나도 모르게 “행복해 보인다.” 자그맣게 읊조렸다. 작열하던 해가 저물어 갈 때쯤 옆에 쌓인 아이스크림 봉투는 벌써 여섯 개. 스크류바, 수박바, 메로나, 따옴바, 폴라포, 탱크보이….
아, 이 끈적하고 귀여운 행복이여.

디저트를 어떻게 받아들이느냐에 따라 의미가 달라지는 것 같아요. '먹는 것'으로 생각하면 분위기가 중요하지 않은데, '행위'로 생각하면 더 많은 게 중요해져요. 공간의 분위기나 디저트의 생김새, 함께 먹는 사람 같은 거요.

온라인 서점에서 이런 소개를 읽었어요. 하현 씨의 글은 "따스하고도 섬세한" 글이라고, "늘 세상에 대한 다정한 관심으로 주변에서 일어나는 일을 섬세하게 관찰하면서 자신의 내면에서 들려오는 목소리에도 귀 기울일 줄 아는 작가"라고요.

참 감사하고 좋은 소개인데, 솔직하게 그건 하현이라기보단 하현이 되고 싶은 사람인 것 같아요. 저는 사실 저 말고 다른 거엔 별로 관심이 없거든요(웃음). 글을 쓰기 시작하면서 자꾸 이런 생각이 들어요. '관심사가 내 안쪽으로만 향해 있는 사람은 별로 멋있지 못한 것 같다.'고요. 그래서 자꾸 다른 쪽을 보려고, 바깥을 보려고 노력하게 돼요. 그런 척이라도 하다 보면 그런 사람이 될 수 있을 것 같아서요. 정리해 보면, 저는 따뜻하고 섬세한 사람이라기보다는 그렇게 되려고 노력하는 사람이에요.

그 노력은 잘 되어가고 있어요?

아니요. 너무 어려워요. 저는 왜 이렇게 저만 재밌는지 모르겠어요. 다른 게 통 재미있질 않아서 더 노력해야겠다고 생각하게 돼요.

왜 바깥을 봐야 더 재밌을 거라고 생각해요?

에세이로 먼저 글을 쓰기 시작했지만 저는 소설을 쓰고 싶거든요. 소설은 결국 내가 아닌, 세상에 없는 사람 얘기잖아요. 근데 나만 아는 사람이 그런 얘기를 잘 쓸 수 있을 것 같지 않아서 좀더 나 말고 다른 것에 관심이 있는 사람이 되고 싶다는 생각을 하게 돼요.

저는 하현 씨 글이 잘 읽히고 재미있다고 생각해서인지 이런 이야기가 무척 의외예요.

그럼 제 노력이 성공적으로 되어가고 있나 봐요(웃음).

소설도 기대되는데요(웃음). 이름 이야기부터 해볼게요. 개명한 걸로 아는데 새 이름으로 사는 기분은 어때요?

좋아요. 이름은 인생의 기본값인데 제가 결정할 순 없는 거잖아요. SNS에서 개명 이야기를 할 땐 제 이름 '하정아'에 들어가는 단정할 정姃 자가 여성에게만 요구되는 조신함, 순종적인 언행과 연결되는 것이 스트레스라고 했는데요. 이름 뜻에 집중한 건 나중 일이고, 어려서부터 제 이름을 안 좋아했어요. 어떤 느낌이냐면 다들 "이거 네 거야." 하는데 제 것이 아닌 듯한 느낌? 그러다 개명하고 나니까 인생의 한 부분 정도는 제가 선택한 것 같은 느낌이 들더라고요. 그게 참 좋았어요. 어릴 땐 친한 친구인데도 제 이름을 2년 동안 '하정'으로 알고 있는 친구도 있었어요. 편지 첫머리에 "하정이에게."라고 쓴 걸 보고서야 알았죠.

이럴 수가. 내 것 같지 않단 의미를 알겠어요. 하현은 '하현달'에서 따온 거라고 들었어요.

어릴 때 멀미가 굉장히 심해서 아빠 차 타고 할머니 댁에 다녀올 때마다 힘들어했어요. 그럴 때 창밖에 있는 달을 집중해서 보고 있으면 좀 괜찮은 느낌이 들었죠. 어린 맘에 '저 달이 어떻게 나를 계속 따라올 수 있을까.' 궁금했는데, 계속 생각하다 보니 달이 친근하고 좋아지더라고요. 또 매일 변한다는 점도 좋아요. 특히 예측 가능하게 변한다는 게 다정하게 느껴져요. 상상하게 되는 존재라는 것도요. 옛날 사람들은 달을 보면서 그 안에 토끼가 살고, 방아를 찧어 떡을 만든다는 상상을 했잖아요. 그런 이야기까지 마음에 들어서 계속 달을 좋아하게 돼요.

띵 시리즈 여름 삼부작 중 하나로 《아이스크림: 좋았던 것들이 하나씩 시시해져도》를 출간했죠. SNS에서도 자주 눈에 띄고, 출퇴근길 전철에서 읽는 사람을 종종 만나기도 했는데요. 일명 '아이스크림 책'을 낸 소감이 어때요?

크게 변한 건 없는데… 제 주위에서만 그런 거지만 뭐랄까, 아이스크림의 권위자 같은 게 돼서 “요새 무슨 아이스크림 맛있어?”, “아이스크림 좀 추천해 줘.” 그런 얘길 많이 들어요. “너는 아이스크림 갖고 책 한 권 쓴 사람이잖아.” 하면서요(웃음). 그게 너무 귀엽고 재미있어요.

카페에서 파는 고급 디저트가 아니라 동네 슈퍼마켓에서 쉽게 살 수 있는 종류를 이야기해서 더 귀엽단 느낌이 있어요. 요샌 어떤 거 많이 추천하세요?
빙그레에서 나온 따옴바 패션후르츠맛이랑 책에서도 적극적으로 추천한 건데 해태에서 나온 아이스팜 자두맛이요. 정말 맛있어요. 맛없는 자두보다 훨씬 자두 같아요. 아, 하나 더 추천할게요. 어제 먹은 것도 맛있었거든요. 피코크에서 나온 요거트 아이스크림인데, 너무 맛있어서 한 통을 다 먹었지 뭐예요(웃음).

지금 추천해 주신 게 다 ‘수채화’ 종류네요. 아이스크림 이야기할 때 꾸덕꾸덕하고 밀키한 아이스크림을 ‘유화’, 맑고 가벼운 베리류를 수채화라고 말씀하시잖아요. 둘 중 하나를 고르라면 어떤 파예요?
아… 저한테는 엄마가 좋아, 아빠가 좋아? 같은 질문인데요. 자주 먹는 건 수채화 쪽인데, 제 안에서 아이스크림이란 단어를 딱 꺼낸다면 그때 떠오르는 이미지는 유화예요. 투게더나 소프트아이스크림 같은 거요. 자주 먹는 건 수채화지만 좀더 애정 있는 건 유화.

띵 시리즈를 처음엔 ‘쌀국수’로 제안받았다고 들었어요.
음식 에세이를 참 좋아해서 이전부터 띵 시리즈를 쓴다면 뭘 쓸 수 있을까 생각을 많이 해봤어요. 그래서 제안이 정말 반가웠고 꼭 하고 싶었죠. 근데 쌀국수로는 항상 같은 가게만 가고, 같이 가는 사람도 비슷해서 다채롭게 쓸 이야기가 없겠더라고요. 그래서 새 소재를 찾아 꼭 합류해야겠다는 마음으로 아이스크림을 골랐어요.

그 전에 소재가 하나 더 있다고 들었어요. 과자!
(활짝 웃으며) 과자는 저한테 기쁨이에요. ‘얘가 날 기쁘게 하지 않을 리 없어.’라는 믿음을 갖고 있는 음식이죠. 저는 어릴 때부터 하기 싫은 일을 할 때면 항상 과자를 먹으면서 했어요. 과자가 너무 좋으니까 그 싫음이 좀 상쇄되더라고요. 실은 아직도 그래요(웃음).

그래서 SNS에 작업하는 사진 옆에 꼭 과자나 과일이 끼어 있던 거군요.
맞아요. 장을 볼 때 항상 ‘작업 과자’를 사요. 그게 뭐냐면, 똑같은 새우깡이어도 평소엔 아무 때나 먹을 수 있지만, 작업 과자라 이름 붙이면 작업할 때만 먹어야 하는 거예요. 저와의 약속이죠. 그래서 요새는 일부러 좀더 특이한 과자나 신기한 과자를 작업 과자로 사두곤 해요. 그걸 먹으려면 작업을 해야 하니까 과자를 먹기 위해서라도 마감하게 되거든요. 요새는 올리브 영에서 파는 수입 과자에 꽂혀 있어요. 폴트에서 나오는 살구 타르트. 우리나라 과자는 짜거나 달거나 둘 중 하나인데 프랑스 과자는 새콤달콤한 맛이 많거든요. 이 살구 타르트 과자도 필링이 새콤달콤한데 전 그게 너무 좋더라고요. 꼭 드셔 보세요. 강력 추천(웃음).

얘기만 들어도 벌써 맛있는데요(웃음). 과자는 누구나 어릴 때부터 지금까지 먹고 사는 음식일 것 같아요. 꾸준히 좋아하는 과자 있어요?
꼬깔콘이요. 아이스크림에 비해 과자는 취향이 왔다 갔다 하는 편인데 꼬깔콘만큼은 변함없이 계속 좋아하는 과자예요. 고소한맛은 안 돼요. 무조건 군옥수수맛.

이번에 디저트를 주제로 여러 사람과 대화하면서 ‘디저트가 뭐라고 생각하는지’를 자주 물었거든요. 근데 대부분이 ‘달콤한 거’라고 하더라고요. 꼬깔콘은 짠 과자잖아요. 디저트라고 생각하세요?
아니요. 저도 디저트는 달콤한 거란 인식이 있어서 봉지 과자는 디저트보단 간식 같아요.

간식이랑 디저트랑 뭐가 달라요?
어, 그러게요. 밥 먹고 나서 먹고 싶은 건 디저트고, 밥 먹기 싫을 때 먹고 싶은 건 간식? 저한텐 그래요. 근데 봉지 과자는 간식이지만 상자 과자는 디저트예요. 초코송이 같은 거.

그럼 꿀꽈배기는요?
와…, 애매하네요. 아닌 쪽에 가까워요. 디저트보단 간식 같아요. 제 기준으로 정리를 해보자면, 식사하고 먹는 달콤한 게 디저트니까 너무 배부르지 않은 거여야 해요. 반면, 간식은 식사하지 않고도 먹을 수 있는 거고요. 그러니까 간식은 좀 묵직하거나 짭짤해도 괜찮은 거죠.

그럼 아이스크림은 디저트네요?
둘 다 돼요. 디저트에 가까운 것 같지만 저는 밥 대신 한 끼 정도는 아이스크림을 먹을 때도 있으니까 저한테는 디저트자 간식이자 식사예요(웃음).

〈헤어질 결심〉(2022) 보셨어요? 극중에서 탕웨이가 식사 대신 홈 아이스크림을 먹잖아요.

그 장면 너무 좋아해요. 탕웨이는 한 가지 아이스크림으로 식사를 대신하는데 저는 식사 대신 먹을 땐 여러 종류를 먹어요. 빵또아를 먹고, 월드콘을 먹고, 스크류바로 끝낸다든지, 나름의 흐름이 있죠. 아이스크림을 먹는데도 순서가 중요하거든요. 물론 한 종류만 연달아 먹을 수도 있지만 유화만 계속 먹으면 너무 묵직하고 무겁거든요.

아이스크림으로 배가 불러요?

네. 엄청 부르다기보다는 뭐를 더 먹고 싶지 않은 상태가 돼요. '이거면 됐다.' 상태.

너무 아파서 구구콘 가루를 침대에 떨어뜨리면서까지 먹었거든요.

아이스크림을 삶의 일부라고 말씀하시는 게 이런 의미였군요.

네. 시도 때도 없이 먹는 음식이어서요. 디저트는 친구랑 밥을 먹고 "케이크 먹으러 갈까?" 하고 목적을 띠고 가는 거라면 저한테 아이스크림은 정말 삶처럼 이어지는 거거든요. "너는 휴지를 하루에 몇 번 써?" 이런 질문과 다르지 않아요.

아이스크림이 생필품이군요(웃음). 그럼 아이스케키는 어떻게 달라요? 깐도리 얘기를 하면서 우유 함량이 적어

"아이스크림을 안 먹을 수는 있어도 하나만 먹을 수는 없다."라는 얘기 자주 하시잖아요. 아이스크림을 한 번에 최대 몇 개까지 먹어 봤어요?

어… 우리가 하루에 물을 몇 잔 마시는지 굳이 세진 않잖아요. 저한텐 아이스크림이 그래요. 너무 자연스럽게 먹는 거라 세보지는 않았는데, 최근에 기억나는 건 다섯 개? 작년에 자다 말고 너무 아파서 깬 적이 있어요. 온몸을 적실 정도로 땀이 나서 눈을 떴는데 너무 아프니까 못 움직이겠더라고요. 어떻게든 진료를 받아야 살겠다 싶어서 아침까지 견디려고 냉동실에 엉금엉금 기어가선 아이스크림을 다섯 개 연달아 먹었어요. 정신이 하나도 없어서 기억은 잘 안 나지만, 구구콘은 먹은 기억이 나요. 무슨 일이 있어도 침대에선 음식을 안 먹는데 그날은

딱딱하기 때문에 아이스크림보단 아이스케키에 가까운 것 같다고 했죠.

사실 저는 아이스케키 세대가 아니에요. 본 적도, 먹어본 적도 없죠. 저희 아빠가 아이스크림을 정말 좋아하시는데 아빠한테 외울 수 있을 만큼 자주 들은 게 아이스케키 얘기거든요. 옛날에는 학생들이 옆으로 메는 아이스박스를 들고 다니면서 아이스케키를 팔았다는데 '이 부러지는 거 아니야?' 싶을 만큼 딱딱했대요. 제 생각인데, 아이스크림에 우유를 넣으면 부드러워지는 대신 빨리 녹는 것 같아요. 그래서 아이스케키는 우유 함량이 적은 아이스크림이지 않을까 생각했어요. 아빠의 추억 필터가 어느 정도 입혀진 거겠지만 아빤 그 딱딱한 아이스케키가 너무

맛있었대요. 그래서 항상 맛이 궁금했는데, 제 머릿속에서 그려지는 아이스케키 이미지는 깐도리인 것 같아요.

하현 씨의 아이스크림 사랑은 아버지로부터 시작됐다 해도 과언이 아닐 것 같아요.

살면서 아직까지도 저희 아빠만큼 아이스크림을 좋아하고 많이 먹는 사람을 본 적이 없어요. 저는 아빠를 보고 자랐기 때문에 모두가 아이스크림을 다 그만큼 먹고 아빠만큼 좋아하는 줄 알았어요. 저는 스무 살이 되고 첫 아르바이트를 배스킨라빈스에서 했는데요. 점장님이 "우리 가족은 아이스크림을 안 좋아해서 가져가도 잘 안 먹어." 하시는 거예요. 충격이었죠. 아이스크림을 안 좋아하는 사람이 세상에 존재한다는 걸 처음 알았거든요. 저희 아버지는 어느 정도로 아이스크림을 좋아하시냐면… 코로나19 백신이 우리나라에 처음 들어왔을 때 나이 때문에 1순위 접종 대상자였거든요. 그 당시엔 백신에 대해 이러쿵저러쿵 말이 많던 때라 아버지도 걱정이 좀 있으셨는데, 그때 아빠가 신신당부하신 게 아이스크림을 잔뜩 사서 냉동실에 넣어 놓으라는 거였어요. 아빠는 건강을 걱정해야 하는 시기에도 아이스크림이 우선인 분이시죠. 백신 맞고 열이 펄펄 나는데도 아이스크림은 꼭 챙겨드시고(웃음). 저희 아빠는 지금도 한 번 먹는다 하면 네 개는 기본으로 드시는 것 같아요.

아이스크림을 한 번에 이렇게까지 많이 먹는 사람은 처음 보는 것 같아요.

저는 사람들이 다 저희처럼 먹는 줄 알았어요. 그래서 아이스크림을 살 때도 조합을 고려하면서 사거든요. 과자 살 때 단짠 고려하듯, 아이스크림도 유화부터 수채화까지 그날 먹을 흐름을 생각하며 사는 거죠. 근데 남들은 하나씩만 먹는다니….

하현 씨 부녀만 있어도 우리나라 빙과 산업은 무너지지 않을 것 같아요(웃음). 언젠가부터 우리나라 곳곳에서 아이스크림 할인점이 보이잖아요. 그게 언제부터였죠?

글쎄요. 10년까진 안 된 것 같고, 먼저 세계과자점이 유행했던 것 같아요. 제가 20대 초반일 때만 해도 세계과자점이 메인이었고, 거기서 서브로 아이스크림을 팔았거든요. 요새는 회사원들이 아이스크림 할인점을 투잡으로 많이 운영한대요. 한 번에 채우기도 쉽고, 아이스크림엔 유통기한이 없어서 재고 부담도 없어서요. 권장하는 유통 기한은 제조일로부터 1년이지만 권고일 뿐이어서 판매에 제약이 없거든요. 그래서 비싼 아이스크림일수록 제조 일자를 눈 여겨 보셔야 해요. 하겐다즈 같은 경우엔 다른 아이스크림에 비해 좀 비싸니까 비교적 많이 팔리지 않아서 어떤 분은 제조한 지 5년 된 걸 샀다는 이야기도 있더라고요.

5년이요? 으악. 이런 정보는 공부해서 얻을 수 있는 지식은 아닌 것 같아요.

많이 먹고 접해 봐야 알 수 있는 것들이죠. 여기저기서 아이스크림을 사다 보니까 동네별로 취급하는 아이스크림도 좀 다르다는 것도 알게 됐어요. 그래서 저는 종종 아이스크림 원정도 가요. 우리 동네에서는 못 보던 아이스크림이 저 동네엔 있고, 우리 동네에선 한 칸만 차지하던 제품이 저 동네엔 메인처럼 있고…. 동네마다 아이스크림 취향이 다른가 싶기도 한데, 그 기준은 아직 잘 모르겠어요.

디저트는 사람마다 정의가 다른 것 같아요. '디저트' 하면 어떤 이미지가 제일 먼저 떠올라요?

밥이나 식사가 지인이라면 디저트는 친구예요. 그래서 반듯하지 않아도 되고, 흐트러진 채로 대할 수 있고, 편하고, 즐겁고, 재밌죠. 반면 밥은 좀더 어려운 존재예요. 일단 준비 과정이 어렵고 치우는데도 품이 많이 드니까요. 근데 디저트는, 예를 들어 빵이라면 슈퍼에서 사고, 포장지를 까고, 그대로 먹으면 끝이니까 좀더 편하고 부담스럽지 않은 존재죠.

하현 씨 머릿속 디저트는 슈퍼에서 살 수 있는 간단한 것이군요. 많은 사람이 카페에서 먹는 예쁘고 좋은 것들을 떠올리던데요(웃음).

디저트를 어떻게 받아들이느냐의 차이인 것 같아요. 디저트를 '먹는 것'으로 생각하면 맛있으면 되니까 분위기가 중요하지 않은데, 디저트를 '행위'로 생각하면 맛 외에 많은 게 중요해져요. 공간 분위기나 디저트의 생김새, 함께 먹는 사람 같은 거요.

인터뷰를 준비하면서 마음이 편했던 이유를 이제야 알겠어요. 제가 공간이나 분위기에 크게 관심이 없어서 슈퍼마켓에서 사 먹는 아이스크림이 편하게 와닿았나 봐요.

뭐든 줄 서서 먹는 거 너무 싫어요. 힘들어요. 디저트는 손님을 대접하거나 누군가와 함께 찾아 먹는 것일 수도 있지만, 저한테는 스스로 사서 먹는 거에 더 가까워요.

책 프롤로그에도 적혀 있죠. 긴 시간 줄을 서서 다녀온 유명한 젤라토 가게 이야기! 근사하고 맛있는 디저트였지만 "아무리 아이스크림의 모습을 하고 있어도 그저 고급 디저트쯤으로 기억될 뿐"이라고 쓰셨어요. 같은

아이스크림
것들이 하나씩 시시해져도

아이스크림인데 어떤 차이가 있는 걸까요?
이건 객관적으로 말할 수 있어요. 바코드 찍고 먹으면 아이스크림, 아니면 디저트.

명쾌한데요(웃음). 《아이스크림: 좋았던 것들이 하나씩 시시해져도》를 소개할 때 "이 책은 아이스크림과 나의 우정에 대한 이야기"라고 하시더라고요. 보통은 친구 사이에 쓰는 단어여서 그런지 우정이 뭘까 묻고 싶었어요.
우정은 가장 순정한 형태의 사랑이에요. 가족은 혈연관계라서 사랑하는 거고 연인은 그 사람이 좋은 것과 더불어 무척 많은 게 끼어 있는 관계잖아요. 성인이 되고부터는 그런 조건 없이 사람이 좋아서 관계를 유지하는 게 우정처럼 느껴지기 시작했어요. 가족도, 동료도 보고 싶지 않아도 봐야만 하는 관계인데 친구는 싫으면 안 보면 그만이거든요. 아무 일도 생기지 않고요. 그러니까 아무 조건 없이도 계속 보고 싶은 상태, 계속 관계하고 싶은 상태니까 저한텐 제일 순정한 사랑이에요.

그럼 아이스크림을 향한 가장 순정한 사랑을 담은 책인 거네요.
그렇게 말하니까 너무 굉장해져 버리는데요….

그 무게감을 없애 주는 문장이 "나는 아이스크림을 사랑하지만 어느 날 갑자기 세상 모든 아이스크림이 사라져도 변함없이 잘 지낼 것이다."였어요. 미련마저 없을 수 있는 진짜 순정한 사랑이구나 싶었죠.
맞아요. 그런데도 마음을 다해 좋아하는 거기 때문에 말씀하신 것처럼 "진짜 순정한 사랑"이라고 생각해요.

지금까지 나눈 대화에 전부 고개를 끄덕였는데 책을 읽으며 딱 한 대목에서만 갸웃하게 됐어요. "냉동 블루베리를 섞은 요거트도 아이스크림으로 치는 관대한 입맛"이라니, 요거트가 어떻게 아이스크림이에요?
아, 이건 부연 설명이 필요한데요. 제가 얼마 전 건강검진을 받고 공복혈당장애 위험 진단을 받았어요. 그 이후 한동안 건강 챙긴다고 아이스크림 대용으로 먹곤 했던 건데, 냉동 블루베리를 컵에 잔뜩 붓고요, 요거트를 한 팩 뜯어서 넣고 섞은 다음 3분 정도 기다리는 거예요. 그럼 그게 완전한 고체가 돼요. 땡땡 얼어서 컵을 뒤집어도 떨어지지 않는 상태가 되죠. 그걸 숟가락으로 떠먹으면 아이스크림을 먹고 싶단 욕구가 100퍼센트 충족돼요.

(끄덕이며) 인정, 그건 아이스크림이죠. 블루베리 토핑을 얹은 요거트 아이스크림(웃음). 그럼 이참에 아이스크림의 범위를 한번 설정해 볼까요? 이를테면… 얼린 바나나는?
저한테 아이스크림은 '달콤한 고체 상태의 우유 얼음'이에요. 얼린 바나나는 아이스크림이라고 할 순 없지만 아이스크림 카테고리이긴 하죠. 근데 빙수는 아니에요. 엄연한 디저트예요. 왜냐하면 집에서 밥 먹고 "빙수나 하나 만들어 먹어야지." 이게 안 되거든요. 친구를 만나서 "저기 빙수가 맛있대. 먹으러 가자." 하는 먹거리니까요. 다만 슈퍼마켓에서 파는, 우유 부어 먹는 빙수는 아이스크림이에요(웃음). 그건 밥 먹고 "하나 먹어야지!" 하고 간단하게 먹을 수 있으니까요.

기준이 명쾌해서 속이 다 시원하네요. 특별히 좋아하는 아이스크림 브랜드 있어요?
옛날엔 콜드스톤 정말 좋아했는데 이젠 다 철수한 것 같고, 나뚜루 좋아해요. 특히 녹차 아이스크림. 하겐다즈가 우유가 많이 섞인 꾸덕꾸덕한 녹차 아이스크림이라면 나뚜루는 좀더 천연 녹차의 맛이 많이 나요. 바코드류 아이스크림 중에는 빙그레 제품을 많이 먹고 있어요. 평소에 어디서 만들었는지 따지면서 먹진 않는데 이번에 책 쓰면서 먹는 아이스크림마다 어디 제품인지 하나하나 찾아봤거든요. 근데 빙그레에서 나온 사람처럼 제가 먹는 것 중에 빙그레 제품이 정말 많더라고요. 비비빅, 메로나, 따옴바, 붕어싸만코, 투게더….

아이스크림의 가장 대표적인 특징은 '녹는다'는 거잖아요. 그래서 빨리 먹어야 한단 인식이 있는데, 디저트 하면 많은 사람이 '여유'를 떠올리는 것 같아요.
저는 그게 아이스크림의 매력 같아요. 사람을 좋아할 때도 그 사람 자체가 괜찮아서 좋아할 수도 있지만 매력적이어서 좋아하는 경우도 있잖아요. 문보영 시인이 어느 에세이에 '장 볼 때 아이스크림을 사면 마음이 급해진다.'라는 이야기를 쓴 적이 있어요. 그게 저한테는 즐거움이거든요. 빨리 가서 먹고 싶다는 마음이 커지니까 그저 예뻐할 수밖에 없게 돼요.

아이스크림이 녹는 것에 대해 "아무도 봐주지 않고 누구에게나 공평하게 멋대로 구는 것."이라고 했죠. 이 대목뿐 아니라 하현 씨 글을 읽으며 평등이란 가치를 중요하게 여긴다는 인상을 종종 받았어요.
저한테 제일 멋있는 사람은 '강강 약약'인 사람이에요. 강자한테 강하고 약자한테 약한 사람이요. 그런 사람이 되려면 권력이나 권위에 쫄지 않아야 한다고 생각하는데요. 그러려면 이미 권위를 가지고 있거나 아니면 그걸 갖고 싶어 하지 않아야 해요. 근데 저는 권력과 권위가 너무 갖고 싶은 사람이거든요. 전 아직 그런 사람이 못 되고, 앞으로도 그런 사람이 될 수 없을 것 같아요. 그래서 더 멋있다고 생각하는 거고요. 아이스크림이 누구에게나 멋대로 녹을 수 있는 건 아무도 두려워하지 않아서예요. 근데 전 두려운 게 너무 많은 사람이어서 아이스크림이 더 매력적으로 느껴지는 것 같아요.

어떤 게 두려워요?
인생이 피곤해지는 거요. 내가 어떻게 할 수 없는 일이 생기는 걸 두려워해요. 내 힘으로 해결할 수 있는 일이면 힘들거나 어려울지언정 두렵지는 않은데, 그게 아닐 때는 좀 패닉에 빠지더라고요. 그 두려움을 이기기 위해 지금 당장 갖고 싶은 권력은 경제적인 부분에서의 권력이에요. 저는 돈이 많은 사람이 되고 싶어요. 그럼 싫은 걸 안 할 수 있을 것 같거든요. 싫은 걸 좋아하는 척하지 않아도 될 것 같고요.

그런 경험이 있어요?
그럼요. 길지 않지만 사회생활할 때 사람 좋아하는 척을 참 많이 했어요. 저는 MBTI로 따지면 I(내향형) 99퍼센트인 사람이거든요. 회식이 정말 피곤하고 술자리도 힘들어하는데, 어차피 가야 하는 거라면 싫은 티를 내서 저한테 좋은 게 없다는 걸 아니까… 자꾸 좋아하는 척하는 일이 많았어요. 제가 외향적인 척도 잘하고, 인싸인 척도 잘하거든요. 그러다 보니 그런 시간을 보낸 후엔 집에 와서 영혼까지 빨려 나간 느낌이 들더라고요. “저는 회식 빠지겠습니다!” 자신 있게 말하는 상상을 많이 했는데 뜻대로 안 됐어요.

요새는 그런 일 거의 없죠?
오해를 살 수 있어서 조심스럽게 얘기하는 건데, 제가 행사나 인터뷰 같은 걸 순수하게 좋아하진 않아요. 할 땐 정말 즐겁고 행복해요. 음… 아뇨, 정정할게요. 제가 어려워하는 건 그런 자리보다도 ‘말’인 것 같아요. 글은 쓰고 얼마든지 수정할 수 있지만 말은 그렇지 않잖아요. 저는 서비스센터에 전화할 때도 할 말을 메모해두고 전화하거든요.

저도요. 스크립트 써놓고 그대로 읽어요.
정말요? 와, 반갑네요. 이런 일들이 저한테 되게 스트레스예요. 글은 계속 고칠 수 있는데 말은 하고 나면 주워 담을 수 없다는 게요. 그래서 저는 배달 앱 생긴 게 너무 좋아요. 전화로 뭘 주문하지 않아도 되니까요. 솔직히 친구들도 메시지로 먼저 전화해도 되는지 물어보고서 전화해 주면 좋겠어요.

동감! 모르는 번호로 전화 오면?
안 받아요(웃음).

하이파이브라도 하고 싶네요(웃음). 책에서 ‘소포모어 징크스’ 이야기를 하시는데요. 우수한 성적을 내던 신입생이 2학년이 되어 부진을 겪는 현상을 이야기하는 거잖아요. 많은 작가가 ‘가장 최근의 작업이 가장 좋아하는 작업이다.’라는 류의 이야기를 종종 하는데, 그걸 생각하면 조금 의외였어요.
그렇다고 첫 작업이 가장 좋다는 이야기는 아니에요. 사실 저는 제 첫 책을 그렇게 좋아하지 않거든요. 거기엔 지금의 제가 동의할 수 없는 생각과 말이 너무 많아요. 그 책엔 열아홉 살 때 쓴 글도 들어가 있으니까요. 저한테 책이 성공했다는 기준은 딱 두 개예요. 많이 팔렸거나 이 정도면 잘 썼다고 스스로 생각하거나. 첫 책은 제 기준에서 많이 팔렸기 때문에 질책에서 피해 갈 수 있었는데요. 둘째, 셋째 책은 많이 팔지도 못했는데 제가 좋아하지도 못하는 책이어서 좀처럼 예뻐하기가 어렵더라고요. 오히려 김이슬 작가랑 함께 쓴 《우리 세계의 모든 말》은 많이 팔리진 않았지만 저한텐 성공한 책이에요. 왜냐하면 제가 그 책을 많이 좋아하니까요. 어쩔 수 없이 저한테 가장 영향력 있는 독자는 저인 것 같아요. 그러니까 일단 제가 좋아야 성공한 거고요.

그럼 이번 책은 어때요?
지금까지 쓴 책들 중에선 미워하지 않을 수 있는 책이라고 볼 수 있을 것 같아요. 그래도 아쉬운 부분은 있죠. 아이스크림 책이다 보니까 여름에 출간해야 시기적으로 잘 맞아서 일정이 많이 빡빡했어요. 책을 내고 가질 수 있는 마음은 두 가지인 것 같아요. ‘이 책은 1년을 더 줬어도 이렇게밖에 쓸 수 없었을 거야.’ 하는 것과 ‘시간이 더 있었다면 이보다 더 잘 쓸 수 있었을 거야.’ 싶은 마음이요. 아이스크림 책은 후자였어요. 시간이 있었다면 더 많은 아이스크림을 더 잘 쓸 수 있지 않았을까 싶었죠. 그 아쉬움만 뺀다면, 역시 좋아할 수 있는 책이에요.

못다한 아이스크림 얘기나 에피소드가 있어요?
책에 아이스크림이랑 이야기를 하나씩 페어링 했잖아요. 그러다 보니까 정말 좋아하는데 에피소드를 못 찾아서 못 쓴 아이스크림이 있어요. 폴라포랑 찰떡아이스요. 제가 정말 좋아하는 아이스크림이고 자주 찾아 먹는데 마땅히 페어링 할 에피소드가 없더라고요. 그렇다고 쥐어짠 에피소드는 안 쓰느니만 못한 것 같아서 이야기가 쌓인 뒤에 쓰면 어땠을까 싶은 아쉬움이 있어요. 또 꼭 싣고 싶었는데 취재가 필요할 것 같아서 못 실은 게 아이스크림

가격에 관한 이야기였어요. 아이스크림이 한때 정가제를 시행한 적이 있는데, 지금은 그게 폐지돼서 부르는 게 값이에요. 편의점에서는 메로나가 1,200원인데, 아이스크림 할인점에서는 500원, 600원이면 사고 동네 마트에선 가끔 300원에도 살 수 있거든요. 그게 너무 신기하더라고요. 분명히 원가가 있고, 계산법이 따로 있을 텐데 어떻게 이렇게 천차만별인지. 만약 백설탕을 이렇게 판매했다면 사람들이 받아들였을까요? 근데 아이스크림은 다들 자연스럽게 천 원에도 사고, 300원에도 사고 있으니까 재미있기도 하고 신기하기도 하더라고요.

지난 《AROUND》 인터뷰에서 "책을 몇 권 냈으니 뭔가를 이뤘다고 생각할 수도 있지만, 아직은 잘 모르겠어요."라고 이야기했죠. 작가라는 타이틀에 대해 지금 생각은 어때요?

그 인터뷰가 작년 이맘때였을 텐데, 그사이 책은 딱 한 권 더 냈는데 저한테 확실히 달라진 점이 있는 것 같아요. 작년만 해도 뭔가를 이루기 위해서 책을 낸다고 생각했거든요. 근데 지금은 책을 냈으면 뭐라도 이룬 게 아닌가 싶어요. 그렇다고 해서 제가 대단한 걸 이뤘다고 생각하는 건 아니에요. 옛날에는 마음속에 이상적인 내 모습을 만들어두고 좋은 책을 쓰면 제가 그 사람이 될 수 있을 거라고 생각했어요. 근데 지금은 꼭 책이 아니더라도 이상적인 제가 되는 방법은 많다는 걸 깨달았어요. 오히려 책을 내는 그 행위 자체는 저한테 그렇게까지 대단한 일이 아니게 된 거죠. 그래서 책을 대하는 마음이, 지금은 너무 편하고 좋아요.

이상적인 모습은 어떤 거예요?

음, 이상은 인간적인 면도 그렇지만 조건적인 부분에서 더 큰 것 같아요. 30대 평균만큼 벌어서 내 삶을 책임질 수 있고, 노후가 불안하지 않고, 나 하나 스스로 먹여 살릴 수 있는…. 옛날엔 이걸 책으로 이루고 싶었거든요. 사실 우리나라에선 말도 안 되는 꿈이잖아요. 그러다 보니까 책을 내고도 전업이 되지 못해서 '아직 못 이뤘어. 아직 멀었어.' 한 건데, 지금은 제 생계를 책임지는 건 다른 일로도 충분히 할 수 있겠단 생각이 들어요. 그러고 나니 마음이 많이 편해지더라고요. 옛날에는 책을 내서 뭔가를 해야 한다는 생각이 있어서 매달리듯 좋아하다 보니 힘든 지점이 있었는데요. 지금은 좀더 산뜻하게 좋아할 수 있는 것 같아요.

소포모어 징크스에 빠진 사람들의 마음이 의심일 거라고 이야기했잖아요. 어쩌면 책에 대한 인식의 변화도 그런 의심을 떨쳐버리는 일이 아닐까 싶어요.

저는 요즘 제가 에세이를 쓰고 싶어서 쓰는 건지, 에세이를 쓸 수 있어서 쓰는 건지를 의심하며 지내는데요. 혹시 '롤러코스터 타이쿤'이라는 게임 아시나요? 제가 아이스크림 책 마감한 이후부터 그 게임을 다시 시작했는데 지금은 '플래닛 코스터'라고, 이전 롤러코스터 타이쿤이 업그레이드 돼서 새로 출시됐거든요. 제가 지어놓은 놀이공원에서 사람들이 놀러 오는 수준이던 게임이 지금은 건축 시뮬레이션 프로그램처럼 발전해서 되게 어려워졌어요. 기술을 습득하는 시간이 필요한 게임이라 매번 하나씩 기술을 배워가면서 하고 있는데, 그래서인지 할 때마다 제 기술이 느는 게 느껴지더라고요. 지금까지 다섯 개 정도 공원을 만들었는데, 신기한 게 후에 만든 거라고 더 잘 만들거나 더 마음이 가지는 않아요. 다섯째 만든 공원보다 셋째 공원이 마음에 들고, 게임 속 사람들도 거기서 더 큰 만족도를 느끼더라고요. 이 게임을 하면서 창작의 영역은 내가 들인 시간이나 노력에 꼭 비례하는 결과물을 주지는 않는다는 걸 느끼게 됐어요. 사실 머리로는 아는데 글 쓰면서는 받아들이기가 힘들었거든요. 근데 이걸 게임으로 익히니까 아무렇지 않게 받아들일 수 있게 되더라고요.

꼭 최신작이 좋을 거란 장담도 없고, 오히려 전보다 초기 작업이 좋아질 수도 있다는 걸 몸소 느낀 거네요. 다시 디저트 이야기를 해볼게요. 우리나라 디저트 문화가 언젠가부터 달라졌다는 생각이 들어요. 카페가 신기할 정도로 빨리 생기고, 없어지고, 해외의 디저트도 쉽게 들어오는 것 같고요.

사명감이 드는 질문인데 제 생각엔 유튜브나 인스타그램 같은 시각적인 플랫폼의 영향력이 커졌기 때문인 것 같아요. 이런 분야에선 더 빨리, 더 화려한 걸 보여줘야 살아남을 수 있잖아요. 패션 분야에서 스파 브랜드가 나오듯, 디저트도 그런 식으로 패션화되지 않았나 싶어요. 그게 좋은지 나쁜지는 잘 모르겠고, 제가 판단할 일도 아닌 것 같은데요. 소비자로서는 가끔 당황스러울 때가 있어요. 유행이 벅찰 때가 있거든요. 한때 유행하던 스콘을 인제 좀 먹어보려는데 이제는 꽈배기라데요(웃음). 꽈배기를 먹어 보려 하니까 갑자기 런던 베이글이 유행한다고 하고요.

소비자 취향을 고려하기보다는 유행으로 흘러가는 것 같다는 생각도 들어요.

우리가 유행에 맞춰가는 거죠.

저는 유행에 피로감을 느끼는 편이어서 늘 곁에 있는 아이스크림이나 과자를 더 자주 찾는 것 같기도 해요.

맞아요. 꾸준하니까 마음이 편해요. 마음먹고 찾지

않아도 된다는 점에서요. 앞서 말한 유행하는 디저트들은 먹기 위해 줄도 서야 하고, 멀리 나가야 접할 수 있는 음식이거든요. 큰맘 먹고 '그래, 오늘은 기필코 한번 먹어보자!' 하고 가는 거죠. 근데 제가 말하는 아이스크림은 아무 데나 가서 아무렇지 않게 사 먹을 수 있으니까, 전 그게 좀더 편하고 마음이 가요. 멋있는 친구도 좋지만 아무래도 편한 친구가 좋잖아요. 메로나 먹을 때 특히 그런 생각을 많이 해요. 요새 따옴바에 빠져 있지만, 따옴바는 '앞으로 몇 년이나 더 먹을 수 있을까.' 싶어서 더 많이 찾게 되는 심리도 있거든요. 근데 메로나는 한 번도 이걸 앞으로 못 먹는다는 생각을 해본 적이 없어요. 믿음직스럽달까요.

인생 슬로건이자 장래 희망이 부유하고 명랑한 독거노인이라고 했어요. 얼마 전에 로또에 당첨되면 아이스크림 백화점을 만들고 싶다고 이야기하시던데, 그 백화점 한 번 건설해 볼까요?

좀 설레는데요(웃음). 일단은 아이스크림 할인점보다 규모가 클 것 같고요. 규모가 크니까 코너를 나눌 수 있을 것 같아요. 콘 아이스크림 코너, 바 아이스크림 코너, 비건 아이스크림 코너…. 우선 국내에 유통되는 아이스크림을 다 입고해 놓은 다음에 월별로 테마를 정해서 아이스크림 큐레이션을 하고 싶어요. '가을에 먹기 좋은 아이스크림'이나 '운동하고 먹기 좋은 아이스크림' 같은 거요. 사실 요즘 상상하는 건 작품과 연결 짓는 건데요. 두 달에 한 번 정도 작품을 하나 정하는 거예요. 영화라든가 소설이라든가…. 그 작품 주인공이 먹었던 디저트를 모아서 판매하는 거죠. 제가 만든 백화점에서 그런 일이 일어나면 정말 재미있을 것 같아요.

찰리와 초콜릿 공장 같아요. 환상적인 느낌! 직원도 여럿 있겠죠?

여럿 있으면 좋지 않을까요. 상황과 여유가 되면 그렇게 할 것 같아요. 사실 로또 1등에 당첨된다고 해도 제가 감히 만들 수 있을진 모르겠지만 상상만으로도 좋아요.

이렇게 아이스크림을 좋아하는데 공복혈당장애 위험 상태라니. 건강이 자꾸 마음에 걸리네요.

그래도 살 날이 많으니까 지금부터 관리하면 괜찮다고 하더라고요. 조금씩 신경은 쓰고 있는 단계죠. 그래서 이 가방 이상은 사지 않아요. (노란 보냉백을 손에 쥔다.)

아, 이게 그 '아이스크림 가방'!

맞아요. 클라우드 맥주를 사면 사은품으로 주던 보냉백이라는데, 작은 캔맥주가 딱 아홉 개 들어간대요. 아르바이트할 때 같이 일하던 언니가 준 건데 굉장히 잘 쓰고 있어요. 아이스팩 넣고 아이스크림 담으면 20분 정도는 거뜬히 옮길 수 있더라고요. 이 가방에 아이스크림이 생각만큼 많이 안 들어가거든요. 그래서 혈당에 유의하는 저한테 굉장히 유용한 아이템이에요. 제 원칙은 하나예요. '이 가방에 못 담을 만큼 사지 않을 것.'

그 약속 꼭 지켰으면 좋겠어요. 그럼 이 가방 들고 아이스크림 쇼핑 함께 나가 볼까요?

좋아요. 아이스크림 먹기 좋은 장소도 보여 드릴게요!

유화에서 시작해서 수채화로

유화 01 | 비비빅 흑임자맛

"여름보다 가을이나 겨울에 어울리는 아이스크림이에요. 오리지널 비비빅 안 좋아하는 사람들도 이건 맛있다고 하더라고요. 포근하고 다정한 맛이에요."

유화 02 | 쑥이랑 떡이랑

"쑥 아이스크림에 쫀득쫀득한 떡이 들어간 샌드 아이스크림이에요. 자주 볼 수 있는 게 아니어서 오늘 대접하려고 아이스크림 할인점을 옆 동네까지 뒤졌는데 결국 못 찾았어요. 아, 지난주엔 분명히 있었는데…."

수채화 01 | 따옴바 패션후르츠맛

"따옴바 시리즈가 전체적으로 훌륭한데 그중에서도 저는 패션후르츠맛이 제일 맛있더라고요. 상큼하고 달콤해서 디저트 아이스크림으로 딱이에요."

수채화 02 | 아이스팜 자두맛

"자꾸 드셔 보시라고 권하는 건 많이 팔려야 저도 계속 먹을 수가 있어서예요. 보이면 자주 먹어주세요. 계속 나올 수 있게요!"

So Sweet, Orto Madre

텃밭에서 길어 올린 다디단 자연

박현신—오르또 마드레

에디터 이주연
포토그래퍼 Hae Ran

서울에서 한참을 달려 도착한 용인. 일러주신 주소에 가까워질수록 푸름은 짙어지고 사위는 고요해진다. 인기척이 지워진 동네에 다다르자 낮은 대문과 다정한 문패가 인사를 건넨다. 주변의 산과 경계가 없는 정원, 올망졸망 매달린 작물들이 귀여운 텃밭, 제 계절을 지나 숨죽이고 있는 허브. 대문 안에 놓인 두 채의 공간이 궁금해 목을 길게 빼고 있으려니 창문으로 어스름히 실루엣이 비친다. 문을 열고 나오는 여성을 본 순간 단번에 알 수 있었다. 저분이 바로 허브의 어머니구나, 텃밭의 엄마구나, 하고.

Husqvarna

디저트라는 건 배가 부른 것도 아니고 꼭 먹어야 하는 것도 아니에요. 근데 디저트값을 지불하고 나면 행복해져요. 엄청 큰돈이 아닌데도 쉽게 행복해지잖아요. 보기만 해도 기분이 좋아지고요.

용인까지 오는 길이 꼭 소풍 길 같았어요. 설레고 즐거웠거든요. 집이 무척 넓어요. 뒤쪽에 공간이 또 있는 것 같은데요?

정원과 텃밭, 집과 작업실로 이루어진 곳이에요. 뒤쪽 공간의 원래 용도는 남편 작업실인데, 제 작업실로도 겸사겸사 사용하고 있죠. 용인에서 전원생활을 시작한 지 어느덧 20년이 넘었네요. 원래는 근처에 저수지가 있는 마을에 살다가 펜션이 너무 많이 생기는 바람에 이사 오게 됐어요. 이 집을 지은 지도 벌써 6년이 됐네요.

층고가 높아서 그런지 쾌적해요. 거실에 이렇게 큰 나무를 키울 수도 있고, 탁 트인 느낌이 참 좋아요.

멋진 나무죠? 호주에서 온 나무인데 이름이 뭐더라(웃음). 아, 아우라카리아. 실내에서 키우기 좋은 나무예요. 물 주는 게 어렵지도 않고요.

집도, 작업실도, 정원도, 텃밭도 휴대폰 액정으로만 봐왔는데, 이렇게 두 눈으로 직접 보니 더욱 좋네요.

아무것도 없는 동네라 못 찾으시면 어쩌나 걱정했어요. 여차하면 마중 나갈 준비를 하고 있었죠. 디저트라는 주제로 연락해 주셔서 반가웠어요. 주제가 주제인 만큼 디저트를 좀 준비했는데, 멋진 분들과 근사한 음식이 많이 나올 것 같아서 나름대로 저만의 테마를 고민해 봤어요. 텃밭을 갖고 있으니까 채소로만 만든 디저트가 어떨까 싶었죠. 네 가지를 준비했는데, 이건 텃밭에서 수확한 노란 비트로 만든 케이크예요. 비트는 사실 냉장고에 두면 손이 잘 안 가는 채소예요. 그럴 때 오븐을 활용하면 좋아요. 한 번 구우면 단맛이 응축되어 더 맛있어지고 활용도가 높아지거든요. 샐러드나 수프, 케이크를 만들 때도 유용하고요. 통밀에 구운 비트를 두 컵 갈아 넣고, 코코아 파우더와 메이플 시럽, 올리브 오일을 넣어 달지 않은 케이크를 완성했어요. 그 옆에 있는 둥그런 케이크는 천도복숭아를 가득 넣고 구운 거예요. 제철 재료를 넣은 거라 계절의 맛을 품고 있죠.

정말 예쁘네요. 그 옆에 작고 동그란 디저트는 뭐예요?

제라늄이라는 허브를 다져서 아몬드로 만든 스노볼이에요. 한번 드셔 보세요. 설탕은 아주 조금만 넣어서 달지 않게 만들었어요. 당도는 설탕보단 채소나 과일에서 끌어내는 걸 좋아해요. 어때요?

처음 보는 디저트라 맛이 상상되지 않았는데 고소해요. 식감은 좀 쿠키 같고… 입에서 부서지는 느낌이 좋아요. 맛있어요.

다행이에요(웃음). 테이블이 좀 허전해 보여서 비트 케이크에 데커레이션을 하면 좋을 것 같은데… 이 꽃으로 해볼까요? (화병에 꽂힌 꽃을 가리킨다.)

이건 무슨 꽃이에요?

야생 당근꽃이에요. 이렇게 하나씩 따서 올리면 꽤 근사해지지요. 음료도 준비했는데, 더우니까 목부터 축이고 시작해요.

(테이블에 음료가 놓인다.) 색이 참 청량해요.

요즘 텃밭에 오이가 무척 잘 자라서 오이로 만들어 봤어요. 봄에 허브를 수확하면 차나 시럽 형태로 만들어 두거든요. 그러고는 남은 계절 이렇게 사용하는 거죠. 민트 시럽은 만드는 것도 간단해요. 물 한 컵, 설탕 반 컵을 넣고 바글바글 끓이다가 민트 이파리를 넣고 뚜껑을 덮어 두면 되거든요. 한 김 식으면 걸러서 병에 담아요. 오늘 음료는 오이와 민트 시럽 조금, 그리고 얼음과 탄산수를 부어 시원하게 만들어 봤어요.

오이를 좋아해서 생오이를 곧잘 베어 먹는데 오이 음료는 처음 먹어봐요. 정신없이 먹기만 하고 싶네요(웃음). 먼저 이름 이야기부터 해볼까요? '오르또 마드레Orto Madre'라는 이름으로 활동하고 있죠.

오르또Orto는 텃밭이란 뜻이고, 마드레Madre는 엄마라는 의미예요. 이 이름은 한 축제에서 따오게 되었어요. 15년 전쯤 이탈리아에서 '살로네 델 구스토Salone Del Gusto'와 '테라 마드레Terra Madre'라는 슬로푸드 축제를 경험한 적이 있는데요. 맥도날드 같은 패스트푸드가 정착하면서 사람들 입맛을 균일하게 만들어 버리는 걸 막자는 취지의 축제인데, 여러 오가닉 푸드와 소멸 위기에 처한 전통 음식, 식자재를 다채롭게 경험할 수 있어서 참 좋았거든요. 이 축제의 이름인 테라 마드레가 땅의 엄마라는 의미예요. 그 말이 마음에 들었는데, 땅까지는 너무 거대하고… 저는 텃밭을 하니까 오르또 마드레라는 이름을 짓게 됐어요.

텃밭 엄마, 참 다정한 이름이에요. 워낙 허브로 이것저것 많이 만드셔서인지 허브의 어머니라는 애칭도 있는 것 같던데요.

일본에 요리를 배우러 가서 가장 놀라고 신기했던 재료가 허브였어요. 그때가 38년 전이니까… 정말 오래됐네요. 요리로 유학을 가는 것도 우리나라에선 흔치 않던 시절이에요. 해외여행도 못 가던 때니까요. 허브를 알고 나서 정말 신기했던 게 어떤 허브를 넣느냐에 따라 일본 요리도 되고, 중국 요리도 되고, 프랑스 요리도 되고, 이탈리아 요리도 된다는 거였어요. 사실 채소나 고기는 다 거기서 거기인데 허브가 요리를 확 바꾸어 놓더라고요. 충격적이었죠. 한국엔 허브라는 게 잘 알려지지 않던 시절이니까 한국으로 돌아올 때 허브를 직접 키워 봐야겠다고 생각하게 됐어요. 그때만 해도 아파트에 살 때라 베란다에서 시작했는데 생각만큼 잘 안 자라더라고요. 마침 남편과 시골로 이사하자는 이야기를 하게 돼서, 인테리어 디자이너이던 남편이 집을 짓고 저는 본격적으로 허브를 키울 겸 전원생활을 시작하게 됐어요. 그게 벌써 27년도 더 된 일이네요. 요리를 공부하고 허브를 키우면서부터 '팜투테이블Farm To Table'에 대한 관심이 점점 더 커졌어요. 푸드 마일리지(식품이 생산지에서 소비자의 식탁에 오르기까지 이동하는 거리)가 짧을수록 재료 본연의 맛이 살아나기 때문에 신선한 재료가 식탁에 오르는 데 집중하게 된 거죠. 그렇게 직접 키운 허브부터 새로운 식재료로 여러 요리를 만들며 지내고 있어요. 음, 이거 한번 보실래요? (푸른색 식물을 내민다.)

이게 뭐예요? 예쁘게 생긴 식물이네요.

홉Hop이에요. 맥주 원료, 8월에 수확한 프레시 홉. 이걸로 작년에는 부산에 있는 고릴라 브루잉이랑 홉피니스 맥주를 만들어서 한정 기간 판매하기도 했어요. 디자인하우스와 함께한 작업이죠. 제가 하는 일이 이런 거예요. 새로운 식재료로 새로운 메뉴를 개발하고 소개하는 거요. 브랜드와 컬래버레이션도 하면서요.

활동의 중심에 허브가 있군요. 이젠 허브가 우리 삶에 제법 익숙해졌지만 여전히 향신료 정도로 인식되는 것 같아요. 선생님은 허브를 잎뿐만이 아니라 열매나 꽃을 다 포함하는 거라고 이야기하셨는데요. 허브에 관해 좀더 들려주실래요?

일단은 몸에 이로운 식물이에요. 근데 꼭 먹는 거라고만 이야기할 순 없어요. 독이 든 허브도 있거든요. 어떻게 보면 식물 전체를 다 허브라고 볼 수도 있을 거예요. 요리 측면에서 보자면 메뉴 성격을 바꿔주는 재료라고 생각해요. 레몬그라스 하나로 태국 요리가 되고, 민트 하나로 모로코 요리가 되니까요. 우리나라로 치면 고춧가루를 넣어야 매운탕인 것처럼요.

허브에 관해 이렇게 이야기하신 적이 있죠. "다른 나라 음식에 대한 편견을 없애줬고 또 다른 문화를 이해하고 관심을 갖도록" 해줬다고요.

여행 갔을 때 맡은 다른 나라의 공항 냄새를 떠올려 보세요. 특유의 향이 나잖아요. 일본은 간장, 중국은 오향 같은 냄새요. 그런 향이 자리 잡은 건 그 향의 허브나 스파이스가 많이 나는 곳이어서 그래요. 다들 그런 재료로 요리하며 지내니까 특유의 향이 자리 잡게 된 거죠. 우리나라로 따지면 마늘 같은 거겠지요? 그런 의미에서, 허브가 다른 나라 음식 문화를 이해하게 해줬어요.

일본에서의 이야기를 좀더 해볼게요. 유학지로 결정한 게 왜 일본이었어요?

외국에 자유롭게 나갈 수 없던 건 물론이고 유학도 시험을 봐야만 갈 수 있던 때였어요. 그러니까 유럽이나 미국은 너무 먼 얘기였고, 일본은 그나마 문화를 접하기 쉬운 환경이라 선택하기 편했죠. 지금은 우리나라가 문화적으로 많이 발전했지만 그땐 일본과 격차가 엄청났어요. 일본은 식문화가 굉장히 일찍 발달했거든요. 우리나라에 식문화가 제대로 자리 잡은 건, 제 생각에 10년도 채 안 되는 것 같아요.

그 시절 일본은 어땠어요?

우리나라 식문화는 이제야 그 시절 일본 수준에 미치는 것 같아요. 일본엔 38년 전에도 외국 식재료가 많이 들어왔거든요. 우리나라 사람들이 와인에 관심을 갖고

맛이나 종류에 대해 이야기하는 오늘날 문화가 38년 전 일본엔 이미 자리 잡고 있던 거죠. 허브 역시 일찍 들어와 있어서 마트에서 어렵지 않게 구할 수 있었어요. 그 당시 저에겐 충격일 수밖에 없었죠. 디저트만 해도 그래요. 그때 우리나라엔 디저트라는 문화가 자리 잡기는커녕 케이크도 태극당 같은 제과점 말고는 잘 볼 수가 없었거든요. 근데 일본은 다도 문화가 발달한 덕에 화과자가 무척 잘돼 있었어요. 케이크도 다양했고요. 그러니까 일본에 가서 제가 충격을 받은 딱 두 가지가 허브, 그리고 디저트였던 거예요. '스위츠Sweets.'

일본은 꾸준히 식문화가 발전한 반면 우리나라는 단시간에 발전한 것 같아요.
아주 이른 시일 내 따라잡았지요. 물론 디테일하게 따지면 차이 나는 부분도 있겠지만, 요즘은 우리나라 커피가 더 맛있다고 느끼는 일도 많아요. 우리나라에 디저트 문화가 발전하기 시작한 건 해외여행이 가능해지고부터일 거예요. 여행을 다니게 되면서 여러 나라 문화를 습득하고 표현하기 시작한 거죠. 10년 전엔 없던 것들이 생겨나고 그에 따라 디저트 문화도 많이 바뀌었어요. 지금은 케이크는 물론이고 베이글도 다양한 형태로 자리 잡았고, 캐러멜이나 도넛 같은 것도 문화가 되었잖아요. 이런 현상은 경제적으로 여유가 생기고 잘살게 되었다는 의미 같기도 해요. 이제 디저트값으로 1만 원을 지불할 만큼의 여유가 생긴 거죠.

어떻게 이렇게 급속도로 발전하게 된 걸까요?
아마 우리나라 사람들의 특징이나 성향 때문이 아닐까요? 사실 디저트라는 건 배가 부른 것도 아니고 꼭 먹어야 하는 것도 아니에요. 근데 디저트값을 지불하고 나면 행복해져요. 엄청 큰돈이 아닌데도 쉽게 행복해지잖아요. 보기만 해도 기분이 좋아지고요. 디저트의 이런 특징이 쉽고 빠르게 소비하는 요즘 사람들 정서랑 잘 맞는 것 같아요.

디저트는 꼭 먹어야만 하는 것도 아니고 배가 부른 것도 아니라고 하셨는데, 그렇다면 디저트를 뭐라고 정의해 볼 수 있을까요?
행복감을 주는 거요. 옛날엔 디저트를 축하하기 위해 먹었어요. 생일 케이크가 대표적이죠. 그러니까 자연스럽게 심적으로 여유 있고, 삶이 빡빡하지 않을 때 찾게 되는 음식이란 인식이 있어요. 고급스러운 기분으로 시간을 보내고 싶을 때도 예쁜 디저트를 찾게 되고요. 그래서 디저트는 행복인 거죠.

지금 말씀하신 디저트는 아름다운 디저트를 의미하는 것 같아요. 그럼 슈퍼마켓에서 파는 과자는요?
과자도 디저트지요.

디저트는 참 광범위하네요. 샌드위치만 해도 누구에겐 식사, 누구에겐 디저트잖아요.
둘 다 맞는 얘기 같아요. 속이 푸짐한 샌드위치부터 차에 곁들이는 작은 샌드위치까지 어떻게 만드느냐에 따라 종류는 다양하니까요. 디저트는 아주 작은 과일부터 샌드위치까지 모두 포함할 수 있는 거 아닐까요? 먹는 사람이 어떻게 생각하느냐에 따라 다른 것도 같고요. 내가 식사로 먹겠다면 식사가 되는 거고, 디저트로 먹겠다면 디저트가 되는 거죠. 요즘 친구들은 케이크 한 조각으로 식사를 대신하기도 하잖아요.

맞아요. 저도 종종 베이글로 식사를 대신하는데 엄마는 빵으로 배가 차냐고 물으시더라고요.
시대가 많이 달라져서 그런 것 같아요. 요즘은 옛날에 비해 뭐든 풍요로워요. 그러니까 '꼭 밥을 먹어야 한다.'는 강박관념이 없는 거죠. 옛날 사람들은 무조건 밥을 먹어야 끼니라고 생각했거든요. 한 번 먹을 수 있을 때 푸짐하게 먹어 두자는 마음이었겠죠. 반면, 지금은 언제든 먹을 수 있으니까 시간 내서 먹는 디저트가 더 붐을 일으키는 것 같아요.

그럼 디저트도 끼니가 될 수 있다고 생각하시는 거네요.
그럼요. 오늘 차린 디저트만 해도 충분히 끼니가 되는걸요. 게다가 이렇게 채소가 들어간 디저트가 요샌 의외로 많아요. 채소나 곡물은 식사 대용이 되는 재료니까 더욱더 식사를 대신할 수 있지 않을까요? 일반 디저트에 비해 인공적인 당분도 적어서 몸에도 더 좋을 거고요.

이런 이야기를 하신 적이 있죠. "입맛은 한 번 길들여지면 바꾸기가 쉽지 않은데 자연의 단맛보다 인공적인 단맛의 자극성에 익숙해져 버리면 원재료의 맛을 느끼기가 점점 어려워집니다."
주방에 알맞은 대답이 있어요, 잠시만요. (냉장고에서 오이를 꺼내온다.) 아까 오이 좋아한다고 하셨죠? 이 오이를 먹어보면 '자연의 단맛'이 뭔지 분명히 느낄 수 있을 거예요. 요새 오이 못 먹는 사람, 싫어하는 사람이 많이 보이는데 진짜 오이를 안 먹어봐서 그래요. 갓 딴 걸 먹어야 진짜 채소 맛을 알 수 있거든요. 이 오이는 어제저녁에 수확하자마자 냉장고에 넣어둔 건데, 한번 드셔 보세요.

어? 엄청 시원해요. 그리고… 달아요!

그렇죠? 마트나 시장에서 파는 오이는 유통 과정이 있기 때문에 어느 정도 시간이 지난 오이일 거예요. 푸드 마일리지가 긴 거죠. 오이, 당근, 아스파라거스, 어떤 채소든 바로 수확했을 때 당도가 가장 높아요. 그러니까 유통 과정이 길면 길수록 향과 맛이 떨어지는 거죠. 한여름에 수박 먹으면서 무지 달다 그럴 때 있죠? 사람들이 자꾸 단 걸 찾으니까 인공적으로 단맛을 만드는 거예요. 그런 것만 찾으니까 농부들도 어쩔 수가 없는 거죠. 근데 인공적인 단맛은 계속 먹으면 물려요. 역하기도 하고요. 경험해 보지 않으면 진짜 맛을 알 수가 없어요. 채소 본연의 단맛을 알려면 자연에서 제대로 재배한 걸 먹어봐야 해요. 그래야 자연의 단맛과 인공의 단맛이 구분되거든요. 채소들은 대부분 달아요. 이 오이도 마찬가지고요. 어때요, 기운이 좀 나나요?

네. 작고 얇은 오이라 생소했는데 먹어본 오이 중 가장 시원하고 달았어요. 이걸 다 재배하신 거라니, 엄청 부지런해야 할 것 같아요.

시골에 살면 부지런해질 수밖에 없어요. 이렇게 뜨거운 한낮엔 밖에 나가 있을 수가 없거든요. 아침에 일찍 일어나야 좀 시원한 공기를 쬐면서 일할 수 있어요. 저는 보통 새벽 5시에 일어나서 차를 한 잔 마시고 두 시간 정도 밭일을 해요. 그러다 7시 반쯤 되면 아침을 먹죠.

그 '밭일'이라는 게 정확히 어떤 거예요?

수확하는 일이죠. 거둬들이기도 하고, 잡초도 뽑고, 꽃을 잘라 꽂기도 하고요.

제 꿈이 적당한 시골에서 오이를 키우며 지내는 건데, 한 번도 해본 적이 없으니 좀 어렵겠죠(웃음)?

벌레를 견딜 수 있다면, 부지런하다면 할 수 있어요. 저도 한 번도 해본 적 없던 일인걸요. 남편도, 저도 서울 토박이예요. 서울에서 쭉 살다가 나중에야 용인으로 와서는 마구잡이로 해본 거죠. 사실 지금도 아마추어예요. 근데 텃밭에서 수확한 작물들을 누구한테 팔 게 아니니까 부담이 없어요. 잘못되면 잘못되는 대로 두는 거죠. 사실 밭일보다도 새로운 식재료에 관심이 많아서 구하기 어려운 것들을 키우는 거예요. 외국에 나갈 때마다 씨를 사 와서 직접 키우다 보니 이렇게 텃밭이 되고, 과일이나 채소도 기르게 된 거죠.

요새는 어떤 걸 키우고 있어요?

웬만한 허브랑 채소류는 다 있고요. 베리류를 좋아해서 베리 종류도 굉장히 많아요. 블루베리, 레드커런트, 블랙커런트, 구스베리, 스트로베리, 이런 베리, 저런 베리…. 베리는 키우기가 쉽거든요. 스스로 잘 자라는 애들이라 웬만한 베리는 다 들여놓고 지내요.

꽃도 다 직접 심으신 거죠? 이렇게 알찬 정원이 되기까지 얼마나 걸린 거예요?

10년이 넘게 걸렸죠. 근데 지금 이 정도로는 가드닝을 한다고 이야기하기도 어려워요. 20년 넘게 해야만 가드닝 좀 한다 해볼 수 있을 것 같아요. 가드닝도 어느 순간 유행처럼 번지기 시작했죠? 갑자기 우리나라가 카페 공화국이 된 것처럼 식물에 대한 관심도 점점 커져가는 것 같아요. 한 5-6년 전부터 이렇게 된 것 같은데, 저는 20년 전에 이미 정원과 텃밭을 꾸리기 시작했으니 조금 빨랐죠. 근데 저는 정원을 꾸밀 목적보다는 허브 가든을 조성하는 게 1차 목적이었어요. 그다음은 베지터블 가든. 제가 원하는 건 아름다운 정원을 만드는 것보다도 푸드 마일리지가 짧은 작물을 얻는 거였으니까요.

허브가 이국의 재료라고 생각하고 보니 우리 주변에 있는 디저트는 주로 서양식인 것 같아요.

좀더 생각해 보면 우리나라 전통 디저트도 있죠. 떡. 사실 떡도 분명히 디저트인데 우리나라엔 떡을 디저트로 먹는 문화는 잘 안 잡혀 있는 것 같아요. 반면 일본은 전통 식문화를 디저트에 잘 녹여낸 편이죠. 차를 마실 때 과자를 곁들이고, 간편하게 떡을 먹는 문화도 오래 정착해 있었으니까요. 디저트에 관심이 생긴 건 일본에서 공부하면서부터였어요. 한국에서 온 애가 일본 식문화에 관심을 가지니 대견하셨나 봐요. 선생님이 매주 따로 다도랑 이케바나를 가르쳐 주셨는데, 그 덕에 일본 문화와 좀더 가까워지게 되었죠.

이케바나가 뭐예요?

아, 꽃꽂이의 일종인데 요즘 우리나라에서도 유행하더라고요. 서양식 꽃꽂이가 아니라 침봉에 꽂는 방식이에요. 재미있게 배웠죠. 매주 수업마다 선생님이 집에 가서 먹으라며 다도 할 때 곁들이던 과자를 싸주셨는데요. 그 화과자에 흥미가 생겨 오래된 화과자 집을 직접 취재해 보기도 했어요. 일본에 있는 화과자 집은 몇백 년씩 명맥을 이어온 곳이 많거든요. 제가 있던 곳이 오사카여서 교토의 장인들에게 직접 편지를 보내 연락했죠. 그땐 전화도 일반적이지 않던 때라 소통하려면 우편을 이용해야 했어요. 이야기를 듣고 싶다는 내용의 편지 한 장과 답장을 쓸 수 있는 엽서를 함께 보내곤 했어요. 일본어도 잘 못할 때인데, 그 편지를 보고도 주인들이 취재를 수락해 주더라고요.

재밌어요. 좀더 듣고 싶어요.

편지에 대단한 내용은 없었어요. "저는 한국인 유학생입니다. 화과자에 관심이 무척 많으니 당신의 이야기를 들려주세요." 대충 그런 내용이었죠. 몇백 년 동안 이어져 온 화과자집 장인한테 그런 엽서를 보내다니(웃음). 근데 절반 정도가 수락해 주셔서 이야기를 들어볼 수 있었어요. 지금 생각하면 너무 뜬금없는 짓을 한 것만 같은데… 그땐 그런 개념이 없었고, 한국에서는 듣도 보도 못한 정교한 과자를 보는 게 신기하고, 맛 또한 경이로워서 무조건 이야기를 듣고 싶었어요. 38년 전이라 기억은 잘 안 나지만 다들 기특해하셨어요.

1년 동안 먹을 걸 저장해 놔요. 아까 말했듯 티나 시럽으로 만들면서요. 여기 뜯어 놓은 게 로즈제라늄인데, 향 한번 맡아보세요. 원래는 더 진하고 짙은 향인데 지금은 향이 옅게만 남았을 거예요.

이 은은한 향도 좋은데요? 그 옆에 있는 것도 허브인가요?

네. 박하예요.

어, 그러고 보니 박하사탕 향이네요.

허브는 제철에 향기를 맡아봐야 하는데…. 먼 길이지만 내년 봄에 허브 향 맡으러 다시 한번 놀러 오세요(웃음).

일일이 편지를 보낸 정성에 탄복한 게 아닐까요. 허브와의 만남도 궁금해지는데요.

그 당시에도 일본엔 전 세계 요리를 하는 레스토랑이 많았어요. 저는 요리를 공부하는 사람이다 보니 그런 델 많이 찾아가곤 했죠. 메뉴 이름을 보면서 '이건 무슨 맛일까.' 상상했고, 학교에서 배운 것들이 점점 더 궁금해졌어요. 지금 저희 집 주방 서랍에 향신료가 꽤 많은데요, 이 많은 종류를 일본에선 38년 전에도 만날 수 있었어요. 일본 향신료 브랜드도 엄청 오래된 것이 많거든요. 허브에 처음 관심을 갖게 된 건 요리 덕분이었고, 차차 허브티에도 관심이 생겼어요. 지금은 이런저런 허브를 직접 키우고 있으니까 허브로 요리도 많이 하고, 봄이 오면 수확해서 이렇게 저렇게 가공해서

지금은 텃밭의 어머니처럼 요리가 익숙해 보이는데, 38년 전이면 요리를 배우기도 쉽지 않던 때잖아요. 어떻게 요리를 배워야겠다 마음먹게 된 거예요?

저희 아버지가 옛날부터 새로운 식재료에 관심이 많으셨어요. 요즘도 여전히 그렇고요. 아버지가 지금 아흔인데, 일흔에 로스팅을 배우셨어요. 지금도 원두를 볶아 점조직으로 납품하고 딸들 몫도 만들어 내시죠. 저희 집은 옛날부터 새로운 먹거리가 들어오면 제일 먼저 먹는 집이었어요. 그러니까 자연스럽게 음식에 관심이 많아졌고, 이것저것 많이 만들면서 지냈기에 요리를 공부해 보자는 생각도 이상하지 않았죠. 그 당시 처음 요리로 유학 간 학생이다 보니 신문에서 인터뷰하러 오고 그랬어요(웃음).

저였어도 인터뷰하고 싶었을 것 같아요(웃음). 요리의 어떤 점이 특히 좋았어요?
재밌잖아요. 음식을 하면 여러 사람이 행복해져요. 저는 푸드 콘텐츠 기획자지만 요리사는 아니어서 더 길게, 재미있게 할 수 있는 것 같아요. 누군가에게 음식을 대접하고 대가를 받는 역할이 아니니까요. 운 좋게 하고 싶은 걸 하면서 살고 있어요. 제가 원하는 건 재료와 가깝게 지내는 거거든요. 요리도 물론 즐겁지만 싱싱한 재료를 보거나 새로운 재료를 발견했을 때 정말 기뻐요.

요새는 또 어떤 재료를 발견하셨어요?
유럽 포도요. 샤인머스캣 말고, 향이 굉장히 좋은 유럽 포도가 있거든요. 유럽 포도는 모양이 정말 예뻐요. 종류도 다양하고요.

포도 얘기 듣는 순간 입에 침이 쫙 고였어요(웃음). 디저트에 관한 책도 여럿 쓰셨는데, 디저트를 이야기할 때 "요리를 마무리할 디저트"라는 표현을 쓰셨더라고요. 그러고 보면 디저트는 애피타이저나 본식보다는 후식의 역할을 하는 것 같아요.
달콤하니까요. 디저트의 뿌리는 서양 문화에 있는데, 서양 메인 요리엔 우리나라와 달리 설탕이 안 들어가거든요. 그래서 설탕을 마지막에 먹는 문화가 발달했던 거예요. 반면 우리나라는 갈비든 불고기든 메인 요리에 설탕을 넣어요. 오히려 설탕을 넣지 않는 요리를 보기가 어렵죠. 일본도 그렇고요. 그러니까 후식으로 먹는 디저트 문화는 서양에서 먼저 발달할 수밖에 없던 거죠. 서양에서 후식으로 먹는 게 단 거다 보니 디저트는 단 거란 이미지가 생기는 것 같아요.

식사가 다 끝난 다음 먹어서인지 좀 여유롭다는 인상도 있어요.
맞아요. 서둘러 먹는 사람은 없으니까요. 밥은 급하게 먹기도 하지만 디저트는 그렇지 않아요. 기분이 안 좋을 때 예쁘고 단 걸 먹으면 행복해지지 않나요? 그런 게 디저트의 매력이겠지요. 대화하다 보니 에너지가 좀 떨어지네요. 시원한 디저트 하나 더 내올게요. (냉장고에서 꺼내 온 연둣빛 젤리 위에 노란 꽃과 얇게 썬 오이를 올린다.)

이렇게 예쁜 걸 어떻게 먹죠? 노란 꽃도 정말 예뻐요.
잘 보세요. 꽃 아래 오이가 달려 있죠?

와, 제 새끼손가락보다 작네요. 오이꽃이군요!
오이 민트 젤리예요. 보기만 해도 예쁘죠? 요새 오이가 많이 나서 오이로 만든 디저트를 많이 내오게 되네요. 자연 재료로만 만든 거예요. 민트, 오이, 탄산수, 민트 시럽.

(한 숟가락 떠먹는다.) 이거… 너무 맛있는데 또 먹고 싶어지면 어떡하죠?
큰일 났네요, 제가 만든 거라서 어디서도 못 먹는데(웃음). 촬영할 거 생각해서 큰 디저트볼에 담았는데 혼자 먹기엔 양이 좀 많죠?

아니요, 저 이거 다섯 그릇은 먹을 수 있을 것 같아요(웃음). 왜 디저트는 가볍게 먹는 거란 인식이 있을까요?
단맛 위주니까요. 단 건 많이 먹기가 힘들어요. 사실 디저트는 맛도 그렇지만 행복을 주는 음식이라 좋은 것 같아요. 디저트는 보기만 해도 표정이 펴지고 "아, 예쁘다!" 소리가 절로 나오잖아요. 디저트를 앞에 두고 무뚝뚝한 표정으로 먹는 사람은 거의 없거든요.

어쩌면 디저트를 만들어 내는 데 들어가는 정성 덕분일지도 모르겠어요. 스콘 하나만 만들어도 반죽하고, 발효시키고, 굽는 시간이 꽤나 오래 걸리잖아요.
차근차근 만들어야 하는 음식이죠. 저는 구운 이후에는 후반 작업을 그리 많이 하지 않는 편이에요. 구운 상태에서 끝을 내곤 하죠. 재료에 손을 많이 대는 걸 좋아하지 않거든요. 제 눈엔 있는 그대로의 것이 뭐든 가장 아름다워 보여요. 정성껏 장식하고, 정교하게 데커레이션 하는 것도 나름대로 매력 있지만, 터프해서 아름다운 것도 있잖아요. '심플 이즈 더 베스트.' 그게 제 모든 요리의 목표예요. 그러기 위해서는 일단 재료가 신선해야 해요. 그래야 그 자체만으로 빛이 나거든요. 간단하게 올리기 좋은 자연 재료가 바로 허브예요. 약간의 허브만으로도 요리가 특별해지니까요. 탄산수 한 잔에 민트만 올려도 분위기가 확 달라지잖아요. (물끄러미 바라보며) 근데, 아까 내어준 젤리를 아직도 먹고 있네요(웃음).

너무 맛있어서 아껴 먹고 있어요.
디저트는 그런 게 좋아요. 많이 먹어도 배가 안 부르다는 거. 게다가 여긴 설탕도 얼마 안 들어가서 물리지도 않고 건강을 해치지도 않죠. 허브에도 궁합이 있는데 민트랑 오이는 참 잘 어울리는 재료예요. 더 청량해지고, 더 상큼해지면서 시너지를 내죠.

이런 디저트를 개발하려면 많이 경험하는 것도 중요할 것 같아요.
많이 먹고, 생각도 많이 하고, 먹어본 걸 조합하기도 하죠.

머릿속으로 맛과 모양을 상상도 많이 하고요. 그래서 바깥에서 사 먹는 것도 중요하게 생각해요. 다른 사람들이 만드는 것에도 꾸준히 관심을 가져야 하는 일이거든요. 디저트는 어떻게 보면 만드는 사람이 자기표현을 할 수 있는 음식 같아요. 누가 만드느냐에 따라 같은 디저트여도 맛과 모양이 다르거든요.

먹어본 디저트 중에 정말 맛있다 싶은 거 있으세요? 자꾸 생각나는 거.

누데이크Nudake요. 이 디저트 브랜드는 세상에 없는 디저트를 만들어 내요. 여기야말로 디자인적인 면에서 만드는 사람의 성향이 그대로 반영된 디저트를 만드는 것 같아요. 누데이크 케이크는 그 자체로 작품이에요. 그래서 더 좋아하죠. 먹어본 것 중에서는 '오이크'가 인상 깊었어요. 오이 무스로 만든 케이크인데 맛과 디자인, 색상과 식감의 모든 조화가 좋았죠. 누데이크는 전 세계로 뻗어 나가기에 충분한 브랜드예요. 외국에서도 수많은 디저트를 먹어봤지만, 누데이크만큼 특별한 곳은 못 본 것 같아요. 이제 예쁘고 맛있는 디저트는 어디서든 만날 수 있어요. 하지만 이렇게 크리에이티브한 디저트는 또 없죠. 얼마 전엔 새로 오픈한 성수점에 다녀왔는데 신메뉴가 기대를 저버리지 않더라고요. 저는 외국에서 지인이 놀러 오면 누데이크부터 데려가곤 해요. 숨도 못 쉬게 만드는, 정교한 기교가 있는 디저트도 아름답지만 저는 누데이크의 파격적인 비주얼과 맛을 좋아해요. 너무 크리에이티브 하다 보면 맛을 놓치기 쉬운데, 누데이크는 두 마리 토끼를 다 잡은 브랜드죠.

비주얼만으론 맛이 상상되지 않는단 점도 매력적인 것 같아요. 선생님이 SNS에 올린 디저트 레시피 중에서도 그런 게 있었어요. 딸기와 후추를 함께 드시는 걸 보고 무척 놀랐거든요.

간단한 조합인데 굉장히 잘 어울려요. 딸기 철이 오면 꼭 드셔 보세요. 음, 그러고 보니 이번 호가 나올 때면 무슨 계절이죠?

9월이요, 초가을.

9월이면 사과가 제철일 텐데, 맛이 좀 덜한 사과를 가지고 디저트를 한번 만들어 보세요. 사과의 심을 빼서 그 안에 흑설탕, 시나몬을 넣고 오븐에 굽기만 하면 고급스러운 디저트가 되거든요. 40-50분 정도 구워주면 되는데, 그냥 먹어도 맛있고, 아이스크림이랑 먹어도 맛있어요. 뭐든 채소와 과일은 구우면 맛있어지니까 맛이 좋은 사과는 생으로 먹고 좀 떨어지는 사과로 만들어 보는 걸 추천해요. 당도가 쫙 올라올 거예요.

더 달아지기도 하는군요.

그럼요. 과일과 채소는 구우면 당도가 확 높아져요. 그래서 오늘 차린 비트 케이크도 구운 비트를 사용한 거예요. 구우면 당도도 높아지고 젤리처럼 쫄깃쫄깃해져요. 떡에 호박이나 무를 넣는 것도 비슷한 이유예요. 생각해 보면 디저트에 채소가 은근히 많이 들어가요. 당근 케이크, 호박 케이크, 고구마 케이크도 있고요.

채소는 식사에만 사용한다고 생각했는데 생각해 보니 디저트에도 잘 어울렸네요. 왠지 더 가까워진 기분이에요(웃음). 오늘 저녁엔 뭘 드실 예정이에요?

저녁엔 거의 간단한 식사에 술을 곁들여요(웃음). 오늘은 와인? 아, 디저트가 남았으니까 샴페인이랑 먹는 게 좋겠네요. 샴페인이 디저트랑 정말 잘 어울리는 거 아세요? 요새는 사람들이 디저트를 아메리카노랑 먹는 걸 즐기는 것 같은데, 제 취향은 커피보단 차, 차보단 술이에요. 와인도 좋고, 와인보다 더 좋은 건 샴페인(웃음). 해외여행 가시면 케이크집을 유심히 보세요. 샴페인 파는 곳이 은근히 많거든요. 집에 샴페인이 있다면 오늘 한번 디저트랑 드셔 보세요. 혹은 맥주. 특히 에일과 먹으면 궁합이 좋답니다.

마침 집에 먹다 남은 케이크가 있어 냉장고에서 꺼내 접시에 올렸다. 포크로 푹푹 파먹은 못난이 케이크. 자연의 단맛도, 수백 년의 전통도 없는 케이크였지만 와인과 엉켜 혀에 감겨오는 맛이 색달라 좋았다. 좀더 자연에 가까운 디저트를 찾고 싶다고 생각하면서, 오르또 마드레의 정원에서 받아 온 토마토를 잘게 자른다. 속이 비어 있는 이국의 토마토. 선생님이 알려 주신 대로 올리브 오일과 소금을 살짝 쳐 입에 넣으니 '아사삭' 기분 좋은 소리가 입속을 메운다. 냉장고에 넣어 차게 만든 오이는 함께 사는 식구들과 한 입씩 사이좋게 베어 물어야지. 신선하고 좋은 재료를 누군가와 나눠 먹는 일은 마음을 넉넉하게 만든다. 자꾸만 얼굴에 웃음꽃이 핀다.

어느 느슨한 오후

김수연·임니콜라스—신촌문화관

에디터 김현지
포토그래퍼 Hae Ran

신촌문화관 김수연, 니콜라스 대표는 일상의 작은 조각이 기분 좋은 리듬을 만들어낸다고 믿는다. 자연스럽게 즐겨온 순간들에 어울리는 옷을 입히고 이름표를 달아 세상에 나열한다. 이를테면 오후 세 시, 막걸리와 함께하는 느슨한 시간의 이름은 '레이지댄싱서클'이다.

신촌문화관

—

형태: 상가
거주: 2년 8개월
나이: 40세

두 분이 하는 일이 정말 많아 보여요. 어떻게 소개하면 좋을까요?
수연 의식과 상황의 흐름대로 다양한 일을 전개하고 있어요. 먼저, 복합문화공간인 '신촌문화관'을 운영해요. 일상에 실용적이고 기분 좋은 리빙 제품을 만들고 싶어서 '행잉스터프'를 런칭했고, '림오리지널'을 통해 저의 바느질 작업을 소개하고 있어요.
니콜라스 지난 4월, 크래프트 막걸리를 선보이면서 '레이지댄싱서클'이 새로운 프로젝트로 더해졌어요. 앞서 소개한 여러 프로젝트는 수연과 제가 구성원인 '림더라이프LIMN the LIFE'라는 그룹에서 진행하고 있어요. LIMN은 '그리다'라는 뜻을 가진 영어의 동사이기도, '그림'이라는 우리말에서 따온 음절이기도 한데요, 간결하게 말하자면 '그림 같은 일상'을 추구하는 두 사람이 다양한 분야에서 경계 없이 재미있고 기능적인 걸 만드는 거죠. 명함에는 디렉터라고 써 있네요(웃음).

'Naming Your Home'은 나다운 일을 하는 분들의 일상적이고 사소한 집을 엿보는 기사인데요, 신촌문화관이 집보다 더 일상의 공간이라 하셔서 촬영 장소를 이곳으로 바꿨어요.
수연 신촌문화관에서 일도 하고 때론 잠도 자면서 하루의 많은 시간을 보내거든요. 신촌문화관은 여덟 개의 유닛이 모여 있는 문화 교류 공간이에요. 지금 이야기를 나누는 3실이 림더라이프 작업실이에요. 더불어 우리가 집처럼 쓰는 공간인 거죠.

잠자는 곳도 있군요. 일하는 곳, 먹는 곳, 쉬는 곳을 구분해둔 건가요?
수연 맞아요. 먼저 공간의 중간을 유리 파티션으로 나누었어요. 파티션을 경계로 우리 둘의 작업실과 거실에 해당하는 공용 공간이 있어요. 지금 저희가 앉은 공간은 공용 공간으로 오디오와 책, 긴 테이블을 두어 손님이 오거나 미팅이 있을 때 개방하기도 하죠. 파티션 안쪽은 저희의 개인적인 공간이에요. 일을 일찍 마치면 니콜라스를 기다리면서 목화솜을 채운 두툼한 보료에 누워 쉬거나 반려견 벤지와 놀아요. 책을 보면서 와인이나 막걸리를 마시고 작업이 늦어질 때는 잠을 자기도 하죠. 주방은 3실 문을 열고 나가면 바로 보이는 별채로 5실에 있어요. 거기서 음식을 먹고, 2층 벤치커피스튜디오에서 커피 한 잔 가져와서 3층 테라스에서 나무를 보면서 잠시 휴식을 갖곤 해요.

모든 존재는 자기만의 이름으로 불릴 때 따듯한 생명력을 얻는다고 생각해요. 신촌문화관은 어떤 의미예요?
수연 '이름 따라간다'는 말에 공감해요. 저는 신촌에서 대학 생활을 했는데, 그때만 해도 신촌은 젊음의 상징 같은 동네였다고나 할까요? 옷 가게나 액세서리 숍, 문구점, 음반 가게, 음식점, 술집 등이 즐비해 있고 와글와글한 지역이었죠. 시간이 지나 신촌은 파릇함보다는 황폐한 느낌의 동네가 되었어요. 사람이 드나들지 않으니 다른 동네에서 쉽게 만날 수 있는 좋은 카페나 갤러리, 식당 같은 콘텐츠가 귀하고요. 가족 덕분에 오랜만에 신촌을 다시 찾으면서 '우리만의 방식으로 공간을 꾸려보면 어떨까?' 하는 생각이 들었어요. 우리가 좋은 레퍼런스를 만들면 비슷한 환경에 있는 건물들이 다시 활기를 찾을 수도 있지 않을까 싶었죠. 큰 고민 없이 신촌에 문화 콘텐츠를 채워보자는 마음으로 신촌문화관이라는 이름을 붙였어요. 다목적 대여 공간인 1실, 2실 두 개의 갤러리를 만들었고, 2층에 신촌문화관의 로비라 할 수 있는 벤치커피스튜디오를 열었어요. 로컬 주민의 사랑방이자, 신촌문화관을 편히 경험할 수 있는 공간이죠. 그 외 공간은 작업, 사무 공간으로 틀을 갖춘 뒤 입주사들을 모집했어요. 이름이 '문화관'이라 그런지, 현재 건축집단, 시나리오 작가, 아트 편집숍, 친환경 세제 브랜드, 독립 마케팅 회사 등 아티스트와 크리에이터들이 입주해 지내고 있어요. 보통의 공유 오피스보다 독립적인 형태로 운영되고, 오고 가며 테라스나 계단에서 반갑게 인사하고 이야기를 나누는 식이라 우리는 이곳이 마을 같다는 이야기를 자주 해요. 저희를 호칭할 때도 신촌의 촌村을 따서 촌장이라 부르죠.
니콜라스 신촌이 유동 인구가 많은 지역은 아니지만 우리의 색을 찾고 유지할 수 있다는 점에서 해 볼만 하다고 생각했어요. 붐비고 동네 색이 강한 곳이었다면 우리 방식대로 할 수 없는 부분이 많았을 것이고, 분위기에 맞춰 템포를 따라가야 했을 테니까요. 우리가 할 수 있는 것을 해보자고 마음먹고 2019년 12월에 신촌문화관을 열었어요.

이런, 신촌문화관을 열자마자 코로나19가 발생한 거네요.
니콜라스 그렇죠. 2020년 1월부터 팬데믹으로 번졌으니까요. 신촌문화관 시작과 동시에 벤치커피스튜디오를 열었는데, 몇 달 동안 둘이 덩그러니 앉아 있었어요. 준비했던 프로그램도 기약 없이 미뤘죠. 신촌문화관은 사람들을 모으는 곳인데 카페 운영도 하기 힘들고 전시도 열 수가 없어서 참 막막했던 기억이 나요.
수연 지나고 보니 이 동네를 알아가는 시간이었다고 생각해요. 막연하게 학생이나 관광객, 한국에 머무는 외국인들이 방문해 줄 거라 예상했는데, 코로나19로 외국인이 한국에 들어오지 않았고 학생들도 2년 가까이 비대면 수업을 하면서 조용한 동네에 인적이 더 드물어졌어요. 그러자 우리가 집중하지 않은, 동네에 숨어 있던 창작자들이 조금씩 나타나더라고요. 그들과 같이 할 수 있는 프로그램을 소소히 했고, 한계적인 상황에서 아기자기하게 생활하는 방법을 터득해 나갔어요. '문화 공간 활성화'라는 초기 플랜은 잠시 내려놓고 우리가 하고 싶은 것들을 만들어내는 데 에너지를 썼어요. 만약 우리가 다른 지역에 문화 공간을 열었고 활발하게 운영될 수 있는 상황이었다면, 행잉스터프나 레이지댄싱서클 같은 브랜드가 탄생하지 않았을지도 모르죠.

전에는 어떤 일을 했어요?
니콜라스 미국 실리콘밸리 IT 회사의 한국지사장으로 지냈어요. 회사원으로 오래 지내면서 어느 날 돌아보니 우리가 사는 세상이 바뀐 것을 깨달았어요. 미래 학자들이 얘기하던 열린 시대, 연결된 시대가 정말로 현실 세계로 온 거예요. 원래 많은 사람들이 하나와 다른 하나의 중간에서 일하고 있어요. 판매하는 이와 구매하는 이를 잇기 위해 홍보하고 배송하는 일이 필요했는데, 이제는 만드는 사람과 소비자가 직접 서로를 찾아 연결할 수 있는 거죠. 내가 다른 사람들이 공감하는 의미 있는 일을 하고 있으면, 그 일에 관심이 있는 사람들에게 자연스럽게 알려지는 시대인 거예요. 달라진 세상에서 어떻게 살아야 할까 고민해 보니, 스스로 뭔가를 만드는 사람이 되어야 한다고 생각했어요. 더 늦기 전에 크리에이터로서 살고 싶어서 그 길로 회사를 나왔죠.

수연 저는 서양화를 전공하고 매거진 기자와 마케터를 거쳐 디자인 브랜딩 회사 디렉터로 일했어요. 다른 회사나 브랜드가 요구한 일을 수행하는 데 오랜 시간 단련이 되었죠. 그 안에서 제 관심사를 발견하고 재미있는 클라이언트와 프로젝트를 선택하기도 했지만 궁극적으로는 나의 일이 아님에 공허함도 있었죠. 어느 순간 조직이 커지고 직원이 늘어나니까 회사 운영을 위해 내키지 않는 일도 하게 되더라고요. 언제까지 이렇게 할 수 있을까, 내 일을 하고 싶다는 마음이 점점 커졌어요. 저는 니콜라스와 달리 바로 정리하진 못하고 일과 병행하면서 예전부터 하고 싶던 일을 경험해보기로 했어요. 제가 하고 싶은 일은 한국적인 소재와 아름다운 천을 다루는 것이었는데, 아무리 관심이 많아도 이것을 업으로 삼는 것은 매우 다른 일이잖아요. 돌다리도 두드리는 성격이라 전문성 없이 브랜드를 만들 자신이 없었어요. 회사에 다니면서 전통 한복과 규방 공예를 배우기 시작했고, 전국에 몇 곳 남지 않은 대학교의 전통 복식 학사를 이수했어요. 그 과정에서 꾸준히 공부하고 싶은 분야인 '누비'를 만났고요. 누비는 두 겹의 천 사이에 속을 넣고 골을 만든 뒤 간격을 매우 촘촘하게 바느질하는 전통 침선 기법이에요. 이런 과정과 시간을 거치면서야 하던 일을 정리할 수 있었어요. 그 후로는 한국의 패브릭을 다루며 정성스럽게 바느질한 작업을 림오리지널에 소개하고 있어요.

파티션 너머에 놓인 발이 인상적이에요. 흔들리는 모습이 아름답고 평온하네요. 이것도 림오리지널 작품이죠?

수연 맞아요. 공간을 나누거나 가리고, 오브제로 활용하는 발은 가볍고 단순한 형태에 비해 존재감이 크고 실용적이에요. 공간을 조화로이 구획하고 연결하는 것에서 그 매력이 드러나죠. 발은 림오리지널의 시작부터 함께했던 작업인데요, 작업의 시간이 쌓이면서 점차 내가 하고 싶은 바느질의 모습을 찾게 되었어요. 전통적인 방법만을 고집하지 않아도 된다는 마음이 역으로 생기는 거죠. 전통 바느질에 기반을 두었지만, 시대나 표현 방식에 제한을 두지 않고 그저 만들고 싶은 것에 집중하고 있어요. 제 작업이 누군가에게는 전통적으로 보이고, 또 누군가에게는 현대적으로 읽힌다는 말을 들을 때 만족스러워요. 현대의 미학을 표현하더라도 공부는 계속해야 한다고 생각해요. 저고리와 치마를 만들어야 누빌 수가 있으니까요. 현재는 국가무형문화재 누비장 전승 교육사님에게 사사받고 있어요. 배움을 완결 짓고 싶은 마음인데, 가끔 그날이 멀게만 느껴져 답답해지면 니콜라스에게 하소연해요. 대학에서 전공하듯이 길게 바라보고 배우다 보면 완성이라는 느낌이 오지 않겠냐고 말해주더라고요. 매일매일 습관처럼 하다 보니 수련 같은 느낌이에요.

행잉스터프는 어떻게 만들게 된 거예요?

수연 신촌문화관의 리뉴얼 인테리어 공사를 하면서 각 층과 룸마다 넣고 싶은 리빙 제품이 몇 가지 있었어요.

시간이 지나도 유용하고 쓸모 있는 유니버셜한 디자인을 좋아해서 덴마크 어느 카페에서 봤던 키친랙이나, 파리의 호텔 입구에 걸려 있던 코트와 모자 행어를 정말 열심히 찾았는데, 한 시대를 풍미하고 단종되었거나 더이상 생산되지 않는 제품들이라 아쉬웠죠. 현대인의 눈으로도 충분히 매력 있는 디자인 제품이라, 그 원류를 찾아 공부했어요. 막연히 유럽에서 만들어졌을 것이라 생각했던 제품은 사실 인도에서 범용적으로 쓰는 국민 키친랙이더라고요. 행어는 프랑스의 아르데코 디자인 방식으로 제작되었던 빈티지 제품들만 남아 있었고요. 더이상 찾을 수 없다면 직접 만들어 보는 것은 어떨까 하는 생각이 들었어요. 저희가 생활하는 집이나 작업실을 둘러보았더니, 실제로 많은 가구와 소품을 행잉하고 있더라고요. 벽이나 천장에 행잉하는 제품은 색다른 매력이 있거든요. 공간의 스타일이나 쓰임에 따라 용도와 분위기가 달라지니까요. 이렇게 우리가 좋아하고 필요한 제품을 만들면서 행잉스터프라는 브랜드가 시작되었어요. 걸어보니 더 특별하게 느껴지는 것, 주변과 이질감 없이 어우러지는 것, 공간에 기분 좋은 리듬감을 선사해 주는 것 등을 발굴하고 제작, 소개하고 있어요.

브랜드에서 전개하는 제품들은 디렉터의 취향을 드러내는 일이기도 해요. 만드는 이의 미감과 안목을 믿고 제품을 선택하는 이도 많을 거 같은데요.

수연 개인이 선택해 만든 브랜드나 제품은 결국 그 개인이 어떤 스타일의 사람이라는 것을 투영하는 거라 생각해요. 우리 브랜드를 통해서 다른 사람에게 우리의 안목을 보여주는 것이기에 매일 접하면서 즐거운 것, 니콜라스와 제가 둘 다 괜찮다고 동의하는 것을 소개하려고 해요. 결혼하고 함께하는 공간을 꾸밀 때 인테리어 원칙을 정한 적도 있는데요(웃음), 일명 BBGW. '블루, 블랙, 그레이, 화이트만 들일 것. 그 외 색을 들일 땐 상의해야 한다.' 그렇게 서로의 취향을 모아 보니 색뿐 아니라 디자인도 간결한 게 많았어요. 아름답지만 쓸모없는 것은 피하고 너무 애쓰지 않은 형태를 선호해요. 애쓴 걸 좋아한 때도 있었죠. 저도 애쓰고 물건도 애쓰면 힘이 들어가요. 자연스럽지 않더라고요. 시간이 흐르면서 눈과 마음이 편안한 것에 마음이 갔어요. 지금 파티션 건너편에 있는 나무장은 조선시대에 갓을 보관하던 장이고, 카펫은 군타 슈퇼츨의 1920년대 바우하우스 디자인이에요. 중앙에 달린 발은 제가 만든 거고요. 우리에게 편한 것을 같이 두니 조화롭게 어우러지더라고요.

취향을 듣고 보니 신촌문화관이라는 네이밍과 입주 스튜디오를 1, 2, 3, 4실로 간결하게 부르는 이유가 이해돼요. 두 분이 단순하고 편안한 울타리를 만들면 만드는 사람들이 자신의 아이덴티티를 채워가는 방식인 거네요.

수연 맞아요. 코로나19가 잠시 잠잠했던 시기 입주사들과 여러 작은 이벤트를 조심스럽게 연 적이 있어요. 공간 프로젝트 듀오 '콩과하'가 입주하면서 자신들의 독립을 축하하는 파티를 열었고, 지하층을 와인 셀러와 사무실로 사용하던 와인 수입사 '부포와인'과 3층 테라스에서 디너 이벤트도 진행했고요. 1:1 대면 콘서트도 참 인상적이었는데, 원래 해외에서 활동하던 연주자들이 코로나19로 입국한 이후 상당 기간 동안 연주 기회가 없어서 당시 상황에 맞게 기획된 공연이었어요. 한 명의 아티스트가 관객 한 명을 두고 연주하였고, 서로 마주 앉아 조용히 첫 눈인사를 나눌 때는 큰 감동이 있었어요. 이런 행사를 진행하면서 우리가 무언가를 직접 하지 않아도 된다는 걸 깨달았어요. 사람들이 제안을 해왔을 때 열린 마음으로 공간과 기회를 제공하면 재미있는 일이 펼쳐지더라고요. 좋은 제안을 할 수 있는 매력적인 공간으로 가꿔가고 싶어요.

직접 기획하는 전시도 연 걸로 알아요.

수연 2021년 초에 진행한 〈Books In Lieu: 여행 대신 책을〉은 저희가 기획한 전시예요. 시간과 여유가 있어도 여행이 어려워진 코로나19 시대에 책으로 여행을 떠나보자는 기획이었고, 신촌문화관의 38명의 친구들에게 '여행 대신 책'이라는 주제로 자신이 소장하고 있는 책을 대여해 달라고 했어요. 친구들 모두 '여행'에 대한 의미를 담은 소중한 책을 사연과 함께 보내줬고, 이를 가지고 약 한 달간 전시를 열었죠. 전시에 온 사람들이 도서관에 앉아 책을 보듯이 몇 시간씩 앉아서 여행 대신 책을 보는 모습이 정말 좋았어요. 재방문이 유독 많던 전시예요. 모두에게 여행 같은 시간이 절실했던 터라 많은 사랑을 받았죠.

다양한 카테고리의 일을 하는 분의 하루는 얼마나 촘촘할까 궁금해요.

수연 둘 다 잠이 보약인 사람이라 하루에 여덟 시간 정도 충분히 수면한 후 남은 열여섯 시간을 쪼개어 일을 하고 놀아요. 보통 8시 정도에 일어나서 10시에서 11시 사이에 신촌으로 출근해요. 오전의 시작은 신촌문화관, 행잉스터프의 데일리 업무예요. 림더라이프 안의 모든 일은 저희 둘이 분담하거든요. 신촌문화관의 대관 및 관리, 운영 등은 주로 니콜라스 몫이고, 행잉스터프의 판매나 커뮤니케이션 업무는 제가 담당하죠. 이후 적당한 시간에 점심을 먹고 나면 오후부터 퇴근까지는 조금 더 창의적인 일을 해요. 저는 림오리지널 작업을 하고, 니콜라스는

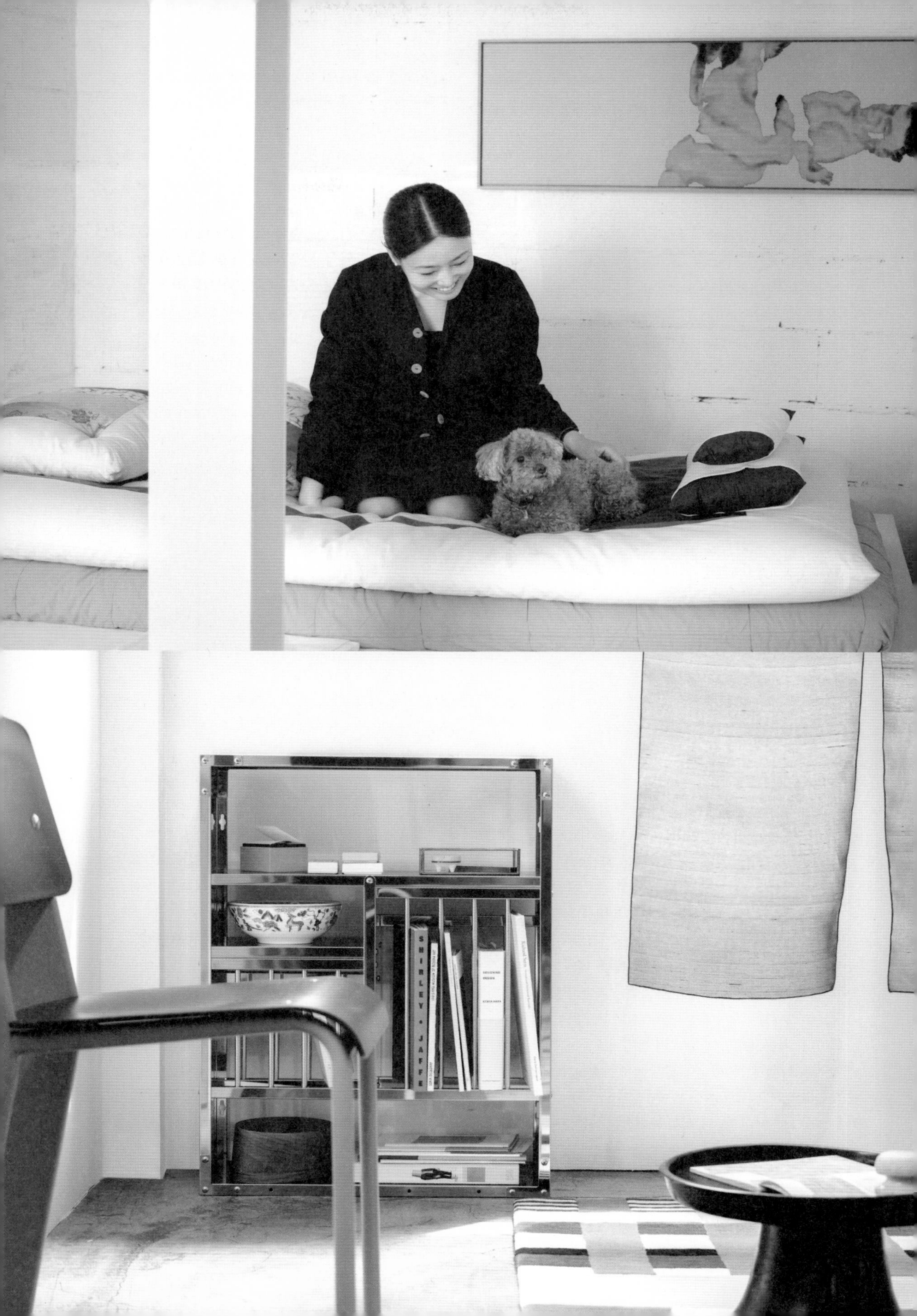
SHIRLEY • JAFFE
DESIGNING DESIGN
KENYA HARA

행잉스터프 제품 개발, 내추럴 막걸리인 레이지댄싱서클의 개발 및 제조 업무를 해요. 특별한 약속이 없으면 저녁 8시 이후에 퇴근하는 나날이에요.

니콜라스 수연과 저는 아침에 눈을 뜨고 저녁에 잘 때까지 거의 같이 있기 때문에 자연스럽게 그 시간 동안 끊임없이 일과 놀이를 해요. 둘 다 회사 생활을 오래해 왔고 일하는 방식이 다르니 처음엔 업무와 일상의 구분도 어려웠고 자잘한 충돌이 생겼지만, 이제는 놀이든 일이든 서로의 영역과 방식을 많이 이해하게 된 것 같아요. 많은 일이 단둘의 결정으로 진행되기 때문에, 일의 속도가 빠르고 군더더기 없이 움직이는 것이 큰 장점이죠. 하지만, 물리적으로 일이 많으니까 시간이 부족하긴 해요. 예를 들면, 제품 포장에서 나사 하나가 빠졌다고 구매자에게

연락이 오면 나사를 구하고 봉투에 넣어 우체국에 가서 배송하는 일도 다 직접 해야 하거든요. 코로나19로 자연스럽게 외부 일정이 줄어서 일에 푹 빠져 지냈어요. 가끔 친구나 지인이 방문하는 날에는 기쁜 마음으로 일을 쉬기도 하지만, 해야 하는 일이 사라지는 것은 아니니 일하고 놀고 놀다가 일하는 게 자연스러워진 것 같아요. 그래도 내일 할 수 있는 일을 오늘 하지는 않습니다(웃음).

일상의 공간이 재미있어야 재미있는 시간도 만들어진다고 생각하는데요. 좋아하는 공간과 즐거운 시간이 있나요?

수연 파티션 건너 보료 위를 좋아해요. 눕는 걸 좋아해서 덜 눕고자 작업실에 있던 소파를 없앴는데, 결국은 관상용으로 마련해 둔 보료에 슬그머니 가서 눕게 되네요. 바짝 긴장해서 일하다가 반려견 벤지랑 목화솜 가득 채운 보료에 누우면 천국이 따로 없어요. 또 테라스에 나가서 나무들을 관찰하며 멍하니 쉬는 시간도 좋아해요. 엘리베이터나 복도를 지나지 않아도 작업실 문을 열고 나가자마자 다른 세상이 펼쳐지거든요. 늘 기획하고 만드는 작업을 하는 일상에 환기가 되는 환경이라 감사해요. 식물들을 보살필 자신이 없어 정원 꾸미는 걸 주저했는데, 무럭무럭 잘 자라서 정말 다행이에요.

니콜라스 저는 제 책상에 앉아 있을 때가 좋아요. 주말이 가까워지고 여유가 있을 때는 서너 시쯤 일하는 중간 막걸리에 얼음 몇알 넣고 한잔 하는 것도 즐겨요. 막걸리 마시면서 잠시 느슨해지는 시간을 갖죠.

그래서 막걸리를 개발한 거군요.

니콜라스 내추럴와인을 마시며 여유를 찾는 편인데, 어떤 기회에 쌀로 빚은 술이 와인 마시는 듯한 느낌을 낼 수 있다는 걸 알았어요. 쌀을 발효해 술을 만들었는데 널리 알려진 막걸리 맛이 아니라 와인과 비슷한 향미를 낸다면 사람들이 좋아하지 않을까 하는 생각이 든 거죠. 그때부터 막걸리 만드는 법을 공부하기 시작했어요. 내가 좋아하는 와인의 즐거움을 막걸리에 담고 싶어서, 막걸리 제조에 관한 책을 구해서 읽고 교육기관에서 운영하는 프로그램을 들으며 관련 지식을 습득했죠. '와인 같은 막걸리를 만들자'가 목표였기 때문에 보통의 것과 다른 것을 만들어 내려고 노력했어요. 공부하면서 '이렇게 하면 된다.'를 익히기 보다 '왜 그렇게 해야 하는지'에

대한 질문을 스스로 많이 던졌어요. 왜 그렇게 하는지 이해하고 나면 다른 방법이 없는지 고민해 볼 수 있거든요. 레이지댄싱서클의 알코올 도수가 12도인데요. 막걸리는 편하고 쉽게 마실 수 있게 만드는 것이 일반적이었기 때문에 높은 도수로 잘 만들지 않았어요. 하지만 입 안에서 향미를 느끼려면 알코올 도수가 아주 중요해요. 와인의 도수는 대략 11-14도로 다양하지만 제 입에 와인의 향미를 가장 잘 느낄 수 있는 건 12도여서 그렇게 개발했어요. 레이지댄싱서클이 맥주병에 담긴 막걸리라는 점도 신선하게 봐주시는데요, 처음에 막걸리를 맥주병에 넣겠다고 했을 때 주변에서 다 말렸어요. 플라스틱 페트병을 사용하는 것이 정석이었거든요. 그 이유를 오래 고민해 보면서 유리병에 담아도 괜찮겠다는 결론에 다다랐어요. 막걸리는 전통주라는 고정화, 정형화된 틀을 탈피하고 싶어서 레이지댄싱서클을 '크래프트 막걸리'라 분류했고, 외국인도 쉽게 이해할 수 있도록 영어로는 '크래프트 라이스 와인'이라 표시했어요. 그럼 테라스로 나가 같이 드셔 보실래요?

정말 와인과 풍미가 비슷해요. 첫맛은 싱그러운데 끝에 묵직한 알코올 기운이 느껴지네요. 해변이나 캠핑장에서 먹어도 좋을 것 같아요.

니콜라스 해변이나 캠핑장에서 먹고 싶다는 건 여유로운 시간을 즐기고 싶다는 거잖아요. 우리가 디저트를 찾는 이유는 즐거움을 발견하고 여유를 누리기 위해서라고 생각해요. 조금 느슨해지고 싶을 때, 느슨한 즐거움을 가족이나 친구들과 같이하고 싶은 마음을 영어로 표현해 보니 레이지댄싱서클이라는 이름이 만들어졌어요.

막걸리도 디저트가 될 수 있네요. 벤치커피스튜디오에도 디저트가 다양하던데요. 좋아하는 메뉴가 궁금해요.

수연 최근까지도 제가 몇몇 디저트 메뉴를 만들었어요. 현재는 벤치커피스튜디오의 메뉴가 개편되어 더이상 만들진 않지만요. 제가 가장 좋아하는 메뉴는 저희 엄마의 레시피로 만든 바나나 브레드예요. 종종 엄마가 직접 카페로 와서 베이킹을 해주시기도 하는데, 어릴 때부터 먹던 엄마의 손맛으로 스테디셀러 메뉴가 탄생해 엄마도 보람을 느끼시죠. 고마운 디저트예요.

가치관을 교류할 수 있는 이들을 모으고, 그들이 쉬어가도록 커피와 막걸리 같은 즐길 거리를 마련해요. 손으로 아름다운 오브제를 만들며 공간에 오래 쓰일 가구도 만들죠. '나'의 즐거움뿐 아니라 타인의 기쁨도 헤아려야 할 텐데요. 관계를 중요하게 여기는 성향일 거라 짐작돼요.

수연 니콜라스와 저 둘 다 사람을 좋아하지만 관계에서 중요하게 생각하는 건 서로 다른 것 같아요. 니콜라스는 타인과의 거리가 중요한 사람이에요. 가깝고 멀고를 떠나 서로 불편하지 않을 최적의 거리를 마련하는 거예요. 그에 반해 저는 관계의 깊이가 중요해요. 낯을 가리기도 하지만, 좋아하는 사람에게는 한없이 깊어져요. 대체로 기쁨이 크지만 그 안에서 생길 수 있는 상처도 존재하고, 타인의 감정을 살피느라 피곤하기도 해요. 그런 면에서 사람과의 거리를 잘 설정하는 니콜라스가 부러울 때도 있어요. 불필요한 감정 소모 없이 관계가 참 담백하더라고요. 같이 일하다 보니 니콜라스가 사람과의 거리를 적절히 조율해 놓으면 그 안에서 깊이를 쌓는 노하우가 생겼어요.

니콜라스 저는 관계의 거리를 적절하게 유지하려고 노력해요. 거리를 두겠다는 의미는 아니고, 우리가 속한 사회가 건강하게 유지되고 발전하기 위해서는 우리라는 울타리 안에서 한 개인으로 존재하고 존중받는 것이 중요하다고 생각하거든요. 우리라는 관계로 묶여 있지만 개인의 생각이 다 다르기 때문에 서로 이해하려는 마음과 행동이 꼭 필요하다 여겨요. 센스있는 배려가 기본이지만, 필요한 경우 거절을 할 수도 있고 그런 행동이 자연스럽게 받아들여지면 좋겠어요. 배려심이 있는 사람이 되기 위해 노력하고 있어요.

두 분의 성향이 꽤 다른데요, 좋아하는 일을 기획하고 진행하는 과정에서 재미를 느끼는 지점이 궁금해요.

수연 저는 스스로 결정하고 움직이는 것이 중요해요. 주변 여건이나 상황에 떠밀려서 움직이지는 않아요. 엄마에게 듣기로 다른 형제들은 공부하라고 하면 잔소리를 듣는 것이 자존심 상해서 열심히 하는데, 저는 그 순간 손을 딱 털고 아예 보지도 않았대요(웃음). 대신 잘한다 잘한다 하면 더 집중해서 열심히 했어요. 잘하는 건 끝을 보고 싶어 하고 인정 욕구도 있는 성격이죠. 반면 자신 없는 건 금세 포기하기도 해요. 브랜드를 운영하며 매 순간 스스로 결정하고 움직이지 않으면 진행되지 않다 보니 자승자박, 결자해지의 상황에 놓여 있네요.

니콜라스 무언가 새로운 가치를 만들어 내는 일의 과정 안에서 재미를 느껴요. 만약 같은 일을 계속 반복해야만 하는 상황에 처해 있다면 상당히 힘들어 했을 거예요. 새로움에 대한 갈망이 커서 매번 새로운 걸 제안하고 아이디어를 내놓아야 한다는 강박도 있는 편이거든요. 세상에 없던 걸 발명하는 일은 아니지만 이미 누군가가 잘하고 있는 일을 또 하기 보다 내 성향에 맞는 일을 찾아서 하려 해요. 하지만 제가 하는 일과의 많은 부분이 반복적이고, 같은 업무이긴 해요(웃음). 되풀이되는 일과도 즐거운 마음으로 대하려 노력해요.

재미있는 일이라 하더라도 막막하고 불안할 때도 있을 텐데요. 어떤 고민이 있는지 궁금해요.

수연 저는 매일 고민과 걱정이 가득해요. 30분도 얘기할 수 있어요(웃음). 니콜라스가 처음 막걸리를 개발했을 때 유통기한이 있는데 남으면 어떡할 거냐고, 트럭 몰고 다니면서 친구들 집마다 내려줘야겠다고 생각했어요. 행잉스터프에서 새로 출시 준비 중인 제품이 과연 시장에 필요한 제품인지, 레이지댄싱서클이 과연 언제까지 사랑받을지도 걱정이에요. 태풍이 오면 신촌문화관에 비는 안 샐지, 코로나19의 거리두기 단계가 조정되진 않을지…. 걱정이 꼬리에 꼬리를 물어요. 다행인 점은 수많은 걱정을 들어도 그다지 동요하지 않는 니콜라스가 옆에 있다는 거예요.

니콜라스 긍정의 마음 전도사가 되어야 해요(웃음). 우리가 같이 운영하는 브랜드의 페이스를 꾸준히 유지하고 원래 계획했던 대로 운영하기 위해서 무엇을 어떻게 해야 할 것인가에 대한 고민이 늘 있어요. 고민의 답을 찾기 위해 좀더 차가운 마음으로 생각하려고 노력해요. 답을 찾는 과정은 시간이 걸리니 서로를 위로하며 기다리는 수 밖에요. 감사하게도 새로 시작한 프로젝트인 레이지댄싱서클이 기대했던 것보다 반응이 좋아서 조금은 행복한 고민을 하고 있어요. 좋은 흐름을 타고 2배, 3배 더 생산해 낸다면 모두 판매할 수 있을 것 같지만, 미래를 누가 알 수 있을까요? 많은 부분을 운에 맡기면서 새로운 투자에 대한 결정을 한다는 건 정말 쉽지 않아요.

나를 설레게 하는 일 한 가지만 있어도 일상이 충만해지는데, 두 분은 일을 놀이처럼 하고 있어서인지 지금의 삶에 만족도가 높아 보여요.

수연 저에게 일이자 놀이는 바느질이에요. 덕업일치의 삶을 살면서 차츰 결과를 얻는 것에 감사해하고 있어요. 아무리 애를 써도 안 되는 것이 있는가 하면 그냥 해보자 했는데 잘되는 것이 있잖아요. 모든 일에 최선을 다하고 열심히 해도 반드시 좋은 결과로 이어지는 게 아니라는 걸 몇 년 사이에 많이 느꼈어요. 성실히 노력은 다하되 잘될 때도 있고 안될 때도 있는 거라 마음먹으니 잘되는 게 있으면 너무 감사하고 신나요. 좋아하는 일을 하면서 여전히 성장할 수 있다는 게 기쁘죠.

니콜라스 삶의 만족도라는 질문의 크기와 무게감이 느껴지네요. 일의 과정 안에서 즐거움과 재미를 찾고 있어요. 새로운 프로젝트를 구상하고 기획하여 실행에 옮기는 과정은 어렵지만 삶을 신나게 해주거든요. 거기에 결과물이 성공적이라면 더욱 신이 나겠지요. 레이지댄싱서클이 나온 이후로 맥주병에 담긴 막걸리들이 생기고 있고 비슷한 라벨 디자인도 나오기 시작했다는 것도 재미있어요. 앞선 사례가 없어서 내가 고민해서 결정한 것들이 다른 사람들에게 공감을 얻었다는 방증인 것 같아서 위로와 힘을 얻어요. 덕분에 새롭게 하고 싶은 걸 또 해도 되겠다는 자신감이 생겼어요. 처음이 잘 통했다고 다음도 통할까, 다음은 어떻게 다르게 하지, 라는 불안감도 있지만 즐거운 도전으로 생각하고 움직이려고 해요.

수연 20년 가까이 빠르게 성과를 내고 정해진 일정 안에서 프로젝트를 완수해 클라이언트에게 보여주는 일을 해왔어요. 분기별 평가를 받는 결과 중심적인 삶을 살았는데, 하고 싶은 일을 찾는 과정에서 제가 시간의 레이어가 켜켜이 쌓이는 과정을 밟고 내공을 단련하는 것에 가치를 두는 사람임을 알게 되었죠. 빠르게 얻은 성취가 좋지만 갑자기 이루어지는 것은 없잖아요. 그저 내 템포대로 레이어를 쌓는다는 마음으로 과정을 거치고 거기서 얻은 결과의 귀함을 알게 되니, 우리가 70-80세가 되어도 어디에서건 의미 있는 과정 안에 있을 거라는 믿음이 있어요.

우리는 테라스로 나갔다. 강하게 쏟아지는 햇볕을 받으니, 노랗고 유쾌한 이름표가 더욱 빛났다. 얼음을 꺼내 잔에 옮겨 담았고, 투명한 병을 기울이자 말간 액체가 힘차게 흘러나왔다. 1시 35분. 우리는 유리잔을 부딪쳤다. 느슨해지기 좋은 시간이다.

THE LAZY
DANCING
CIRCLE

디저트를 좋아하지 않는 바리스타의 케이크. 자신이 먹고 싶은 케이크를 만들고 싶은 마음은 꾸덕꾸덕 배부른, 그만의 특별한 케이크를 탄생시켰다. 제로 웨이스트 카페로 시작해 번거로운 포장법을 시작한 얼스어스의 현희는 케이크를 만들며 자기만의 소소한 신념을 담아 간다. 이 세상이 조금 더 나은 자리로 나아갔으면 하는 상냥한 마음. 작은 케이크 안에 담긴 의미는 점점 더 부풀어 올라 사람들의 일상에 가까이 닿아간다.

조금 더 둥글고 둥글게

길현희–얼스어스

에디터 김지수
포토그래퍼 최모레

'얼스어스' 사장님이 요리를 해 주신다고 해서 기대했어요.

잘 만들어야겠는데요(웃음). 오픈 샌드위치인데 얼스어스 메뉴 개발하면서 나왔던 레시피 중 하나예요. 이제 드셔 보실래요? 브리 치즈가 들어가서 더 맛있을 거예요.

역시 맛있네요(웃음). 사과에 버무려진 소스 레시피를 알아가야겠어요. 얼마 전에 파리에 다녀오셨는데, 여행을 가서도 요리를 하시더라고요.

여행 가선 오히려 일상처럼 지냈어요. 그동안 일상을 여행처럼 살았거든요. 코로나19가 시작하고 모두가 발이 묶여 있었잖아요. 여행을 워낙 좋아하는데, 한동안 얼스어스 운영으로 바빠서 떠날 엄두도 못 내서 답답한 마음에 일상을 여행처럼 지내려고 노력했어요. 맛있는 것도 찾아다니고 좋은 공간도 골라서 가보고, 일상생활에 투자를 하다가 드디어 진짜 여행을 가게 된 거죠. 일정을 조금 길게 잡아서 그런지 매일 외식을 하긴 힘들겠더라고요. 집에서 하던 것처럼 똑같이 요리를 하는데 이상하게 낯설게 느껴졌어요. 공간만 달라진 것뿐인데 여행다운 뭔가를 애써 하지 않아도 새로운 곳에서 일상을 보내는 게 더 여행 같다는 생각이 들었어요. 이게 진짜 여행의 묘미구나, 깨달았던 것 같아요. 이건 조금 다른 얘기인데(웃음), 제 MBTI가 ENFP거든요. 그중에서도 극 P의 성향이라, 여행할 때도 거의 무계획으로 움직였어요. 그래서 마음이 더 편했던 것 같기도 해요. "어차피 내일 가고 싶은 곳은 내일의 나만이 알 수 있는 거 아닌가?" 하는 마인드로 다녔거든요.

어느 정도로 계획이 없었는지 궁금해요.

계획이 조금 틀어져서 긴 시간 이동해야 하는 상황이 생기면, 그 일 자체가 저한테는 여행인 거예요. 어디에서 뭘 하든 여행의 한 순간으로 여겨서 어떤 일이 생겨도 받아들이는 편이죠. 생각해 보니 계획 세우기를 싫어하는 것 같네요(웃음). 순간순간 생기는 우연을 즐기고 싶은 마음이 큰 것 같아요.

얼스어스 운영은 어떻게 하고 계신 거죠(웃음)?

모르겠어요. 기적이에요(웃음).

평소에 요리할 땐 어떤 식재료를 써요? 얼스어스가 제로 웨이스트 카페이기도 하고 환경 이슈에 일가견이 있으시니 채식에도 관심이 많을 것 같아요.

채식은 평생의 숙제인 것 같아요. 채식을 하겠다고 정해 놓고 요리를 하지는 않지만 애초에 평소에 자주 쓰는 식재료에 고기가 꼭 포함되어 있지는 않아요. 동물복지, 탄소 배출량을 고려해서 식재료를 구매하는 편이고요. '어떻게 먹느냐'보다 '어떤 걸 사느냐'를 더 중요하게 생각해요.

식재료는 어떤 기준을 두고 사는 것이 좋을까요?

요즘 다양한 방법을 찾아보고 있는데, 원래는 인터넷 배송을 아예 이용하지 않았어요. 쓰레기가 나오니까 최대한 지양했거든요. 요즘은 기업 차원에서 배송에도 신경을 쓰기 시작해서 마켓컬리나 이마트 배송을 몇 번 사용해 봤어요. 하지만 아쉽게도 아예 친환경적인 선택은 아니더라고요. 속에는 비닐 포장이 되어 있고 겉에만 종이백으로 포장하는 식이었어요. 지금 하고 있는 고민이 이런 것에서 시작하는 것 같아요. 언젠가 진정한 친환경 배송 방법을 고안해서 새로운 시장을 개척해 보고 싶다는 바람을 갖고 있거든요. 마르쉐 시장의 온라인 버전이라고 할까요. 사실 마르쉐 시장은 조금 상징적인 마켓의 모습이 있잖아요. 일상적으로 자유롭게 이용하기엔 접근성에서 제약이 있으니까요. 연령대가 젊은 1인 가구들을 타깃으로, 접근성까지 좋은 친환경 식재료 마켓을 열어보고 싶어요.

궁금해요. 구체적으로 상상해 봤나요?

혼자 식재료를 구매하면 다 먹지 못하고 버리는 경우가 많잖아요. 제작된 반찬통에 대파나 마늘, 양파 같은 재료들을 넣어서 배송하고 다시 수거하는 시스템을 상상하고 있어요. 현실적으로 실현되기 어려운 사업이죠. 아마존도 프레쉬 배송 사업에서 손을 뗐잖아요. 그래도 꿈은 꿀 수 있으니까 혼자 생각해 보고 있어요. 얼스어스도 처음 문을 열 때 세상에 존재할 수 있는 카페가 아니었다고 했으니까요.

처음 얼스어스가 오픈했을 때를 기억해요. 제로 웨이스트 카페가 한국에서는 최초라 운영이 쉽지는 않겠다고 생각했는데, 이젠 너무 유명한 카페가 됐죠. 오픈했을 때 고민은 없었나요?

제로 웨이스트라는 운영 방식에 관한 고민은 전혀 없었어요. 이미 정해진 당연한 조건이었어요. "난 꼭 이렇게 할 거야, 그러니까 하는 거야." 하는 생각이었어요. 저는 어떤 일이든 무조건 열심히 하는 편인데 열심히 하면 할수록 이 세상이 점점 더 나은 방향으로 변했으면 좋겠다는 생각을 늘 가지고 있었어요. 얼스어스를 시작하기 전에는 광고 회사에서 일했고 광고를 전공으로 택한 이유도 공익 광고를 하고 싶은 마음 때문이었어요. 그때 다회용 컵 사용이 좀더 일반화되었으면 하는 바람으로 찍었던 홈카페 영상들이 인스타그램에서 인기를 얻게 된 거예요. 여기서 제가 열심히 의미를 두고 할 수 있는 일이 생겼다고 확신했어요. 쓰레기 없는 카페를 열겠다는 시작은 아주 당연하고 확고했죠.

얼스어스가 성장하면서 그 확신도 더 단단해진 것 같아요.

그동안 얼스어스를 통해 수많은 인터뷰를 하면서 환경에 대한 가치관이 더 분명하게 자리 잡혔어요. 어떻게 말과 행동을 다르게 하겠어요(웃음). 제가 뱉은 말과 다르지 않게 살아야죠.

워낙 환경 이슈로 주목을 받아서 때로는 부담스러울 때도 있을 것 같은데 어떤가요?

부담은 없어요. 그렇게 강박을 가지고 살지는 않아요. 본질을 생각하는 건데, 얼스어스에 담긴 의미가 'For Earth, For Us', 곧 지구를 위한 일이 우리를 위한 일이라고 말하는 거예요. 조금 덜 친환경적인 선택을 하더라도 저 자신을 위해서 하는 일이었으니까요. "내가 날 위해서 잠깐 눈 좀 감았는데 뭐(웃음), 잠깐 휴지 좀 썼어요. 네. 손수건 안 썼습니다. 네." 하는 거죠. 제가 잠깐 덜 친환경적인 선택을 한다고 해서 누가 저한테 돌을 던질 수는 없죠. 얼스어스를 운영하면서 부담이라면… 제 실력에 대한 고민에 있어요. 카페를 운영하는 바리스타로서 커피와 디저트를 잘 만들고 싶어요. 제로 웨이스트는 당연한 조건이고, 커피와 디저트를 내어 드리면서 실망시키고 싶지 않은 마음이 커요.

환경에 대한 가치관은 어릴 때부터 자연스럽게 이어져 왔다고 들었어요.

어릴 때부터 아껴 쓰는 집안 분위기에서 자랐어요. 아버지는 요즘도 가게에 오시면 낮인데 불을 왜 켜놓냐(웃음) 하시고, 할머니는 휴지로 물기를 닦으면 말려서 다시 쓰실 정도로 아끼는 생활에 익숙하신 어른이에요. 저도 당연하게 그런 가치관을 가지고 자란거죠. 어릴 때는 물이 흐르는 걸 보면 "이 흘러가는 물을 다시는 만날 수 없는데…." 하면서 매번 아쉬워했어요. 나무를 벤다고 생각하면 마음이 불편했고요. 약간 사람과 이별하는 마음처럼(웃음) 자원을 그렇게 바라봤던 것 같아요.

코로나19 이슈가 우릴 불행하게 했지만 환경 문제에서만큼은 경각심을 불어 와서 순기능을 했다고 생각하는데, 어떻게 생각해요?

그런 부분이 없지 않아 있죠. 얼스어스를 처음 시작할 때만 해도 이런 운영 방식과 가치관이 유행처럼 자리 잡았으면 좋겠다는 바람이 있었어요. 이제는 환경을 위하는 일이 대세가 됐잖아요. 지금은 이 유행이 사라지지 않았으면 좋겠다는 바람이 있어요. 시시때때로 흐름이 변하는 사회인데 환경 이슈만큼은 지금과 다르지 않았으면 좋겠어요.

얼스어스가 이렇게 유명해진 데에는 커피와 친환경이라는 이슈가 있었지만 케이크가 큰 역할을 했어요.

맞아요. 처음에는 디저트를 만들어서 판매할 생각도 아니었어요. 커피에 더 집중했고 다른 베이커리에서 디저트를 들여올 계획이었어요. 케이크류는 최초 발주 분량이 따로 있더라고요. 한 번에 많은 양을 주문해야 하는데 카페 규모에 비해 큰 냉장고가 필요하겠더라고요. 들여오는 과정에 또 쓰레기가 생길 거잖아요. 여러 점을 고려했을 때 작게라도 혼자 만들어야겠다고 결정했어요. 개인적으로 디저트를 좋아하지도 않았거든요. 작고 비싼데 배도 부르지 않고 오히려 디저트에 반감이 있었던 것 같아요. 그래서 이왕 만들 거라면 넉넉하게, 한 번 먹으면 배가 불러서 그만 먹어도 되겠다는 생각이 들 정도로 꾸덕꾸덕하게 만들어 봐야지, 하는 단순한 생각이었어요. 처음 만든 케이크는 지금처럼 종류가 다양하지도 않았고 장식도 없었어요. 원기둥에 크림과 딸기만 얹은 모양이었고, 처음에 열 개를 만들었는데 딱 세 개가 나갔어요(웃음). 그러다 세 개가 스무 개가 되고, 점점 더 잘 나가기 시작했죠. 그러다가 손님분들이 포장을 해달라고 하셨는데 처음에 얼스어스는 포장을 아예 하지 않는 카페로 시작했잖아요. 포장은 어렵다고 안내해 드렸더니 어떤 손님분이 포장 용기를 가져오면 가능한지 여쭤보시더라고요. 그렇게 '번거로운 포장법'이 시작된 거예요. 지금이야 흔하지만 당시에는 상상도 어려웠던 포장법이었거든요.

케이크가 너무 맛있어서 큰 역할을 했네요. 모양도 유일무이했어요. 홀케이크가 아닌데, 그런 모양을 가진 케이크도 거의 없었잖아요.

우연히 정한 모양이었어요. 일단 케이크를 굽게 되면 쓰레기가 나오니까 레어 케이크로 만들기로 마음 먹고 방산시장을 돌아다녔어요. 케이크 틀을 어떻게 해야 할까, 고민하다가 스테인리스 틀을 아무거나 골라서 샀는데 알고 보니까 그게 스콘 만들 때 쓰는 틀이더라고요(웃음). 파티시에가 아니다 보니까 기본적인 것도 모르고 만들었어요. 한번은 얼스어스가 친환경 콘셉트를 가지고 있으니까 산 모양이 좋을까 해서 삼각형 틀에다 만들어 보기도 했는데 너무 구렸어요(웃음).

삼각형이라니(웃음). 지금 선택이 최선이었네요. 얼스어스의 케이크 디자인을 모방하는 곳이 많은데 속상할 때도 있을 것 같아요.

그렇죠. 이제는 거의 포기한 상태예요. 한참 손님분들의 제보를 많이 받을 때가 있었어요. 그런데 디저트 디자인의 경우엔 허브 잎 하나만 다르게 올라가도 다른 디자인이 되는 거라고 하더라고요. 한동안 많이 알아봤는데 방법이 없었어요. 지금은 그냥… 마음을 좋게 먹어야지 제 명에 좋으니까(웃음) 긍정적으로 생각해요. 많이 무뎌졌는데, 가끔… 네이밍까지 따라 하는 곳도 있어서 그건 조금 화가 나긴 해요.

아이고… 얼스어스는 케이크 이름도 개성 있게 짓고 있죠. 두 번째 케이크 이름이 '눈누난나 바나나 크림치즈 케이크'였어요(웃음).

최근에 나온 옥수수 케이크는 '맛있어서 초당옥수러운 케이크'로 이름 지었어요. '요거요거요거봐라 블루베리 요거트 케이크', '그래, 놀라지마 이거 케이크야' 등등 많은 이름이 있죠. 그런 걸 워낙 좋아해요(웃음). 얼스어스만 보고 제 이미지를 차분하고 잔잔하게 생각하시는 분들이 많은데 사실 저는 그런 것과는 거리가 멀거든요. 본래는 반대 성향인데 얼스어스의 대외적인 이미지가 있다 보니까 가능하면 드러내지 않으려고 해요. 그러다 보니 케이크 이름에서 제 본모습이 간접적으로 표현되는 것 같아요.

케이크 이름은 어떻게 지어요?

즉흥적으로 지어요. 얼스어스 식구 중에 '은우'라는 친구가 있는데, 주로 그 친구가 유쾌한 톤으로 이름을 잘 지어주고 있어요. 무화과 케이크 이름을 지을 땐 "이거 너무 맛있어서 화가 난다고 해도 될 것 같은데?"라고 말하면서 함께 지었어요. 바나나 크림치즈 케이크는, 은우가 케이크를 가만히 보더니 "눈누난나"라고 나지막이 읊조리더라고요. 그렇게 정해졌어요(웃음). 초코체리 케이크를 '초코만한게 꽤 체리하네'라고 짓기도 했는데, 사실 생각나는 대로 막 짓는 편이에요.

케이크 메뉴도 다양한데 얼스어스만의 일관성이 느껴져요. 새로운 디저트를 만들 때 가장 중요하게 생각하는 점이 있나요?

제가 지금 먹고 싶은 게 무엇인지 먼저 생각하면서 시작해요. 꾸덕꾸덕 진하게 만들어서 배가 부르게 하는 것도 중요한 점이고요. 어떤 디저트를 상상하고 그걸 구현하기 위해서 계속 만들어 보는 편인데, 시즌 메뉴 중에 '연잎 퐁당 케이크'는 조금 다른 기준으로 만들기도 했어요. 원래 빵 시트가 들어간 케이크를 안 좋아하는데, 입에 들어갔을 때 머랭처럼 사르륵 녹는 식감을 상상했거든요. 얼스어스에는 베이커인 '혜경'이라는 친구가 있는데, 혜경이는 제가 상상한 맛을 구현하는데 큰 도움을 주고 있어요. 그리고 정말 중요하게 생각하는 건 다른 카페에서 먹어보지 못한 맛을 만들자는 생각에 있어요.

얼스어스에도 어느새 6년이란 시간이 지났어요. 지금은 문을 닫았지만 부산에도 얼스어스가 있었죠. 서촌 지점은 오픈한 지 2년이 다 되어가고 있고요.

벌써 시간이 그렇게 흘렀네요. 점점 신경 쓰는 부분이 늘어가고 있어요. 작년 말까지 제가 직접 가게에서 일을 하다가 올해부터는 출근 일수를 줄이고 외부적인 일들을 맡아 하고 있거든요. 그 과정에서 함께 일하는 친구들과의 소통에 관한 고민이 생겼어요. 제 리더십에 관한 고민이기도 하죠. 앞에서 끌어주는 리더보다는 사이사이 함께하면서 섬세하게 다가가려 노력하는 중이에요. 아무래도 얼스어스는 포장 매출이 다른 곳보다 확연히 적은데 가게 유지에 신경 써야 하는 부분은 더 많아서 일하는 친구들의 고충이 클 테니까요. 무자비하게 바쁜 상황 속에서 얼스어스가 가진 가치관에 대한 자긍심이 없다면 일하기 힘들 거라는 생각도 들고요. 얼스어스 규모가 커지면서 지금 함께하는 친구들과 같이 성장하고자 도모할 일들을 계획하기도 해요.

목표가 점점 높아지는 거네요.

출근 일수가 적어지면서 시간적, 마음적, 체력적 여유가 생겼으니까요. 다양한 일을 구상해 볼 수 있는 힘이 더 생긴 거죠. 얼스어스 규모가 커지기 전에는 모든 상황에 만족해서 더이상 바랄 게 없겠다고 생각했거든요. 그런데 지금은 직원들 연차가 쌓이면서 전체적으로 더 성장해야 하는 단계에 접어든 것 같아요.

처음과 지금의 고민은 어떻게 달라졌나요?

가게가 잘되는 문제는 애초에 크게 신경을 쓰지 않았어요. 저는 자기만족이 가장 중요했거든요. 그런데 지금은 이끌어가야 되는 식구들이 생겼잖아요. 같이 일하는 친구들의 성장과 얼스어스라는 브랜드가 나아가야 할 방향에 대한 걸 생각해요. 이제는 사업을 하는 사장의 마인드를 찾아가고 있는 거죠(웃음). 사실 저는 숫자에 예민하지 않은 사람이거든요. 그땐 어리기도 했고 생각지도 못한 수익을 벌면서 무섭기도 했어요. 가게를 운영하면서 정말 체력적으로 힘든 일도 많았죠. 지금 버는 돈이 지쳐 쓰러질 때까지 해야만 벌 수 있는 거라면 너무 슬픈 일이라고 생각할 정도였으니까요. 조금 덜 벌더라도 만족하면서 살고 싶고, 돈에 좌지우지되는 삶을 바라지도 않았어요. 그런데 지금은… 야무지게 벌어야겠다는 생각이 커요. 조금 더 악착같이(웃음)?

방금 눈빛이 희번득거렸어요(웃음).
저 요즘 되게 반짝거려요.

문득 과연 성공이란 뭘까, 하는 질문을 하고 싶어요. 성공이 뭐라고 생각해요?
생각 안 해봤는데, 음… 반대로 묻고 싶어요. 성공이 뭐라고 생각하세요?

오… 저도 생각해 본 적은 없는데요. 일단은… 먹고 싶은 거 먹고 갖고 싶은 거 별 고민 없이 가지는 거? 그러면서 주변 사람을 잘 챙기는 정도. 제가 바라는 기준이 크지 않아서 사실 어려운 일은 아닐 것 같다는 생각은 들어요.
저 갑자기 떠올랐어요. 저에게 성공은 부자 직원들을 많이 데리고 있는 것 같아요. 앞선 제 고민들과 함께 이어지는 답이기도 하네요.

좋은 오너네요. 하지만 때로는 부담스러울 때도 있지 않아요?
어쩔 수 없죠. 제가 쉬면 같이 일하는 직원들은 뭘 바라보고 달리겠어요. 책임감을 가져야죠. 그리고 의외로 부담은 없어요. 꼭 책임질 것이 많아져서 제가 움직이는 건 아니거든요. 책임질 게 있든 없든 저는 달렸을 거예요. 더 천천히 갈 수는 있었겠지만 함께하는 친구들 덕에 좀더 타이트하게 저 자신을 밀어보는 거죠.

앞으로 얼스어스는 어떤 성장을 그리고 있는지 궁금해요.
일단 새로운 지점 오픈을 구상 중이에요. 한동안 도산점을 생각했는데 건물세가 어마어마하더라고요. 아무래도 도산은 힘들 것 같고(웃음), 여러 동네를 고민하고 있어요. 카페 이외에 얼스어스로 이어지는 다른 사업을 생각하기도 해요. 세컨 브랜드 개념인데, 얼스어스의 친환경 운영 방침의 문턱을 낮춰서 그 영향력을 더 넓혀갈 예정이에요. 얼스어스는 제로 웨이스트 카페잖아요. 말 그대로 쓰레기가 배출되지 않는, 어떻게 보면 굉장히 엄격하고 놀라운 규칙을 가진 카페인데, 현실적으로 영향력을 넓히기엔 어려움이 있다고 생각해서요. 같은 의식을 가진 자영업자분들이 따라가실 수 있게, 세컨 브랜드는 '레스 웨이스트 카페'를 생각하고 있어요. 기존의 얼스어스를 지지해 주시는 분들의 가치관의 범위에 크게 벗어나지 않는 선에서 구상해 보고 있어요.

얼스어스는 늘 선한 영향력을 담고 나아가겠네요. 이 모든 일을 통해 전하고 싶은 것이 있나요?
어려운 질문인데, 환경에 대한 가치관은 계속 전해오는 것이고 앞으로도 변하지 않을 거예요. 저의 원동력은 손님분들의 피드백에서 답을 찾을 수 있어요. 애정 가득한 후기들이죠. 케이크라는 디저트에는 기쁜 날을 축하하는 의미가 있잖아요. 축하를 넘어서 위로가 되길 바라는 마음이에요. 계속 기억에 남는 일화가 있는데, 여자 손님 둘이서 얼스어스를 찾았던 후기였어요. 케이크를 기대하면서 도착했는데 하필 휴무여서 못 먹고 돌아가신 거예요. 다른 날 한 분이 케이크를 포장해서 친구 집 앞에 놓고 가셨는데, 서로 마음을 주고받는 모습이 정말 예뻐 보이더라고요. 얼스어스 케이크는 포장이 번거로워서 그 마음을 더 크게 전할 수 있어요. 케이크를 사 오는 과정을 생각하게 되니까요. 누군가에게 위로를 주고 또 받을 수 있는 존재가 된다는 게 정말 값진 일이죠.

얼스어스만이 할 수 있는 역할인 거죠. 꿈을 생각할 때 가장 에너지가 넘친다고 말하기도 했어요. 얼스어스 너머에 현희 님을 움직이게 하는 힘은 어디에 있을까요?
얼스어스를 빼놓고 생각할 수는 없을 것 같아요. 음… 예전엔 쉬지 못하는 것에 대한 고민이 많았는데요. 단 하루라도 얼스어스를 생각하지 않은 날이 없었으니까요. 출근을 하지 않아도 SNS 관리라든지, 작은 일들을 매일 체크해야 하거든요. 최근에 여행 갔을 때도 카페 한 군데라도 더 가서 배워 와야지 하는 생각으로 움직였어요. 얼스어스와 저 자신을 분리하지 못하는 것에 스트레스를 받았는데, 지금은 좀 달라졌어요. 어쩔 수 없는 동반자(웃음)? 결국엔 저를 움직이게 하는 건 얼스어스인 것 같아요. 개인적인 목표를 찾자면, 그냥… 한 3킬로만 빼면 좋겠다(웃음). 진짜 조금만 빼보면 어때 현희야? 그거 뭐 어렵냐? 이런 거죠. 한 번도 다이어트를 해본 적이 없어서(웃음).

다이어트(웃음)! 평생의 숙제죠. 새로 나올 얼스어스의 다음 디저트는 뭘까요?
복숭아로 찾아올 예정이에요. 이름은 '피치못할 8월의 요거트케이크'랍니다. 기대해 주세요!

얼스어스 케이크를 포장하는 날엔 무척 아끼는 머그컵을 꺼낸다. 번거롭게 케이크를 포장해 주는 마음이 유독 소중해서 그렇다. 그렇게 들고 온 케이크를 한입 푹 찍어 먹을 땐 마음에 충만한 어떤 것이 차오르는 기분이 든다. 현희의 선한 바람이 케이크 속에 담겨 그저 흘러갈 뻔한 나의 이 작은 순간을, 아주 풍요롭게 만들었다.

집들이만 300번 한 굉장한 사람. SNS로 봐온 것보다 훨씬 알록달록한 모습에 머리가 기분 좋게 띵했다. 갓 만든 팥빙수를 입에 한가득 넣은 것처럼.

영혼을 살찌우려면

에리카팕—요리먹구가

에디터 이주연
포토그래퍼 Hae Ran

LINCHPIN
FREE WORKERS
LEMON
GREEN
월간팝송
PASTA MASTER CLASS

볼 게 엄청나게 많은 집이에요!
뭐가 좀 많죠? 좁은 복층 오피스텔이어서 물건을 깔끔하게 두기가 쉽지 않아요. 이 집은 이렇게 꾸미려고 했다기보단 이것저것 모으다 보니 이런 모양이 된 건데요, 요즘 자취 인테리어 하면 온통 새하얗거나 우드 톤인 경우가 많잖아요. 누구나 하는 건 하고 싶지 않은 마음이 있어서 피하다 보니 알록달록한 집이 되어버렸어요.

오늘 입은 옷이랑 집이 꼭 하나의 퍼즐 같아요.
색이랑 패턴이 좀 강하죠(웃음)? 원체 색이 많은 걸 좋아하는데, 이런 성향이 더욱 강해진 건 쿠바 여행을 다녀오고부터예요. 첫 회사를 퇴사하고 쿠바로 여행을 갔는데 거기서 채도 높은 것들에 마음을 빼앗겼거든요. 모든 아이템이 알록달록한데 가구들은 점잖은 색, 검은색이더라고요. 거기서 영감을 얻어 이 집에도 한가운데 검은 테이블을 두었어요.

집 분위기를 딱 잡아 주네요. 집과 옷, 그리고 머리 색까지 에리카팕에게 참 잘 어울려요. 이 희끗희끗한 머리가 자연 모라고 들었어요.
맞아요. 원래 이렇게 흰머리가 나는데, 회사에 다닐 땐 억지로 검은색으로 염색해야 했어요. 퇴사하고 염색을 그만두니까 이렇게 자리를 잡더라고요. 엄청 편해졌죠. 한때는 저도 외모에 관심이 많아 이것저것 감추고 싶어 했거든요. 고3 땐 수능 마치고 친구들이 너도나도 성형을 하니까 저도 안 할 수 없겠다 싶더라고요. 그래서 아빠한테 “나 코 수술하는 거 어떻게 생각해?” 하고 물어봤어요. 그랬더니 아빠가 “너 자체가 우준데 왜 너를 바꾸려고 하니?” 그러시더라고요. 그때부터 저는 있는 그대로 제 모습을 긍정하게 됐어요. 아빠는 늘 ‘네가 없으면 이 세상엔 아무것도 없다.’고 이야기하시거든요. 그렇잖아요, 제가 죽으면 이 세상이 남은들 제게 남는 건 아무것도 없으니까요.

얼마 전에 티브이에 출연하셔서 퇴사와 집들이 이야기를 나누셨죠. 미디어에 노출되면서 요새 더 바빠지셨을 것 같아요.
저도 방송 나오면 부쩍 바빠질 줄 알았는데 생각만큼 바쁘지 않네요. 제 근황은 ‘예상보다는 덜 바쁘다.’예요. 백수처럼 지내고 있는데 지난주에 코로나19에 걸려 앓아누워만 있어서 더 그렇게 느껴지는 것 같아요. 겨우 직립보행을 하게 된 지 얼마 안 돼서 요 며칠 다시 태어난 기분으로 살고 있죠. 코로나19에 감염된 시즌에 원데이 클래스나 요리 프로젝트 스케줄이 정말 많았어요. 그걸 다 취소해야 해서 좀 속상했거든요. 요즘은 재개할 준비를 하고 있는데, 이제 힘차게 움직여 보려고요.

본격적인 대화에 앞서 에리카팕의 요리 프로젝트 ‘잇어빌리티’와 ‘함바데리카’ 소개부터 들어보고 싶어요.
잇어빌리티는 어렵지 않고도 있어 보이게, 멋지게 만들 수 있는 메뉴 레시피를 소개하는 원데이 클래스예요. 회사에 다닐 때 퇴근하고 혼자 요리를 만들어 먹으면서 스트레스를 풀곤 했는데, 있어 보이게 차려서 SNS에 올리면 반응이 오는 게 좋더라고요. 얼마 안 하지만 갖춰 놓으면 삶의 질이 수직 상승하는 조리 도구를 소개하기도 하고, 주스로 5초 만에 샹그리아 만드는 법 같은 걸 이야기해요. 함바데리카는 함바집과 까사데리카가 합쳐진 이름인데요. 요리를 좀더 열심히 하게 된 후에 여성 노동자를 집으로 초대해 밥을 먹으면서 대화를 나누곤 했어요. 세상엔 정말 많은 직업군이 있지만 우리는 그 속내를 다 알진 못하잖아요. 수많은 노동자의 진짜 이야기를 들어보고자 마련한 자리예요. 이 프로젝트에서 나온 이야기들을 뉴스레터 원고로 묶어 ‘에리카팕의 중구난방’으로 발행하기도 하고요.

근데, 아까부터 헷갈렸는데 이름을 어떻게 발음해야 하죠(웃음)? 에리카‘팍’, 에리카‘파앎’.
팍이라고 발음하면 돼요(웃음). 제 본명이 박지윤이어서 어릴 때부터 같은 이름을 가진 사람이 많았어요. 연예인만 해도 가수, 아나운서…. 그래서 중·고등학생 때부터 유니크한 이름을 만들고 싶었죠. 온니 미, 저스트 미가 되고 싶어서요. 에리카팕은 독립출판을 하면서 갖게 된 이름인데, 저만 검색되어야 할 것 같다는 의무감이 있었어요. 제가 명예욕이 좀 있어서(웃음). 호랑이는 죽어서 가죽을 남기고 사람은 이름을 남긴다잖아요. 근데 지윤은 너무 많으니까 저만의 이름이 필요했던 거죠.

에리카는 《분홍 돼지》 원서 제목에서 따왔다고 들었어요.
그 책이 이 근처에 있을 텐데…, 아! 이거예요. 베로니카라는 여자가 주인공인데, 본인이 너무 불행하다고 생각해서 인형을 사요. 그게 돼지 인형 에리카죠. 두 눈에 사파이어가 박혀 있고, 몸통은 아주 보들보들한 인형이에요. 주인공이 항상 데리고 다니는 인형인데 사람 크기만 해요. 하도 크니까 비행기에 탈 땐 에리카의 좌석을 만들어 주려고 티켓을 따로 끊을 정도인데, 어느 날 자기보다 행복이 필요해 보이는 사람을 만나 인형을 건네주는 이야기예요.

에리카팕도 누군가에게 행복을 주고 싶어서 이 이름을 선택한 거죠?

꼭 그렇게 되고 싶다기보단 자연스럽게 그런 생각이 생긴 편이에요. 저희 가족이 천주교 성골 집안이라(웃음), 공부는 안 해도 성당은 꼭 가야 했거든요. 종교적인 영향 때문에 '이웃을 네 몸 같이 사랑하라.'라는 정신을 많이 접하며 자랐죠. 그래서 베푸는 삶에 관해 옛날부터 계속 생각해 왔어요. 에리카라는 이름을 가진 후 제 삶이 송두리째 변한 건 아니지만 이름 이야기를 할 때면 천주교 정신을 되새기게 돼요. '나는 사람들에게 재미를 주고 싶어 하는 사람이었지.'하면서 새삼스럽게 깨닫기도 하고요. 요리 프로젝트를 할 때도 그래요. 계속 재미를 주고 싶어 하거든요. 그러다 보니 저는 아무래도 현장 체질 같다고 많이 느껴요. 사람들 대면하고 직접 요리를 알려주고, 차려주고, 리액션하는 게 항상 재미있어서요. 갑자기 윙크를 날려 사람들을 당황하게 하는 것도 즐겁고요(웃음). 돌발 상황이 생겨도 대처하는 게 재미있으니 천직이다 싶죠.

함바데리카는 친구가 샐러드나 샌드위치 같은 걸로 끼니를 때운다고 하니까 "우리 집 와서 밥 먹고 가."라고 하면서 시작되었다고 들었어요. 문득 샌드위치나 샐러드는 디저트 같기도, 식사 같기도 하다는 생각이 들더라고요. 디저트의 정의를 어떻게 내리고 있어요?

어쨌든 '단 거'! 샐러드나 샌드위치가 디저트는 아니지만 정식으로 먹는 식사처럼 느껴지지도 않아요. 든든한 느낌은 아니니까 가벼운 식사 같달까요. 하루 한 끼는 밥으로 끼니를 해결해야 한다는 전통적인 마인드가 있는 편이라, 친구한테 제대로 한 상을 차려주고 싶어서 밥 먹고 가란 말을 한 거죠.

잠깐만요, 디저트는 무조건 단 거라고요?

디저트는 식후에 먹는다는 인식 때문인지 가벼운 달콤함이 먼저 떠올라요. 짠 것도 좋지만… 저한테는 무조건 단 거.

지금 머릿속에 가장 먼저 떠오른 디저트는?

아이스크림이요. 아, 요새 자주 해 먹는 아이스크림 레시피가 있는데요. 함바데리카 1회 때 오신 분이 알려주신 건데 은근히 중독적이라 자주 찾게 돼요. 바닐라 아이스크림에 올리브 오일과 소금을 뿌리고 발사믹 식초를 드리즐하는 건데….

음?

말로만 들으면 상상이 잘 안 되죠? 어떻게 보면 올리브 오일도 과즙이잖아요. 아이스크림에 딸기 시럽을 같이 먹는 것과 비슷한 거예요. 발사믹에 새콤함이 있으니까 단짠단짠에 새콤함까지, 독특하고 고급스러운 디저트가 되죠. 저희 집에 오는 손님들한테도 몇 번 대접했는데 모두 좋아하시더라고요. 어제도 손님께 한 접시 만들어 드렸는데, 남은 아이스크림이 절반 정도 냉동실에 있을 거예요. 지금 만들어 드릴게요.

(금세 테이블에 디저트가 차려진다.) **예쁜 그릇에 발사믹 식초를 모양내서 뿌려두니 고급 요리 같아요.** (한입 떠먹고) **어…? 맛있는데요?**

그렇죠? 집에 있는 간단한 재료들만으로 질 좋은 디저트를 만들어 낼 수 있어요. 맛있게 드시니 뿌듯하네요. 그 그릇 참 예쁘죠? 특이한 빈티지 그릇 모으는 걸 좋아해요. 사실 함바데리카 같은 건 누구나 할 수 있는 프로젝트잖아요. 그래서 저만의 특색을 찾고자 그릇이라도 특별해야겠다고 생각하게 됐어요. 동묘에 가면 세상에 하나밖에 없는 물건을 찾을 수 있으니까 자주 다녀오죠. 저는 특히 뚜껑 있는 그릇에 사족을 못 쓰는 편이에요. (커다란 락앤락 통에서 그릇들을 꺼내며) 여기 그런 그릇들을 모아두었죠. 이건 일본 제품인데 색과 문양이 독특해요. 동남아 느낌도 나고요. 이렇게 그릇에 금박 처리가 된 그릇들은 전자레인지를 사용할 수 없는 게 일반적이거든요. 근데 이건 바닥에 'Microwave Available' 문구가 적혀 있더라고요. 이렇게 예쁜 그릇들을 천 원짜리 몇 장으로 살 수 있으니 동묘는 천국이죠.

뭘 담아도 기분이 좋아질 것 같아요. 요새는 디저트 중에서도 피낭시에에 푹 빠져 있다고 하셨죠?

맞아요. 피낭시에도 잇어빌리티 게스트로 오신 손님 덕분에 더 좋아하게 됐는데, 구움과자 전문점을 운영하는 분이 오셨거든요. 대화를 나누다 마들렌과 피낭시에 차이가 무엇인지 여쭤봤는데, 무척 좋은 질문이라고 하면서 사용하는 달걀과 버터가 다르다고 알려주셨어요. 마들렌은 흰자와 노른자를 모두 사용하고, 피낭시에는 흰자만 쓴다고 해요. 그래서 제 입에 마들렌은 조금 비리고, 피낭시에는 비교적 고소하다는 느낌이 있던 것 같아요. 또, 마들렌은 약간 녹인 버터를 사용하는 반면, 피낭시에는 태운 버터를 쓴대요. 그래서 포장지를 보면 좀더 기름져 있거든요. 뭐든 기름진 게 더 맛있잖아요(웃음). 처음엔 모양 틀에만 차이가 있는 줄 알았는데 그게 아닌 걸 알고 나니까 재미있고 좋더라고요. 태운 버터를 쓴다니까 매력이 확….

안 그래도 피낭시에 좋아하신다고 해서 오늘 구움과자점에서 이것저것 사 와 봤어요.

아, 이거 보세요. 피낭시에 끝부분이 까맣게 그을려 있잖아요. 이게 태운 버터를 써서 그런 거래요. 딱 봐도 맛있어 보이네요(웃음). 잘 먹겠습니다.

인터뷰를 제안했을 때 "디저트라는 단어에 알록달록한 편안함과 안락함이 떠오른다."고 하셨지요.
밥은 정자세로 앉아 먹는 것처럼 느껴지는데 디저트는 상에 다리를 올리고 먹어도 될 것 같지 않나요? 그래서 더 편안하다는 느낌이 들어요. 디저트 먹을 때면 어딘가에서 시원한 바람이 불어올 것 같고, 다리를 올리고 먹어도 아무도 뭐라고 하지 않을 것 같고. 그리고 디저트는 식사에 비해 알록달록하게 만드는 비중이 높잖아요. 그래서 그런 이미지가 가장 먼저 떠오르는 것 같아요.

아무리 바빠도, 아무리 빡빡해도 하드라도 하나 사 먹으면서 입가심하곤 하잖아요. 사실 구움과자라는 것도 몇 년 전만 해도 흔한 음식은 아니었어요. 구움과자라는 워딩도 사용한 지 오래되지 않았고요. 그런데 이젠 동네 카페에서도 쉽게 볼 수 있고 구움과자 전문점도 많이 생기는 추세예요. 구움과자 전문점을 운영하시는 분이 말씀하시길, 우리나라에 최근 들어 시간과 돈을 들여 디저트 사 먹는 문화가 정착했대요.

밥 먹고 나면 카페에 가는 게 만남의 수순이 된 것도 같고요. 근데, 생각해 보면 디저트에도 유행이 있는 것 같아요. 한때 유행하던 게 소리 소문 없이 사라지기도 하잖아요. 벌집 아이스크림 같은 거요.

생각해 보니 밥은 식사 시간이 따로 정해져 있는데 디저트는 그렇지 않네요. 좀더 느슨하고 자유로운 느낌이에요.
한때 투썸플레이스에서 '작은 사치Small Indulgence'라는 문구를 사용했는데, 그 말이 정확한 것 같아요. '나를 위한 작은 사치'. 이게 딱 디저트의 정의 같지 않나요? 먹어도 되고 안 먹어도 되는 거잖아요. 디저트에 쓰는 돈 역시 써도 되고 쓰지 않아도 되고요. 근데 사 먹으면 확실히 삶의 질이 올라가죠.

여유가 없을 땐 디저트 사 먹을 마음도 잘 안 들고요.
맞아요. 근데 요즘 우리 사회는 어떻게 해서든 디저트를 챙겨 먹는 문화가 생기지 않았나 싶어요. 이제 우리는

그런 게 어떻게 보면 한국인의 특성 같아요. 디저트를 사업적으로 바라보는 측면이 있어서요. 디저트를 진짜 좋아해서 가게를 차린 사람이라면 유행이 지났다고 해서 그 사업을 그만두진 않을 것 같거든요. 우리나라는 좀 그런 문화가 있는 듯해요. "이거 요즘 잘되는 사업이래. 사람들이 좋아한다던데!" 하면 너도나도 몰려들어서 해보는 거죠. 열기가 식으면 쉽게 포기하고요. 좀 시쳇말 같지만 '진정성'과 연관되는 게 아닌가 싶기도 해요.

그런 반면 또 굉장히 오래 자리를 지키는 디저트도 있어요. 새우깡만 해도 그렇고요. 아, 새우깡은 짠 간식이네요(웃음).
새우깡은 저한테 디저트보단 술안주 느낌이에요.

Mrs. Balbir Singh's
Indian Cookery

꿀꽈배기는 디저트 같은데 새우깡은 왠지…. 음, 근데 지금 생각해 보니 '달아야 디저트'라는 건 제 견해라기보단 예전에 영화에서 들어본 말 같아요. 학습된 공식(웃음)?

짓궂게 좀더 묻고 싶은데, 그럼 아메리카노는 달지 않으니까 디저트가 아니에요?
디저트보단 디저트에 곁들이는 음료죠. 사실 아메리카노는 나를 위한 작은 사치보다는 각성을 위한 음료(웃음)?

이렇게 들어보니 디저트의 정의가 사람마다 다른 것 같아요. 저한테는 감자칩도, 누룽지 사탕도, 아메리카노도 디저트거든요.
오, 다른 분들 생각도 궁금해지네요. 이참에 사전을 한번 찾아볼까요? (휴대폰을 켠다.) 프랑스어 사전에는 "치우다.", "정리하다."라는 의미도 있네요. 국어사전에는 "양식에서 식사 끝에 나오는 과자나 과일 따위의 음식"이라고 되어 있고요. "식사를 마치다.", "식탁 위를 치우다."라는 뜻도 있어요. 생각해 보면 서양에선 식사가 끝나면 식탁을 다 치우고 디저트 하나만 내놓고 이야기를 이어 나가는 문화가 있어요. 우리나라는 밥 먹다가 아이스크림을 먹을 수도 있고, 테이블을 정리하기 전에 과일만 대충 먹고 말 수도 있는데, 서양에선 한 번 테이블을 싹 정리하고 새롭게 차려 내잖아요. 이런 데서 문화의 차이가 보이는 것 같아요.

아까 디저트를 '나를 위한 작은 사치'라고 하셨는데 가끔은 큰 사치처럼 느껴지기도 해요. 요새는 디저트값이 밥값이랑 비등비등하잖아요.
밥보다 비쌀 때도 많죠.

그런데도 우리가 디저트를 찾는 이유가 뭐라고 생각하세요?
좀 낯간지럽지만, 영혼을 살찌우고 싶어서인 것 같아요. 밥으로 허기는 지울 수 있지만 오늘의 나를 충분하게 살찌운 느낌이 안 들 때가 있거든요. 원치 않는 식사를 하는 날도 있고요. 그래서 영혼이 살찌는 기분을 느끼고 싶을 때 디저트를 챙겨 먹게 되는 것 같아요. 밥으론 아직 부족하고, 좀더 윤기가 돌고 싶을 때.

가끔 디저트도 중독 같다고 느낄 때가 있어요. 밥 먹고 항상 뭘 사 먹다 보니 하루만 안 먹어도 허전한 느낌이 들더라고요.
이젠 우리 삶에 할당량이 생겨버린 것 같아요. 그래서 조심해야 해요. 디저트는 기본적으로 달기 때문에 열량이 높으니까요. 몇 달 전엔 누텔라 와플에 빠져서 주기적으로 사 먹곤 했어요. 초코 소스 대신 누텔라 크림이 올라간 와플인데, 이게 진짜 악마의 음식이에요. 중독되면 안 되는 디저트인데 한 번 먹으면 주기적으로 찾게 돼요. 끊기까지 꽤 힘들었죠.

이젠 디저트도, 고급 요리도 깊숙이 자리 잡아서 언제 어디서든 쉽게 구할 수 있게 됐어요. 그런데도 계속 직접 요리하고 대접하는 이유가 궁금해요. 에리카팕에게 요리가 사업적인 수단도 아닌 것 같아서요.
회사에 다니는 동안엔 보람에 목이 말랐어요. 잇어빌리티 프로젝트를 하고 나서 듣는 "재미있다!" 소리가 제일 좋았죠. 회사에선 볼멘소리만 들어야 하고 제가 아무리 잘해도 칭찬이나 감사하다는 말을 들을 일이 없거든요. "감사합니다."는 대화를 종료하기 위한 수단일 뿐이었죠. 사람에겐 평생 들어야 할 좋은 말 할당량 같은 게 있다고 생각하는데, 그걸 회사에서 못 채우니까 프로젝트에서 채우는 느낌이었어요. 회사에선 에리카팕이나 박지윤으로 존재하는 게 아니라 담당자로 존재하기 때문에 사람들이 막 대하는 게 있었거든요. 지금은 에리카팕이라고 불리는 것부터가 저한텐 굉장히 기쁜 일이에요. 그렇다고 요리먹구가로서의 제 직함이 계속될 거라고 기대하는 건 아니에요. 전 회사에 다닐 때도 2년에 한 번씩 직무를 바꿨거든요. 그게 익숙하기도 하고… 계속 요리를 하고 싶다기보단 그때그때 하고 싶은 걸 찾아 나가고 싶어요.

그럼 에리카팕에게 요리란 무엇이에요?
저도 잘 모르겠어요. 종종 생각하는 건 '내가 사람을 많이 만나려고 요리를 했구나.'라는 거예요. 저를 모르던 사람들이 알게 되는 기회이기도 하고, 저 역시 새 사람을 만나는 기회이기도 하죠. 경제적인 자산은 아니지만 사회적인 자산은 확실히 만들어 가는 것 같아요. 제 프로젝트 특성상 할 때마다 누군가와 함께 밥을 먹게 되는데요. 뭘 먹으면서 대화하면 급속도로 친해지거든요. 그래서 함바데리카나 잇어빌리티를 하면서 만난 분들이 저를 응원하고 좋아해 주실 수 있는 것 같아요. 저도 거기서 좋은 영향을 많이 받고요. 인프라까지는 아니더라도 저를 좋게 봐주시는 분들이 생겼으니까 다음 스텝에서 제가 좀더 좋아하는 일, 하고 싶은 일을 할 수 있게 되지 않을까 기대하면서 지내는 거죠.

요새는 어떤 고민을 하고 있어요?
제가 하는 프로젝트들은 소규모로 진행하는 게 편해서 솔직히 수입이 많지는 않아요. 하루하루 근근이 먹고살 정도로만 벌고 있어서 수익 구조를 만드는 걸 고민하고 있어요. 프로젝트의 연장으로 뉴스레터도 하고 있지만 여전히 이런저런 생각이 많아요. 앞으로 어떻게 해나가야 할지 고민 중인데, 잇어빌리티는 돈이 되든, 되지 않든 지금은 계속 끌고 가야 하는 트랙이라고 생각해요. SNS로 지금처럼 계속 활동을 업로드하면서 제 이미지를 구축하고, 거기서 발전시킬 수 있는 광고 같은 걸로 수익을 얻어야겠죠. 적은 품으로 돈이 될 수 있는 일이니까 SNS에서 제 이미지를 잘 구축해 가는 데 관심이 있어요.

SNS를 긍정적으로 잘 이용하는 것 같아요. 근데 세간에서는 SNS가 보여주기를 강화하는 역할을 한다는 부정적인 얘기도 있잖아요.

당연한 말이지만 어떻게 사용하느냐가 제일 중요한 것 같아요. 교양과 상식의 차이라고 생각하죠. SNS에 좋은 점과 나쁜 점이 있다는 걸 알고, 이걸 수단으로서만 쓸 수 있어야 해요. 근데 저도 막상 붙들고 있으면 안 될 때가 있어요. 사람들이 좋은 모습, 행복한 모습만 올리니까 그걸 보면서 나만 뒤처지는 것 같다고 느낄 때도 많고요. 그래서 저는 SNS에 나쁜 것도 많이 올려요. 회사 다닐 때 힘들던 것도 시시콜콜 올리니까 그게 오히려 진정성 있게 가 닿은 것 같아요. 에리카팕이란 사람을 좀 가여워해 주시는 것 같아서요. 노리고 그런 건 아니었지만, 회사 생활에 지쳐 있던 제 이미지 때문에 더 잘되면 좋겠다고 응원해 주시는 분도 많았어요.

이야기 나누는 동안 시간이 훌쩍 흘렀네요. 이번 호 주제어가 디저트잖아요. 디저트엔 달콤하고 포근한 이미지가 있으니 기분 좋게 마무리해 볼까요? 에리카팕의 디저트 베스트3!

음… 어렵네요. 가장 먼저 아이스크림이 떠올라요. 이탈리아에 3개월 정도 머물 때 돈이 없어서 곧잘 끼니를 건너뛰곤 했는데요. 밥은 굶어도 이상하게 아이스크림은 놓치고 싶지 않더라고요. 며칠 동안 밥은 안 먹고 젤라토만 먹으면서 살기도 했어요. 이탈리아에 그롬GROM이라는 젤라토 체인점이 있는데, 거기 아이스크림을 좋아해서 거의 모든 맛을 먹어보며 지냈어요. 2유로면 살 수 있어서 밥 대신 많이도 먹었죠.

저도 한때 이천 쌀 아이스크림에 빠져서 젤라토 가게에 수시로 드나들었는데(웃음). 그다음은요?

고등학생 때 자주 가던… 그, 식빵 구워 주는 생과일 전문점 이름이 뭐더라…. 아, 캔모아! 한때 캔모아가 '힙'의 상징이었잖아요. 친구들이랑 반윤희 바지 같은 거 입고 놀러 가던 곳(웃음). "좋은 데 가자!" 하고 마음먹고 찾는 곳이었죠. 식빵이랑 생크림 리필이 되니까 계속 받아먹던 기억이 나요. 그땐 디저트가 저를 의기양양하게 해주는 요소였어요. 나를 위한 최고의 사치! 그러고 보니 이탈리아에 있을 땐 돈이 없어서 디저트만 사 먹었는데, 고등학생 땐 멋 부림과 사치의 요소로 디저트를 즐겼네요.

어떤 의미에선 꽤 상징적인데요? 대망의 마지막 하나는!

마지막은 제가 요새 꽂혀 있는 디저트 얘기를 해볼게요. 세시셀라의 누텔라 밀크쉐이크인데요. 드셔 보셨어요? 진짜, 진짜, 정말, 정말 맛있어요. PMS 기간이면 무조건 생각나는 곳이죠. 영혼까지 살찌는 맛인데, 웬만해선 멈출 수가 없어요. 누텔라 와플 다음으로 빠져버린 악마의 디저트죠. 요즘 요리 동호회 모임을 분당에서 하고 있는데, 분당에 세시셀라 매장이 있거든요. 만남에 앞서 꼭 한 잔씩 먹게 되더라고요. 한 잔에 만 원 가까이 하는데도 그만한 가치를 해요. 맛도 그렇고, 만족감도 그렇고, 양도 그렇고요. 아, 얘기하니 생각나네요. 조만간 또 사 먹으러 가야겠어요!

어린 시절 생일 주간이 되면 손과 마음이 바빴다. 초대장을 어떻게 만들면 좋을지, 무슨 색깔로 만들지, 어떻게 꾸밀지, 몇 명에게 보낼지…. 내가 그런 걸 고민할 동안 엄마는 나보다 바쁘게 메뉴를 궁리했다. 김밥은 몇 인분 만들지, 갈비찜이 좋을지, 피자가 좋을지, 잡채 못 먹는 친구는 없는지. 사람을 초대하는덴 마음이 적지 않게 쓰인다는 걸 일찌감치 알아 버린 나는 유쾌하게 음식을 나누는 에리카팕의 마음이 얼마나 넉넉한지 감히 짐작해 볼 수 있었다. 처음 보는 사람에게 아낌없이 식사를 대접하고 이야기를 나누는 일. 그 시간이 지금 에리카팕에겐 그 어떤 디저트보다 달콤하리라는 걸 어쩐지 알 것도 같았다.

양갱상점

금옥당

공간의 디자인이나 인테리어 감도에 반해 디저트집을 가는 사람과 오직 좋아하는 맛을 도장 깨기식으로 찾아다니는 사람, 그리고 눈앞에, 손 닿을 거리에 놓여 있을 때 비로소 디저트를 먹는 사람 중 고르자면 나는 세 번째 부류다. 금옥당은 그런 내가 아는 몇 안 되는 디저트집 중 하나다. 재료의 모양을 드러내며 반듯하게 누운 양갱들은 마치 연필로 꾹꾹 눌러 쓴 편지 같아서, 한줄 한줄 글자를 읽듯 조금씩 맛을 음미하게 한다. 딱 한 번 맛을 본 뒤로, 금옥당을 떠올리면 정성이라는 단어가 당연하게 따라붙는다.

묵묵한 정성의 조각

에디터 이다은
포토그래퍼 이요셉

담백한 단맛의 매력

2017년 겨울, 연희동의 좁다란 골목에 붉은 벽돌을 차곡차곡 쌓은 아담한 가게가 생겼다. 팥으로 만드는 양갱과 빙수, 팥죽을 선보이는 금옥당의 시작이다. 20여 년 전 처음 이 업계에 발을 들인 김현우 대표는 기업의 카페를 컨설팅하고 직접 카페를 차리기도 하면서 가격이 싸고 품질이 낮을수록 판매가 잘되는, 그래서 질 좋은 커피를 선보이는 사람들이 점점 갈 곳을 잃는 아이러니한 흐름을 목격했다. 그의 회의감은 제대로 된 디저트 브랜드를 만들겠다는 결심으로 바뀌었고, 곧 팥을 떠올렸다. 디저트 중에서도 단 편에 속하는 양갱을 주메뉴로 선택한 것은 평소 단맛을 즐기지 않는 그에게 하나의 시도이자 자신감이었다.
"양갱은 국내법에서 캔디류로 분류돼요. 캔디류 제조에 쓰이는 기계는 아주 많은 양의 당을 넣어야 형태를 잡을 수 있고, 당도가 셀수록 쉽게 상하지 않기 때문에 우리가 흔히 아는 끈적하고 당도 높은 양갱이 나오는 거예요. 밀도가 높아서 한 입 베어 물면 순한 맛을 선호하는 저 같은 사람들에게는 거부감이 들죠. 그래서 저희는 하나를 온전히 맛있게 먹을 수 있을 만큼 당도를 낮췄어요. 보존제도 사용하지 않고요. 그러다 보니 자연히 재료 본연의 맛이 드러나게 되더라고요."
금옥당 사무실 바로 아래층에는 양갱을 제조하는 공장이 바쁘게 돌아간다. 양갱의 모든 제조 공정이 공장에서 이루어지며, 생산 직후 각 매장으로 유통된다. 16종의 양갱에는 각기 다른 재료가 들어가는데, 제주 녹차, 공주 밤 등 재료의 대부분은 금옥당에서 엄선한 국산이다. 작은 농가에서 소량 생산하는 재료는 수급이 불안정하다는 단점이 있지만, 연락이 안 될 때는 직접 농가에 찾아갈 정도로 재료에 진심을 다한다. 보이지 않는 부분에 더 공을 들이는 이유에 대해 김현우 대표는 이렇게 답한다.
"제품을 만드는 과정과 속도를 따져봤을 때 저희는 어마어마하게 큰 회사가 되지는 못할 거예요. 사업을 키우려고 해도 생산량을 맞출 수 없거든요. 지금 이대로 오래 사랑받으려면 퀄리티가 절대적으로 좋아야 해요. 그게 저희가 재료와 맛에 꾸준히 정성을 쏟는 이유예요."

환대하는 마음으로

달고 짠 자극적인 맛보다 심심하면서도 매력 있는 맛을 내기가 어려운 이유는 그만큼 더 긴 고민의 시간과 복잡한 과정이 동반되기 때문이다. 일주일에 서너 번 팥을 쑤고, 꽤 다양한 보자기 매듭을 능숙하게 짓는 일은 분명 일반 카페의 업무와는 다르지만, 금옥당의 사무실과 제조 공장, 그리고 매장에는 그런 가치관에 동감하는 이들이 모여 있다.
연희동 매장에서는 유리벽 너머로 널찍한 주방을 들여다볼 수 있다. 디저트 가게에서 좀처럼 보기 어려운 가마솥과 팥을 씻는 기다란 호스가 보이고, 그 옆에 손님과 직원의 친절한 미소가 오가는 계산대가 있다. 계산대 맞은편에는 16종의 양갱 패키지와 김현우 대표가 수집한 빈티지 찻잔들이 진열되어 주방 안과 바깥의 경계가 확실하다. 음료를 주문하면 보통 직원들이 잔을 고르지만, 매장을 찾는 단골들은 이따금 직접 잔을 고르며 취향을 채운다. 매장 안쪽으로 들어가면 간격이 여유롭게 벌어진 테이블과 소파가 놓여 있고, 그곳에서 주문한 메뉴를 음미하며 잠시 편안한 휴식을 취할 수 있다.
"매장을 찾아주시는 분들이 단순한 소비를 넘어서는 경험을 하시기를 바랐어요. 긴 줄을 서거나 늘 만석인 가게는 바쁘고, 정신없고, 정해진 매뉴얼대로만 서비스를 할 수밖에 없어요. 그럼 그곳을 찾은 분들은 환대받았다는 느낌을 받지 못하죠. 저희는 저희가 정성스럽게 케어할 수 있을 만큼만 좌석을 마련해 뒀어요. 조용하고 아늑한 분위기에서 충분히 대접받는 기분을 느끼고 돌아가실 수 있도록요."
연희동 골목의 풍경을 품은 유리벽 안쪽으로 조도가 낮은 조명이 은은하게 빛을 퍼트린다. 해가 쨍한 날에도 완전히 밝지 않은 홀은 답답함보다는 오히려 안정감을 느끼게 한다. 손님들이 느끼는 환대의 시간이, 그 시간을 주변인들에게 나누고픈 마음이 천천히 번져 붉은 벽돌 안팎을 가득 채워 나간다.

김현우 금옥당 대표

처음 금옥당이라는 이름을 들었을 때 '집 당堂' 자를 쓰는 줄 알았어요. 다른 한자를 쓰시는 걸로 아는데, 어떤 의미인가요?
한글만 들으시면 공간을 뜻한다고 생각하실 수 있는데, 저희는 '엿 당糖' 자를 써요. 금옥당金玉糖이 '한천에 설탕을 넣어서 굳힌 투명한 과자'라는 의미예요. 브랜드를 준비하면서 우연히 찾은 단어죠. 팥을 주재료로 하고 메인 상품이 양갱이니 전면에 내세우는 게 좋겠다 싶었어요.

우아한 금빛의 거북이 로고도 브랜드 무드와 참 잘 어울려요.
전통적인 분위기를 풍기는 요소를 사용하고 싶었어요. 한국의 전통 요소 안에서 고민하다가 범위를 아시아까지 넓혔고 장수와 금전을 상징하는 거북이가 떠올랐어요. 아무래도 연령대가 있으신 분들은 그런 상징성을 좋게 보시니까요. 다른 동물들도 후보에 있었지만 거북이가 가장 잘 어울려서 선택하게 됐어요.

원래 팥을 안 좋아하신다고요. 직접 디저트 가게를 열고자 했다면 팥이 아닌 다른 재료를 선택했어도 됐을 텐데요.
저는 극도로 담백한 맛을 선호해요. 평소에 디저트를 거의 먹지 않고, 먹는다면 차나 커피를 꼭 곁들이죠. 그런 취향이 대중적인 입맛과는 거리가 멀다고 생각했어요. 디저트는 어느 정도 단맛이 필요한데 제가 좋아하는 맛으로 메뉴를 만들기에는 위험도가 너무 컸어요. 절충점을 찾아야 했는데, 예전에 카페 컨설팅을 하면서 갖가지 디저트를 먹어본 게 도움이 됐어요. 팥빙수가 반응이 좋다는 것도 그때 알게 되어서 금옥당 이전에 '경성팥집 옥루몽'이라는 브랜드도 만들었고요. 팥은 전통적이고 대중적인 재료예요. 카눌레나 피낭시에를 모르는 사람은 있어도 팥을 모르는 사람은 없죠. 이 재료가 무슨 맛을 내는지, 어떤 향이 나는지 이미 알고 있기 때문에 친근하게 다가갈 수 있다고 생각했어요.

주재료는 친근하지만 브랜드의 콘셉트는 고급스러움을 추구하는 것 같아요.
맞아요. 당시에 수제 양갱을 판매하는 매장도 없었고, 계절을 타는 팥빙수 외에 메뉴 구성을 보완하면 괜찮겠다는 가능성을 봤어요. 카페는 20-30대를 타깃으로 해야 하는데 트렌드가 너무 빨라요. 시장에서 요구하는 감각과 요소를 실시간으로 따라가는 게 소모적이라고 느꼈어요. 양갱과 차는 분명 주류는 아니지만, 느리고 조용하니 제 성향에 더 잘 맞을 거라고 생각했죠. 지금은 연희동 매장에서 빙수용 팥과 팥죽용 팥만 쑤고 있지만, 초기에는 양갱도 함께 제조했어요. 매장에서 만들어 바로 판매하는 작업장의 모습을 상상하며 만든 공간이라서 홀 크기에 비해 주방이 넓은 편이죠. 대중적인 팥을 사용하되 아무데서나 맛볼 수 없고, 믿을 수 있고, 고급스러운 간식을 만들고 싶었어요.

그 '아무데서나 맛볼 수 없는' 양갱이 완성되기까지 무척 정성스러운 과정을 거친다고요.
일단 팥은 국산만 사용해요. 팥을 삶아서 곱게 갈아내면 앙금이 되는데, 거기에 젤라틴 같은 역할을 하는 제주 한천과 설탕을 비율에 맞춰 섞어요. 그러고 나서 열여섯 가지 재료를 각각 넣고 틀에 굳혀주죠. 한 판이 나오는 데 이틀 정도 걸려요. 굳은 양갱을 잘라서 포장까지 하면 공정이 끝나고요. 이렇게 말씀드리니 간단해 보이네요(웃음).

직접 만드는 사람만이 알 수 있는 정성일 것 같아요. 한 인터뷰에서 "중요한 건 향과 식감이다. 맛은 설탕이나 소금을 넣어서 얼마든지 맞춰줄 수 있다."라고 말씀하신 걸 보았어요. 양갱을 만들 때 특히 중요하게 생각하는 부분이 있나요?
예전에 주변 분들이 값비싼 양갱을 선물로 주는 경우가 많았는데 제 입맛에는 너무 끈적하고 달아서 한 입 베어 물고 차 한 모금 마시면 더는 손이 안 가더라고요. 호두과자 안에 있는, 팥처럼 뭉쳐져 있는 가루 형태를

'고'라고 하는데, 기존 양갱과 고의 중간 형태를 만드는 게 목표였어요. 입안에서 팥과 재료들이 고슬고슬하게 씹히는 느낌을 내고 싶었죠. 재료의 식감과 본연의 맛을 그대로 느끼실 수 있도록, 재료는 통으로 넣는 경우가 많고 향신료는 사용하지 않아요.

양갱 종류도 무척 다양해요. 여기에는 대표님의 취향이 반영되었나요?

아뇨(웃음). 소비하시는 분들의 취향을 가장 먼저 고려했어요. 양갱 전문점이니 종류가 좀 되어야 할 것 같아 열두 개로 시작했고, 이후에 네 가지를 추가해 지금의 열여섯 종이 되었어요. 밀크티나 라즈베리 같은 새로운 시도도 해보았죠. 밀크티는 원래 동남아에서 즐기는 맛을 내고 싶었는데, 원하는 맛이 영 안 나와서 유럽식 홍차를 재료로 사용하게 됐어요. 세상에 없는 걸 만든다기보다 아시아적인 맛에 대표적인 서양 맛을 더해보면 좋을 것 같았어요. 팥과 백앙금 같은 기본 맛이 네 가지, 밀크티 같은 서양적인 맛 네 가지, 대추나 고운앙금처럼 제조 과정이 어려운 종류도 두세 가지 돼요. 애초에 메뉴 구성을 할 때 다른 곳에서 따라 할 수 없는, 금옥당만이 할 수 있는 퀄리티와 기술을 보여주는 것도 필요하다고 느꼈어요. 워낙 공정이 많고 양이 적게 나오기 때문에 비용 면에서는 손해지만, 꼭 가져가야 할 부분이에요.

금옥당 하면 꽃무늬 패키지를 빼놓을 수 없어요. 많은 분들이 상견례나 고마운 분을 만나는 중요한 자리에 금옥당 양갱 패키지를 선택하시죠.

금옥당의 타깃층은 50대 이상이에요. 젊은 층도 많이 찾아 주시지만, 처음에는 철저하게 20-30대를 배제하는 관점에서 출발했어요. 저는 패키지도 이름 하나 안 적혀 있는 미니멀한 디자인을 좋아해요. 그런데 연령대 있으신 분들이 꽃무늬를 좋아하시잖아요. 양갱 세트를 담는 상자는 제 취향대로 미니멀하게 가되 뚜껑을 열면 화려한 꽃으로 싸여 있는 반전을 주면 재미있을 것 같았어요.

패키지를 고안하는 데 대표님도 직접 참여하신 거죠?

네. 디자이너 없이 저와 디자인 프로그램을 다룰 줄 아는 직원이 같이 작업했어요. 처음부터 새로 그린 경우도 있고, 다른 곳에서 모티브를 가져와 변형한 것도 있죠. 직원이 디자인을 하고 있으면 저는 컴퓨터 뒤에 서서 색감이나 라인의 두께처럼 디테일한 부분에 대해 계속 의견을 줬어요. 색감이 너무 세게 나오면 좀 누르기도 했고요. "이건 너무 심해." 하면서요(웃음). 샘플 디자인은 40-50개 되었고 그중에 이만큼 추린 건데, 사실 처음에는 이런 꽃무늬가 좀 오버 아닐까 생각했어요.

© 금옥당

하지만 어머니의 취향을 생각하면서 조금씩 더 촌스럽고 화려하게 만들어 보려고 했어요. 많은 분들이 선물용으로 찾아주시면서 좀더 격식을 차린 버전으로 보자기 포장도 추가하게 됐고요.

보기 좋은 떡이 먹기도 좋다는 속담이 떠오르네요. 대표님이 생각하는 '좋은 디저트'란 무엇인가요?

간단하게 정의하기 어렵네요. 다만, 좋은 디저트를 먹어보고 기존에 가졌던 부정적인 이미지가 바뀐 경험이 떠올라요. 한창 마카롱이 유행했을 때 너무 달아서 제 기준엔 맛이 없는 쪽에 속했는데, 잘한다고 소문난 곳에서 먹어보니 식감이며 맛이 다르더라고요. 그런 경험이 20년 동안 계속됐고, 더 알아가면서 한 단계씩 좋은 재료, 좋은 공정을 찾아온 것 같아요.

그럼 금옥당은 어떤 디저트일까요?

금옥당은 실은 디저트라기보다는 간식에 가깝다고 생각해요. 식사 후에 커피와 함께 즐기는 종류가 아니라, 어르신들이 끼니와 끼니 사이에 입이 심심할 때 드시는 간식이요. 하루 중 언제든, 저희 양갱으로 짧지만 편안한 휴식의 맛을 느끼셨으면 좋겠어요.

2017년 오픈했으니 햇수로 벌써 6년이 되었어요. 금옥당이 지켜가고 싶은 가치는 무엇인가요?

지금 있는 매장 다섯 곳 모두 직영점이고, 함께 일하시는 분들 모두가 금옥당의 작업 방식을 좋아해 주세요. 저도 직원분들도 처음부터 지금까지 좋은 퀄리티에 가치를 두고 있어요. 질 좋은 서비스와 맛을 유지하기 위해, 지금처럼 할 수 있는 만큼만 잘 만들고 싶어요.

함께 즐기면 더 좋은 금옥당 추천 조합

밤 양갱과 단호박 양갱, 그리고 말차

"밤 양갱과 단호박 양갱은 재료가 큼직하게 들어가서 씹는 맛이 특히 좋아요. 양갱치고는 달지 않지만 그래도 당도가 있기 때문에 같이 먹는 음료는 입안을 개운하게 만들어줘야 하죠. 그래야 물리지 않고 맛있게 다 먹을 수 있으니까요. 단맛을 씻어주는 데는 신맛도 잘 어울리지만, 대부분 신맛보다는 씁쓸한 맛을 더 선호하셔서 말차를 추천해요. 예전 메뉴에 녹차가 있었는데, 찻잎을 제대로 우려내기 어려워 판매를 중단한 적이 있어요. 좀더 쉽게, 제대로 내어드릴 수 있는 말차는 곧 출시 예정이에요."

서울빙수와 따뜻한 드립 커피

"서울빙수에 올라가는 팥은 매장에서 직접 쒀요. 알갱이가 부드럽고 큼직해서 팥이 주는 고유의 맛을 느낄 수 있죠. 팥 위에는 방앗간에서 찧은 떡이 올라가고, 아래는 곱게 갈린 얼음이 쌓여 있어요. 우유 빙수라고 생각하시는 분들이 많은데, 얼음을 갈아서 직접 제조한 소스를 넣어 만들어요. 매장에서 빙수를 드시다 보면 냉방 때문에 춥기도 한데, 그때 따뜻한 드립 커피로 온도를 조절해 주면 좋죠. 연희점 매니저님이 커피를 아주 맛있게 내려서 커피 단골도 많아요."

금옥당의 맛을 느낄 수 있는 곳

1.

2.

3.

4.

© 금옥당

5.

1. 금옥당의 시작, 연희점

A. 서울 서대문구 연희로11라길 2

O. 매일 11:00-21:00

2. 혼잡한 거리 속 아늑함, 서교점

A. 서울 마포구 어울마당로 39

O. 매일 12:00-22:00

3. 한국의 전통 거리 한가운데, 인사점

A. 서울 종로구 인사동길 49

O. 매일 10:30-20:30

4. 오가는 이들의 발길을 붙잡는, 서울역점

A. 서울 중구 한강대로 405 1층

O. 매일 10:30-20:30

5. 금옥당을 더 가까이에서, 더현대서울점

A. 서울 영등포구 여의대로 108 지하 1층

O. 매일 10:30-20:00

H. guemokdang.com

하얀 물결에 여린 꽃잎을 얹어보는 느낌일까. 꽃의 이름, '아네모네'로 불리고 싶었던 지은의 바람은 '아네모네시'만의 케이크를 만들며 이루어지고 있었다. 아끼는 사람들에게 나누기 위해 애정으로 시작한 일은 점점 풀어올라 평생 하고 싶은 일이 되었고, 오늘 누군가의 특별한 날을 더 특별하게 만드는 의미로 완성된다. 지은이 만드는 아네모네시의 케이크는 그가 좋아하는 모네의 그림처럼, 우리의 하루에 또 다른 아름다움을 남긴다.

케이크 위에 꽃잎을 얹는 마음

이지은—아네모네시

에디터 **김지수**
포토그래퍼 **최모레**

요즘 학교를 다니고 있다고 들었어요.
프랑스 전통 제과 수업을 듣고 있어요. 작년 겨울부터 시작했는데 동시에 아네모네시도 운영하면서 바쁘게 지내고 있었어요. 지금은 방학이라 조금 쉬어가는 중이에요. 원래 베이킹에 관심이 많아서 이것저것 알아보며 연습하다가 이제 전문적으로 배우게 됐어요. 훨씬 체계적이고 베이킹에 관한 깊이 있는 내용을 배울 수 있어서 많은 도움을 받고 있어요.

아네모네시의 첫 시작은 취미로 했던 베이킹이었네요.
원래 요리를 좋아해서 베이킹도 조금씩 해보는 수준이었는데, 친구들에게 하나씩 해주다가 재미를 붙였어요. 친한 친구들과 을지로에 공용 작업실을 얻어서 요리를 했던 게 시작이 되었죠. 아네모네시 이전에는 을지로 카페의 매니저로 일하면서 디저트 메뉴를 맡아서 해보기도 했어요. 그러다가 우연히 친구들에게 케이크를 만들어서 선물하게 됐는데, 신기하게 여기저기에서 연락이 왔어요. 알음알음 저한테 케이크를 주문해 주시는 분들이 생기기 시작한 거죠.

말 그대로 입소문이었군요.
일본어를 전공했던 학생이었고 이 일과는 거리가 먼 사람이었는데요. 사람들에게 요리를 해주는 게 좋아서 했던 일에 어느새 아네모네시라는 이름까지 붙고, 그때부터 본격적인 시작이 됐어요.

이름은 어떻게 정했어요?
제가 '아네모네'라는 꽃을 좋아해요. 전형적인 꽃 모양인데, 친구가 아네모네 꽃과 제가 잘 어울린다는 얘기를 해주더라고요. 그때부터 왠지 모르게 아네모네라고 불리고 싶었어요. 그냥 아네모네라고 하면 좀 심심하니까 누구누구 씨라고 불리듯이 단어 뒤에 '시'를 붙였어요. 그렇게 아네모네시가 됐죠. 좀 구구절절이네요(웃음). 이 이야기를 아는 친구들은 조금 간지럽지만 저를 '모네'라는 애칭으로 부르기도 해요.

부끄러워하면 안 돼요(웃음). 지은 씨의 또 다른 자아인 거죠.
뻔뻔하게 해보려 하는데(웃음) 아직 어려워요. 그래도 모네라고 불리고 싶은 마음은 한결같아요.

그러고 보니 아네모네시 케이크를 보면 모네 그림이 떠오르기도 하네요. 오묘한 색들이 돋보여서요.
모네 그림을 정말 좋아해요. 회화를 보면서 케이크 디자인 모티프를 얻기도 하고요.

아네모네시 브랜드 이미지의 시작은 정원이었다고 했죠.
꽃도 좋아했지만 허브에 관심이 많았거든요. 케이크를 만들기 시작하면서 아네모네시의 케이크는 조금 색달라 보였으면 했는데 자연스럽게 좋아하는 것들을 떠올렸어요. 꽃 종류가 워낙 많으니까 올라가는 꽃들마다 느낌이 무궁무진하고요.

아네모네시를 떠올리며 그렸던 정원의 모습이 있어요?
편안하고 따뜻한 느낌이 있으면 좋겠다는 생각이었어요. 정원에 핀 꽃의 살아 있는 생명력에 큰 영감을 받기도 했고요. 사실 우리 주변엔 살아 있는 것보다는 죽어 있는 것들이 많잖아요. 꽃과 정원은 생생한 에너지를 전해주는데, 그런 이미지를 아네모네시에 담고 싶었어요. 그러면서 어딘가 조금 독특한… 그렇다고 괴상한 건 아닌데(웃음) 신기해서 돌아보게 되는 그런 매력을 담고 싶었다고 할까요. 정말 어려운 건데, 이렇게 복잡한 바람을 갖고 있긴 하지만 막상 만들 때는 즉흥적으로 디자인이 조금씩 달라져요. 그날 제 눈에 가장 아름답게 보이는 대로 구현해내거든요. 같은 종류라고 해도 꽃마다 모양이 다 다르니까요. 온전한 '그 꽃'을 어디에 어떻게 배치하는지에 따라 변화를 주며 가장 잘 어울리는 여백의 크기를 잡아가고 있어요.

초반의 아네모네시 케이크는 여백을 잘 담았다고 생각했어요. 배경 가운데 꽃 하나가 덩그러니 있는 멋이 돋보였거든요.
맞아요. 딱 알아보셨네요. 초반에 그 지점을 염두에 뒀어요. 보통 생화 케이크 하면 풍성하고 화려한 디자인을 많이 떠올리는데 그러면 사실 화분과 다를 게 없다는 생각이 들었어요. 케이크는 어쨌든 먹기 위한 용도가 분명하니까요. 요즘은 전문적인 교육을 받고 있어서 그런지 전에는 보지 못했던 것들을 보게 돼요. 조금 더 기술적인 지점에서 나름의 노하우를 찾아가고 있는 중이라 케이크 디자인에도 영향을 주는 것 같아요. 초기엔 아이싱도 일부러 거칠게 하는 면이 있었는데 이제는 조금 정돈된 모양새를 잡기도 하면서 풍성하지만 여백이 있는 그림에 집중해요. 완성도를 높이려 하는 거죠.

어떻게 보면 지은 씨가 전문가가 아닌 단계에서 시작했기 때문에 아네모네시에 더 다이내믹한 변화가 생기고 있는 것 같아요.
어떨 때는 지금의 성장 속도가 너무 빠르다고 생각하기도 해요. 이 작업실을 오픈한 지 1년 5개월 정도밖에 안 됐거든요. 지금은 욕심을 많이 내고 있는 단계에 있어요. 기준을 높이면서 내실을 단단하게 다지고 싶은 마음이에요. 이런 고민들이 쌓여서 작년에 쉬는 시간을 가지기도 했어요. 시작과 경험에 비해 너무 이른 관심과 사랑을 받았다고 생각해서요. 완벽한 준비를 갖출 수는 없지만 관심을 받은 만큼 해내야 한다는 부담감이 생겼어요. 모든 걸 혼자 하고 있기도 하고요. 아네모네시를 시작하면서 성격도 변했어요(웃음). 성격 유형 검사를 하면 INFP가 나왔는데 얼마 전에 ENFJ가 나오더라고요.

와, 아주 다른 성격으로 변한 것 같아요.

경영을 하게 되니까 책임질 일도 많아지더라고요. 전에는 흘러가듯이 산다는 느낌이 강했는데 지금은 계획적이고 이성적으로 생각하려고 노력하고 있어요.

평생의 업이 생겼네요.

지금은 그래요. 아네모네시로 벌이고 싶은 일이 정말 많거든요. 케이크 말고도 더 다양한 메뉴를 만들고 싶기도 하고, 아예 다른 분야로 발전시키고 싶은 마음도 있어요. 케이크가 꼭 먹는 용도로만 사용되는 건 아닐 수 있잖아요. 좀더 팬시하고 캐주얼한 디저트로 변주될 수 있고요. 더 나아가서, 케이크를 소재로 하는 전시를 진행하거나 다른 분야가 어우러지는 파티나 축제를 기획해도 재밌을 것 같아요. 다양한 시도를 하기 위해서는 클래식을 잘 배워서 지키는 것부터 시작해야 한다고 생각해요. 기본을 먼저 잘 갖추고 거기에 아네모네시만의 것을 입혀 가야겠죠. 그리고 지금 아쉬운 점이 있다면 접근성이에요. 사람들이 좀더 쉽게 다가올 수 있는 뭔가를 만들어야겠다는 생각도

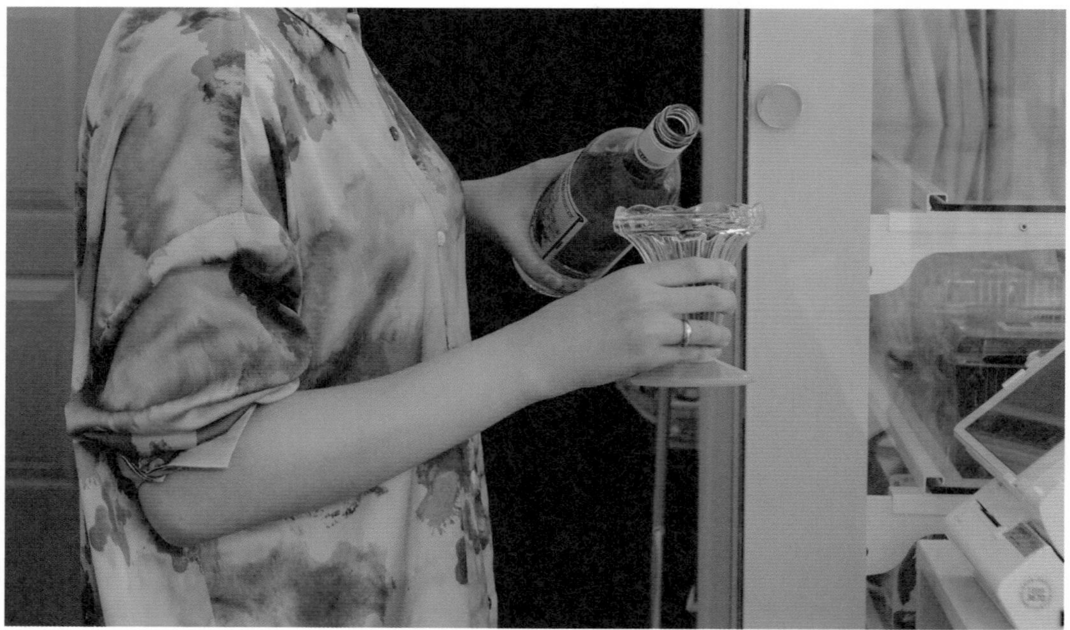

좋아하는 일을 업으로 이루면서 생긴 변화이기도 해요.

맞아요. 정말 신기해요. 제가 여태 살면서 관심을 두고 좋아했던 모든 요소가 다 아네모네시로 합쳐진 느낌이거든요. 케이크 하나에 저를 긍정적으로 만드는 것들을 한데 모아 담을 수 있다는 게 정말 재밌는 점이죠. 그 과정에서 방황도 많이 했어요. 하고 싶은 일은 많은데 두렵고, 뭔가를 하고 싶은데 뭘 하고 싶은지 모르겠고. 누구나 다 겪는 혼란의 시기를 저도 겪었는데 지금은 일을 하면서 자아실현을 안정적으로 해내고 있다는 생각이 들어서 무척 만족스러워요. 오래오래 이 일을 하고 싶다는 생각이 부풀어 오르고 있어요.

하고 있어요. 아무래도 케이크는 기념일용이라는 한계가 있으니까요. 공간을 확장할 계획도 세우고 있죠.

요리와 베이킹은 언제부터 좋아했어요?

요리는 아주 어릴 때부터 좋아했어요. 집에서 혼자 엄마한테 혼나지 않는 선에서 조금씩 하려고 했죠. 다 크고 혼자 살게 되면서 요리 솜씨가 더 늘었는데, 시작은 교환학생으로 일본에서 공부할 때였어요. 작은 일식당에서 일하기도 했거든요. 한 맨션에서 친구들과 다 같이 지내면서 그때부터 누군가에게 요리해 주는 일을 좋아했어요. 일본 마트에는 딱 혼자 먹을 양의 재료를 잘 팔아서 작은 요리를 하기엔 참 편리했죠.

지은 씨는 친한 친구들에게 요리해 주는 일이 정말 좋았나 봐요.

그것도 그런데, 사실 가장 즐긴 건 요리하는 과정이었어요. 재료 손질하고 모아서 조리하고 요리에 몰두하는 시간이 마음을 편하게 해줬어요. 그 순간들은 온전히 다 제 거잖아요. 만드는 걸 넘어서 사람들과 같이 먹을 땐, 좋은 기억을 만들어내는 일이 되기도 하고요.

요리를 명상처럼 생각하나 봐요.

맞아요. 십자수 하는 것처럼요. 친구들에게 요리가 명상 같다고 말하면 오버하지 말라고 하는데(웃음) 저는 정말 그렇게 느껴요. 훨씬 동적이긴 하지만 생각을 정리하는 데 큰 도움이 돼요. 어떤 결과물을 완성했다는 뿌듯함도 있죠. 케이크는 특별한 날에 가장 중요한 역할을 하잖아요. 아네모네시를 방문해 주시는 많은 분들이 엄청난 기대를 품고 들어오시는 모습을 보면 어떤 단계도 허투루 할 수가 없어요. 주문 방법도 다른 케이크 가게보다 쉽지 않고 번거로운 과정이 많거든요. 오시는 분들이 어떤 노고를 거쳐서 아네모네시를 찾아주시는지 아니까요. 그래서인지 평소에는 안 그런데, 케이크 만들 때의 저는 누구보다도 예민한 사람이 돼요. 그 기대를 채워야 한다는 생각으로 가득 차 있어요.

사명감을 가지고 있네요.

꽃잎 하나하나 배치가 디자인에 맞춰 완벽해야 하고, 조금이라도 빠진 재료가 있으면 처음부터 다시 만들어요.

결정적으로 요리는 레시피대로 따라 하면 되는 거니까 다른 일보다 하기 쉬운 면도 있는 것 같아요.

에이, 천부적으로 요리 못하는 사람들도 많아요(웃음).

그렇긴 하지만(웃음) 요리는 베이킹보다는 비교적 쉽다는 생각이 들어요. 베이킹은 정말 예민한 과정을 거치거든요. 요리는 실수를 하더라도 입맛대로 수정할 수 있는데, 베이킹은 달라요. 계량, 시간, 온도, 순서, 방식 등등 하나하나 신경 써야 할 것투성이거든요.

케이크를 만드는 사람으로서 특별히 집중하는 단계가 있나요?

특별히 어떤 단계를 꼽기보다는 모든 순간이 중요해요. 중간에 모양이 생각만큼 안 나왔거나 뭔가 잘못된 모습이 발견되면 못 참아요. 엄격한 잣대를 가지고 있나 봐요. 이런 모습들도 아네모네시를 통해서 새롭게 발견한 점이네요.

아까 일로 하는 자아실현 이야기를 했는데, 아네모네시 SNS 계정을 보면 과거로 갈수록 지은 씨 개인의 이야기가 많더라고요. 개인 계정에서 아네모네시 계정으로 바꾸게 된 거죠?

맞아요. 아네모네시의 시작이 알음알음 자연스럽게 흘러갔던 지라, SNS 계정에도 그러데이션이 생겼어요.

단순한 SNS 피드지만, 지은 씨 이콜 아네모네시가 된 것

같은 느낌이 들더라고요.

그래서 과거 피드를 지울까 말까 되게 많이 고민했어요. 그래도 그때의 저를 담고 있는 기록을 지우고 싶지는 않더라고요. 방황의 시기였다고 했지만 그 모습이 그리울 때도 있거든요. 당시는 취업을 준비할 때였는데 대학 졸업하면 당연히 회사에 들어가야 하고 뭔가를 도전하려고 하면 주변에서 만류하고, 그런 환경이 저를 좀 힘들게 했는데 요리와 베이킹을 하면서 조금씩 해소했던 것 같아요. 그런 과정이 SNS에 담긴 거죠.

지은 씨가 중요한 걸 찾았다는 생각이 들어요.

이제는 욕심이 막 나요(웃음).

술과 케이크도 너무 잘 어울리는 조합이네요.

맞아요. 그래서 페어링도 시도해 보고 있어요. 원래 와인이나 위스키도 함께 판매하려 했는데 지금은 케이크 만들기에 바빠서(웃음). 공간을 확장하게 되면 여러 가지를 도전해 보고 싶어요.

새로운 생각을 거듭하는 시기네요. 자극과 영감이 된 일이 또 있나요?

넷플릭스 다큐멘터리 시리즈 〈셰프의 테이블〉을 재밌게 보고 있어요. 전 세계 셰프들의 이야기가 모였는데 크고 작은 부분에서 영감을 많이 받고 있어요. 시즌 3에 알랭 파사르Alain Passard 셰프 이야기가 나오는데요. 채소로만 요리를 하는 셰프예요. 채소로만 요리하는 셰프가

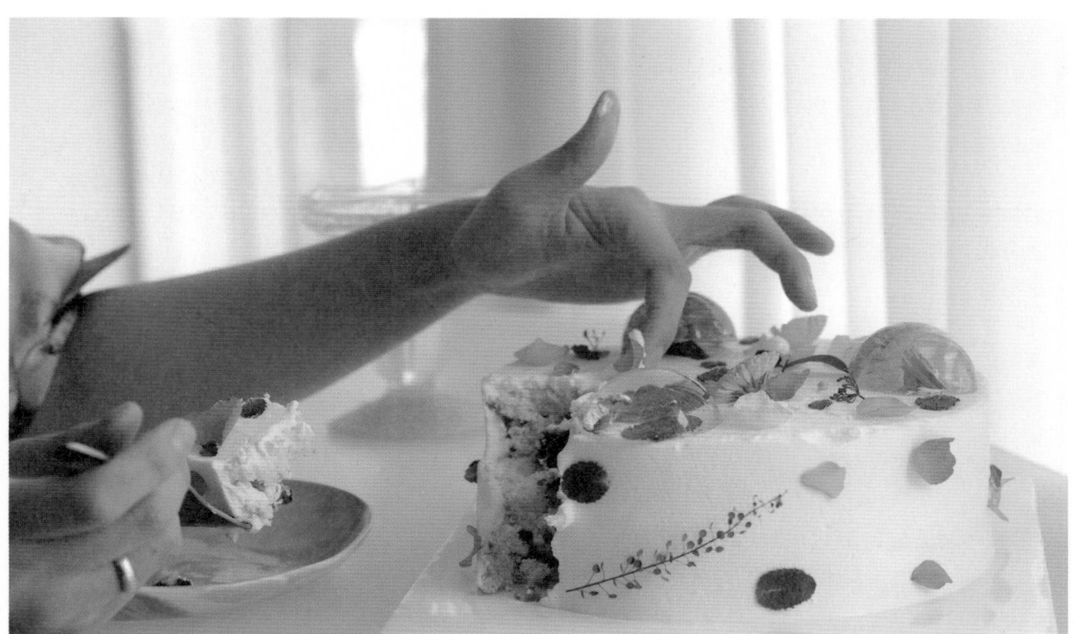

방황할 땐 미래를 알 수 없으니까 막연해서 힘들었을 것 같은데 요리와 베이킹은 언제나 결과가 있는 일이니까, 그래서 더 안정감을 느꼈던 걸까요?

그렇죠. 온전한 나만의 결과물이니까요. 요리 안에 어떤 재료가 들어갔는지, 어떤 순서로 만들었는지 하나하나 다 아니까 다른 사람이 만든 요리보다 맛을 더 디테일하게 느낄 수 있는 것 같아요.

평소에 혼자 어떤 요리를 해 먹어요?

파스타 종류를 많이 해요. 계절마다 다른데, 요즘엔 날이 더워서 콩국수를 자주 해 먹었어요. 요리도 좋지만 제가 술을 좋아해서(웃음) 술과 어울리는 요리를 많이 떠올려요.

아주 드물어서 집중해서 보기도 했고, 셰프라기보다는 아티스트에 가깝다는 생각이 들었어요. 물론 요리 실력도 훌륭하시고요. 완성한 요리도 아름다움 그 자체예요. '어떻게 이렇게 만들 수 있지?' 하는 놀라움의 연속이었어요. 사실 보면서 눈물을 흘리기도 했어요. 너무 멋있어서(웃음). 사는 방식이나 요리를 대하는 가치관, 본인에 대한 확신 같은 것들이 마음을 울리더라고요.

카타르시스를 느낀 거네요.

맞아요. 그리고 되게 즉흥적으로 요리를 하시는 편인데, 그 모든 과정이 정말 자연스럽게 보였어요. 보통 대중이 생각하는 셰프의 모습은 엄한 이미지가 있잖아요. 카리스마 넘치는 그런 모습이요. 알랭 파사르는 부드럽고

자연스러워요. 자연스럽다는 말이 가장 잘 어울리는 사람이에요. 요리할 때 아이 같은 모습을 보이기도 하고요. 요리를 오래 한 셰프에게서 천진한 모습을 발견할 수 있다는 것도 놀라웠어요. 프랑스에 가게 되면 꼭 알랭 파사르의 식당에 가야겠다는 목표가 생겼어요.

만난다면 어떤 얘기를 하고 싶어요?
말이나 할 수 있을까요. 울지도 몰라요(웃음). 먼발치에서 보고 있겠죠. 사실 일을 하다 보면 지치고 지루하다고 느낄 때가 있잖아요. 베이킹을 평생의 업으로 여기기 시작하면서 알랭 파사르의 가치관을 기준으로 잡기도 했어요. 나중에 한계가 왔을 때 알랭 파사르의 태도를 닮고 싶다는 생각을 많이 해요.

어떤 태도일까요?
순수함이요. 일에 대한 사랑, 이것 자체가 순수한 거죠. 알랭 파사르한테 요리를 사랑하는 마음이 보였어요. 가장 쉬우면서도 가장 어려운 일인 것 같아요.

좋아하는 일도 업이 되면 어쩔 수 없는 한계가 생기는 것 같아요. 케이크를 만드는 마음에 처음과 지금 차이가 있을까요?
다행히 아직은 크게 없어요. 그때도 지금도 좋고, 사실 더 좋아진 것 같아요. 혼자서 하다가 배우기 시작해서 그런가, 베이킹의 세계는 생각보다 더 무궁무진하다는 걸 깨달아 가고 있어요. 더 잘해야지, 열심히 해야지, 하는 생각뿐이에요.

그리고 베이커는 평생 할 수 있는 직업이기도 하잖아요. 요리는 힘 닿을 때까지 할 수 있으니까요.
몸이 따라준다면요(웃음). 시간이 지날수록 능숙해지고 쌓이는 노하우가 있으니까 제가 한 40-50대가 됐을 때 어떤 걸 하고 있을지 되게 궁금하기도 해요.

아네모네시를 운영하면서 많은 손님을 마주했을 텐데, 기억에 남는 손님이 있나요?
그럼요. 한 번은 연령대가 좀 있으신 남자분이 찾아오셨어요. 아네모네시는 인스타그램 다이렉트 메시지로만 주문을 받아서 접근성 때문인지 20대 여성분들이 많이 찾아주시는 편이거든요. 아내분께 선물해 주고 싶다고 하셨는데, 그 마음이 느껴지더라고요. 다정한 모습이 정말 좋아 보였어요. 아무래도 케이크라서 단골손님이 생기기가 어려운데 친구들끼리 모임에서 각자의 생일 케이크를 아네모네시 케이크로 통일하기로 했다고 하시더라고요. 오실 때마다 다른 분인데, 매번 같은 생일파티 이야기를 해 주셨어요. 기분 좋은 모임 자리에서 아네모네시를 함께 공유해 주신다니, 정말 감사했어요. 속으로는 너무 고맙지만 티는 못 내고 있어요(웃음).

아, 지은 씨는 자주 가는 가게에서 단골손님으로 알아보면 멈칫하는 타입인가 봐요.
맞아요. 저도 모르게 부담을 느낄 때가 있어요. 그래서 저도 손님분들을 대할 때 더 조심하게 돼요. "오셨네요." 하면서 반기는 것도 좋지만 다음에도 가벼운 마음으로 오시도록 조금 멀리서 감사하고 싶은 마음이죠.

케이크를 건네주실 때 보람을 많이 느낄 것 같아요. 이런 케이크를 마주하면 누구라도 웃음이 지어지니까요.
케이크를 계속 만들게 하는 원동력이 되기도 해요. 제가 만든 케이크가 누군가에게 행복한 순간으로 남는다니, 제가 더 행복한 일이죠(웃음). 아네모네시가 확장되어서 같이 일하는 스태프가 생기고 제가 하는 일의 범위가 줄어든다고 해도 케이크를 직접 내어드리는 일을 놓고 싶지는 않아요. 손님들이 만족해하시는 순간을 함께 공유할 수 있는 소중한 시간이거든요. 짧지만 미묘한 유대감을 느끼죠.

지은 씨 자신을 꿈 많은 아마추어라고 말하기도 했는데, 요즘은 어떤 단계에 있는 것 같아요?
아직 시작이죠. 가끔은 너무 느리게 가고 있나 싶기도 하지만 이 일을 오래 할 생각을 하면 더 천천히 가도 괜찮겠다는 생각이 들기도 해요. 반짝하고 그만둘 일이 아니니까요. 이제 출발이지만 아네모네시를 향한 관심들을 보면 이젠 제가 아마추어라는 생각은 하면 안 될 것 같아요. 프로가 되어야죠.

아네모네시 케이크를 보고 있으면 죽어가는 꽃의 마지막을 기록한다는 느낌이 들기도 해요. 앞으로 어떤 기록들을 남기게 될까요?
그 표현이 맞아요. 케이크 하나하나 완성할 때마다 기록한다는 느낌을 받거든요. 작은 농장을 운영하고 싶은 꿈이 있어요. 시장에서 구하기 힘든 꽃과 허브를 가득 키우고 싶어요. 직접 키운 특별한 재료로 세상에 없던 케이크를 만들 수 있다면 정말 행복할 것 같아요.

'기대'와 '기다림'이란 꽃말을 가진 아네모네. 오랜 기다림 끝에는 맑은 무엇이 기다리고 있을 것만 같다. 아네모네시의 새로운 공간도, 지은이 만들어갈 케이크의 모양도, 모든 것이 맑게 번져가 또 다른 내일을 만들겠지.

Interview Collections

일상에 녹아든 자리

일요일 아침, 느긋하게 일어나 프렌치토스트를 해 먹는 시간. 스스로 차린 작은 식사는 오래전 다정한 기억을 떠올리게 한다. 숲이 보이는 창문, 고즈넉한 나무 가구들, 푸릇푸릇한 식물이 가득한 집. 온정이 담긴 공간을 채우며 사는 이의 일상은 어떻게 흐르고 있을까. 먹고사는 고민으로 가득한 우리를 위한 물음과 고요한 위안을 찾아 주는 답장이 이어진다.

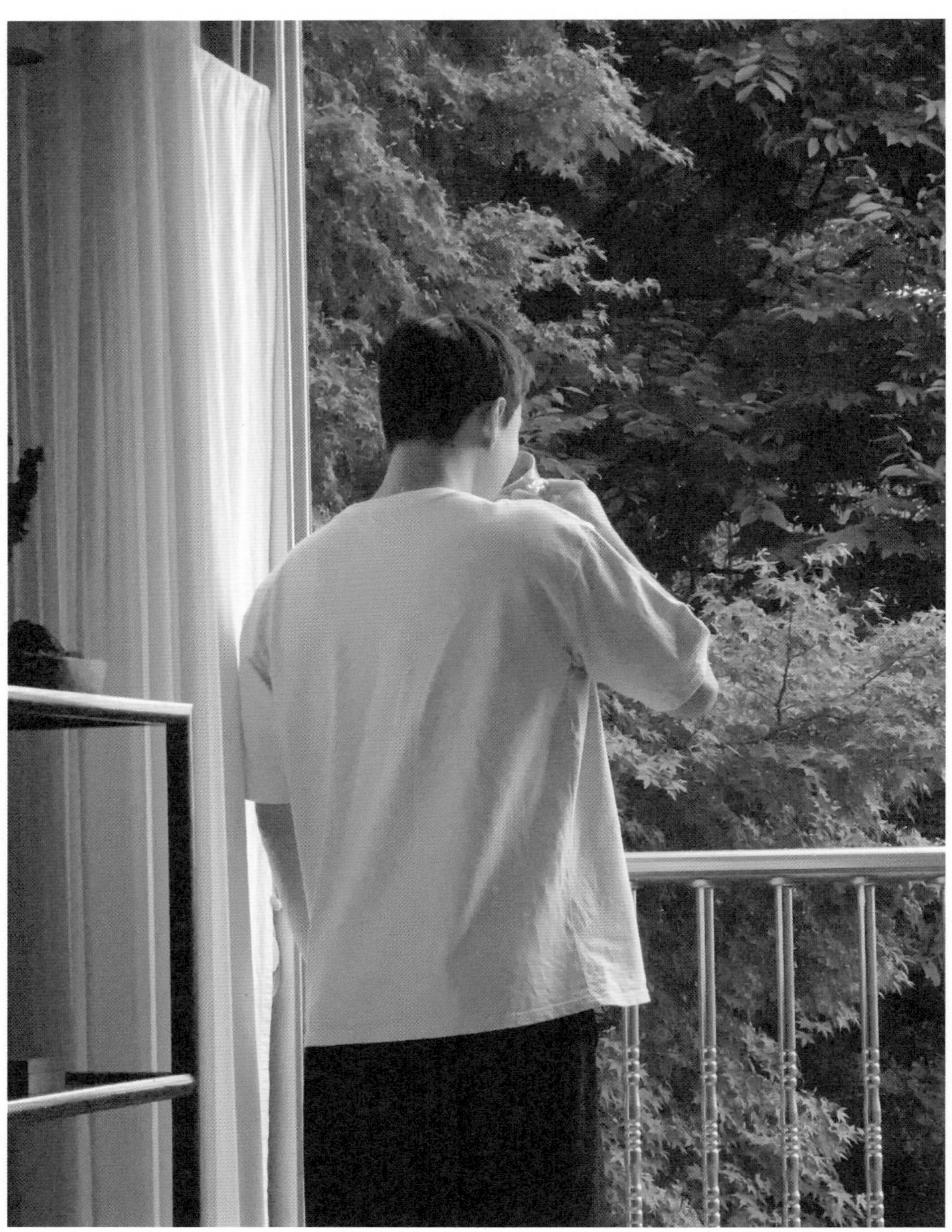

맛있는 기억과 나만의 위안

유상경—묻

에디터 **김지수**
사진 **유상경**

소개로 시작할까요?

안녕하세요. 화장품 회사에서 마케팅을 하다가 퇴사 후 식물 숍 오픈을 준비하고 있는 유상경입니다. 서촌의 오래된 연립을 숲 속 오두막처럼 꾸며 살고 있어요. 오래되고 손때 묻은 것들, 그래서 편안함을 주는 것들을 좋아해요.

최근에 '잠을 잘 자기 위해 떠난 도보 여행'을 했다고 들었어요.

겉으론 제 일을 잘 준비해 나가고 있는 것처럼 보였지만 별안간 두려움과 무기력, 허무함이 찾아왔어요. 일상이 조금씩 무너져 내리면서 잠이 들고 깨는 시간도 대중이 없어진 거죠. 정확히 짚어낼 수 없는 여러 불안이 뒤섞여 잠에 들기가 어려웠어요. 그러다 걸어야겠다는 생각이 들었어요. 서울에 돌아와야 하는 일정을 계산해보니 하루 40킬로미터씩 양평에서부터 걷기 시작하면 4박 5일 동안 강릉까지 총 170킬로미터를 갈 수 있겠다 싶더라고요. 35도를 오가는 폭염주의보가 울렸지만 별수 있나 하는 마음으로 바로 배낭을 꾸려 출발했어요.

힘들었겠네요. 잘 챙겨 먹긴 했나요? 자고로 여행은 음식인데(웃음).

90퍼센트에 달하는 습도 속에서 땡볕으로 달궈진 길을 걸을수록 몸은 지쳐가는데 신기하게도 정신은 또렷해지고 감각은 단순해지는 느낌이었어요. 산길이라 주변의 시선을 의식할 필요도 없었으니 그간 했던 고민이 불필요한 껍데기를 벗은 느낌이었어요. 밥을 먹을 때도 생경한 경험을 했어요. 퇴사한 이후로 혼자 밥 먹는 일이 대부분이었는데, 주로 스마트폰으로 유튜브나 인스타그램을 보면서 무얼 먹는지도 모르면서 음식을 넘겼거든요. 여행을 가서는 몸이 너무 힘들다 보니 밥을 먹으며 스마트폰을 볼 힘이 없는 거예요(웃음). 어쩔 수 없이 먹는 일에만 집중했는데, 무언가를 씹고 맛을 느끼는 감각이 새삼 새롭게 느껴졌어요. 더 맛있게 느껴지기보다는 제가 지금 먹고 있는 음식이 더 선명하게 의식되는 경험이었어요.

새로운 경험이었네요. 상경 씨는 자취를 오래 했고, 집에 있는 시간이 많아져서 식사를 직접 해 먹는 일이 많아졌을 것 같아요.

된장찌개, 제육덮밥 같은 생존형 요리는 꾸준히 했지만, 요리에 재미를 붙이게 된 건 호주에 1년 동안 살았을 때부터였어요. 다양한 국적의 친구들과 지냈는데 친구들에게 집에서 가장 자주 먹는 가정식을 하나씩 가르쳐 달라고 했어요. 마르코Marco라는 이탈리아

친구에게 까르보나라를 배웠는데, 한국에서 소개팅할 때 먹곤 했던 크림 까르보나라랑은 완전 다른 맛이었어요. 크림 없이 계란만 넣으니 너무 고소하고 맛있는 거예요. 그때부터 호주에서 제 주식은 까르보나라가 되었어요. 정작 까르보나라를 가르쳐 준 마르코는 신라면에 빠져서 저는 까르보나라를, 친구는 신라면을 먹고 있는 아이러니한 장면이(웃음). 일요일이면 어렸을 때 어머니가 자주 해 주셨던 프렌치토스트를 해 먹는 게 즐거움이기도 해요. 대단한 레시피는 아니지만, 계란이 우유보다 훨씬 더 많이 들어가는, 꾸덕꾸덕하고 고소한 프렌치토스트예요. 일요일 늦게 일어나 프렌치토스트를 해 먹으면 아무것도 걱정 없던 어린 시절이 떠오르기도 하고, 마음도 편안해지는 기분이에요. 이야기하다 보니 저에게 음식은 기억과 많은 관련이 있는 것 같네요. 무언가를 먹을 때 맛보다는 주로 향을 기억하기도 하거든요. 프렌치토스트가 구워지기 전의 버터 향은 제 어린 시절을, 까르보나라를 만들 때 양파가 익으면서 나는 달달한 향은 호주에 살았던 때, 똠얌꿍의 스파이시한 향은 필리핀에서 프리다이빙 강사로 지냈을 때의 기억을 불러일으켜요. 그래서 어떤 시기가 그리워질 때면 당시에 즐겨 먹던 요리를 해 먹고 있어요.

상경 씨 공간은 취향으로 가득 채워져 있는데, 이런 집에서라면 어떤 걸 먹어도 즐거울 것 같아요.

이 집과 만나서 취향으로 채우는 동안 우연이 많았어요. 도시와 시골의 매력이 뒤섞인 서촌이라는 동네에 들르게 됐고 인왕산을 보게 되었고, 숲을 마주하고 있는 지금 집을 찾게 되었죠. 생각해보면 공간을 꾸미고부터 저에 대해 더 자세히 알게 됐어요. 레이스 커튼을 좋아할 줄은 몰랐는데, 가장 재밌는 발견이었죠.

식물도 참 많네요. 거의 식물의 집 같기도 해요(웃음).

집들이 선물이 식물 키우기의 시작이었지만 지금은 약 서른 개 정도를 키우고 있어요. 중노동에 시달리고 있죠. 쉴 시간이 없어요. 물 조리개 종류만 네 가지예요. 친구가 집에 놀러 와도 갑자기 일어나서 식물에 물을 주러 가기도 하는 다소 유난스러운 라이프스타일이 되었어요(웃음). 식물은 부담 없이 안부를 물어주는 존재라고 생각해요. 아무 말도 하지 않지만 그 자리에서 저와 함께 계절을 보내며 묵묵히 제 할 일을 해내고 있어요. 뿌리를 내리고 새순을 틔우고 꽃도 피우고. 혹은 물이 부족하면 잎을 축 늘어트리면서요. 식물이 혼자서 열심히 성장하는 모습을 보고 있으면, 그래 너도 열심히 사는구나 하는 마음이 들면서 왠지 위안을 받게 돼요. 이리저리 곡을 만들어가며 올라가는 줄기와 세월이 남긴 상처를 보면 그 나무가 지금껏 쌓아온 시간이 느껴져요. 서울은 참 빠르게 변하고 매일 새로운 것들이 나오는데, 나무에 담긴 묵직한 시간을 바라보고 있는 것만으로도 느리고 고요한 위안이 돼요.

고민이 생길 때 식물이 큰 위안이 되겠네요.

그렇죠. 특히 요즘 더 힘을 많이 받고 있어요. 식물 숍 오픈을 앞두고 제가 이 일을 어떤 마음으로 운영해야 할까, 고민이 많거든요. 지금 고민의 화두는 '먹고사는 일'이 되었어요. 비즈니스, 사업이라는 이름으로 부르면 냉정하고 전략적인 태도로만 접근해야 할 것 같은 마음이 드는데, 과연 그렇게만 접근하지 않고서도 지속될 수 있는 먹고사는 일이 될 수 있을까, 궁금해요. 물론 저도 마케팅을 했던 사람으로서 치열하게 생존 전략을 고민 중이지만 그보다 저에게 생생하게 그려지는 그림은 제 공간에 손님이 와서 어떤 마음으로 이곳을 경험하고 나갈 것인지에 대한 감각이거든요. 그 마음을 만족시켜줄 수 있을 만한 공간을 찾고 있고요. 이렇게 말하면 주변에 사업을 하는 지인들은 뜬구름 잡는 이야기라고 말하지만 뜬구름 한 번 잡아보려고 퇴사한 것이니 용기 있게 시도해보고 싶어요.

이럴 때는 생각을 단순하게 만들 무언가를 찾는 게 중요하죠.

다소 집착적인 성격이 있어서 무언가에 꽂히면 계속 그 생각만 하는 성향이 있어요. 그래서 지칠 때면 집 근처에 있는 수성동 계곡으로 산책하러 나가요. 정말 다양한 풀과 나무류들이 자라고 있어요. 봄이면 바위틈에서 흰색 조그마한 돌단풍 꽃이 피고 여름이면 제가 좋아하는 자귀나무에 우아한 연분홍 꽃이 달려요. 비가 내릴 때면 조그마한 폭포에서 계곡물이 흐르기도 해요. 계곡을 한 바퀴 돌고 나면 마음이 너그러워져요. 망하면 그때의 길이 또 있겠지, 이런 생각이 들기도 하고. 내가 잘하지 못하면 뭐, 별수 있나. 거기까지가 내 실력이겠지. 하는 다소 통달한 사람 같은 착각을 하도록 만들어 주는 곳이에요.

'뭍'이라는 라이프스타일 오브제 브랜드도 함께 운영하고 있잖아요. 바쁘게 지내고 있네요.

퇴사를 하고 제가 좋아하는 인센스와 관련한 작은 브랜드를 운영해보면 어떨까 생각이 들었어요. 식물 숍을 오픈하기에 앞서 실질적인 판매 경험을 해보고 싶기도 했어요. 가볍게 시작할 수 있는 아이템을 찾던 중 팔로산토라고 저희 집에도 있던 천연 인센스가 눈에 들어왔어요. 좋은 수입처를 찾기만 해도 꽤 의미가 있겠다 싶은 생각이었고, 작게 편집숍을 운영해보기에 적합한 아이템이라는 생각이 들었어요. 근래에는 식물 숍을 준비하느라 바빠서 새로운 것을 못 하고 있지만, 꾸준히 찾아주는 사람들이 있어서 감사할 따름이에요. 숍을 오픈하면 인센스뿐 아니라 가드닝과 관련한 여러 소소한 아이템들을 함께 업데이트해서 제가 좋아하는 라이프스타일과 관련한 온라인 채널로 활용할 생각이에요.

식물 숍 공간은 어떻게 채워질지 궁금해요.

'집의 흔적'이 묻어나도록 꾸며볼 생각이에요. 어쩌면 제2의 집이 되지 않을까 싶어요. 다만 그곳엔 실제 손님들이 오갈 테니 대접을 위해 차와 커피 같은 음료류를 공부해 볼 생각을 하고 있어요. 요리라고 하기엔 약소하겠지만 허브류들을 따로 키우는 공간을 마련해 그것들로 직접 차를 내어드리는 것도 저의 소박한 바람 중 하나예요. 요즘은 숍을 차리고 난 후의 장면을 상상해보는 재미로 살아요. 햇볕이 따뜻하게 들어오는 창가에서 식물을 만지고 있고, 한쪽엔 손님이 천천한 걸음으로 느린 호흡의 음악과 함께 식물들을 구경하고 있어요. 때론 식물 이름을 묻기도 할 테고, 특성을 묻기도 하겠죠. 혹은 아무 말도 없이 식물을 멍하니 바라보고 있거나 선물을 주려는 사람의 취향을 떠올려보고 있을 수도 있겠죠. 이렇게 각자만의 시간을 보내면서 빠르게 돌아가던 바깥과 다른 시간을 잠시 느낄 수 있는 공간이 될 수 있다면 참 좋겠다 싶어요.

햇살 위에 흔들리는 커튼, 저마다 자리를 지키고 있는 화분과 클래식한 오브제, 영감을 주는 사진들까지. 일상이 풍요로운 선요의 방에는 다채로운 그만의 모습이 묻어난다. 이토록 아름다운 공간에서 잘 먹고 잘 사는 하루하루의 흐름. 선요는 평범한 식사 시간을 특별한 기록으로 완성해 간다.

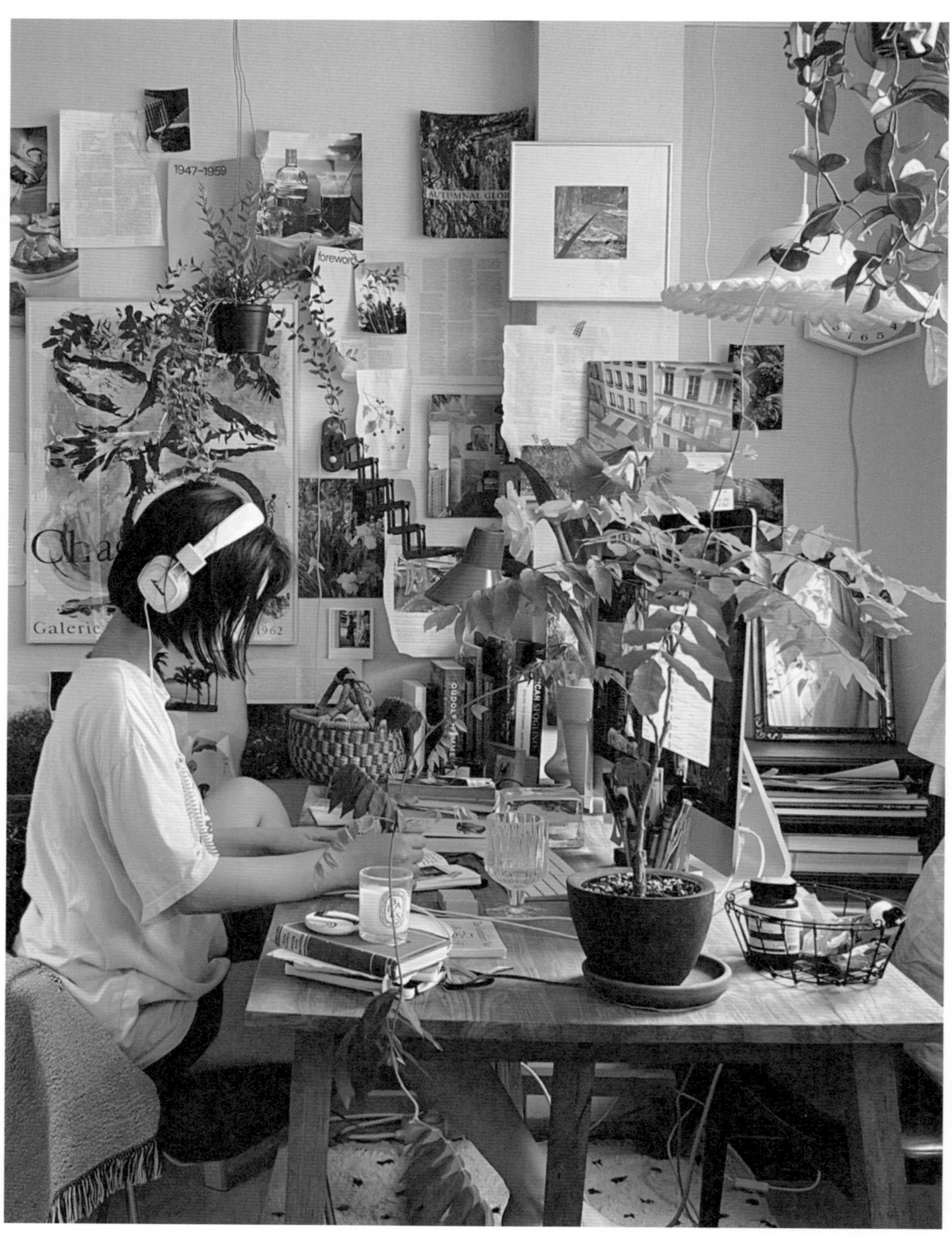

오늘의 근사한 한끼

선요—유튜버

에디터 **김지수**
사진 **선요**

반가워요. 선요 씨 이야기가 늘 궁금했어요. 예쁜 공간을 가꾸고 있죠.
저도 반가워요(웃음). 식물과 인테리어, 그리고 요리를 좋아해요. 좋아하는 것들을 주제로 인스타그램 계정을 운영하고 있어요. 식물을 키우기 시작하면서 요리에 관심을 가지게 되었어요. 요즘엔 간단하지만 근사한 한끼를 만드는 재미에 빠졌죠. 쉬는 날에 집에 있을 때가 많은데 식물을 둘러보다 물을 주고 공간에 조금씩 변화를 주고 저 자신을 위한 맛있는 식사를 만들고 나면 오늘도 나를 정성껏 돌봤구나 싶은 마음에 뿌듯해져요. 뭔가 생산적인 일을 하지 않아도 보람을 느낀다고나 할까요.

그런 일상을 유튜브에 공개하고 있기도 해요.
인스타그램엔 사진만 올리는 경우가 많잖아요. 사진 말고 영상으로도 공간을 기록하고 싶다는 생각을 쭉 해왔어요. 제 일상을 궁금해하는 분들이 계셔서 브이로그를 시작했죠. 우리가 하는 흔한 인사말 중에 하나가 "밥 먹었니?"잖아요. 저에게 안부를 물어봐 주는 사람들에게 인사하듯 "저는 이렇게 먹고 살아요." 답하고 싶었어요. 처음엔 가벼운 마음으로 영상을 만들었는데 덕분에 요리에 더 관심을 가지게 된 것 같아요.

사람들과 일상 이야기를 공유하면서 요리하는 일에 더 깊은 의미를 두게 된 걸까요?
매번 똑같은 음식만 보이면 좀 지루하잖아요. 다양하게 보여주고 싶은 마음이 생기더라고요. 여기저기 레시피를 찾아보고 혼자 배워가다 보니 아주 조금이지만(웃음) 요리 실력이 는 것 같아요. 아무래도 영상과 사진을 찍어서 업로드하니까, 사람들이 보기에 요리가 예뻐 보이면 좋잖아요. 플레이팅에도 신경 쓰게 되면서 요리책도 조금씩 보고 있어요.

최근엔 어떤 요리를 했어요? 선요만의 레시피가 궁금해요.
날이 더워서 최대한 불을 덜 쓰는 요리를 하는데요. 냉파스타가 간단해서 자주 만들어 먹어요. 집에 있는 채소를 해치워야 할 때도 제격이고요. '포르치니 버섯과 가지 파스타' 레시피를 알려 드릴게요.

좋아요(웃음). 꼭 포르치니 버섯이어야 하는 거죠?
집에 있는 다른 버섯으로 해도 돼요. 재료는 가지, 방울토마토, 숏 파스타, 레몬, 후추, 간장, 설탕, 올리브 오일, 크러쉬드 페퍼, 참기름 약간을 준비해 주세요. 숏 파스타는 펜네, 리가토니, 푸실리 등 취향에 맞게 선택해 주시면 돼요. 가지를 1센티미터 정도로 썰고, 버섯은

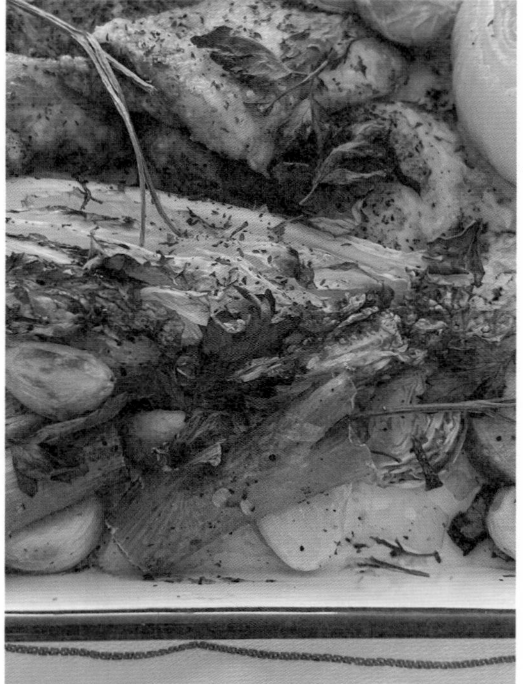

되도록 가지와 비슷한 크기로 썰어주는 게 좋아요. 방울토마토는 반으로 썰고요. 숏 파스타를 적당히 삶고 찬물에 식혀주세요. 가지와 버섯은 올리브 오일을 두른 팬에 노릇하게 구워요. 중간에 약불로 바꾸고 토마토까지 넣어서 살짝만 더 볶아주세요. 이제 숏 파스타와 가지, 버섯을 그릇에 담아요. 간장과 설탕을 2 대 0.5의 비율로 넣고 올리브 오일, 레몬즙, 후추, 크러쉬드 페퍼를 취향에 맞게 넣어주면!

끝인가요?

아직이요(웃음). 볶은 방울토마토를 즙이 나오도록 집게로 살짝 뭉개서 넣고 가볍게 섞어요. 마지막엔 참기름을 조금 넣으면 더 맛있죠. 간장과 설탕은 조금씩 넣어가면서 입맛에 맞게 간을 하시면 돼요.

역시 마지막은 참기름이네요. 가장 좋아하는 재료를 꼽는다면요?

파스타를 정말 좋아해서 일주일에 네다섯 번은 만드는데요. 자주 하다 보니 여러 재료를 시도하는 편이에요. 가장 좋아하는 재료는 안초비와 초리소, 포르치니 버섯이에요. 오일 파스타와 크림, 토마토소스 파스타 등등 어디에 넣어도 맛을 살려주는 재료들이죠. 안초비는 페이스트 타입과 올리브 오일에 그대로 담긴 것 두 가지를 사용해요. 아무래도 올리브 오일에 통째로 담긴 안초비를 쓰는 게 풍미를 살리는 데 더 좋지만 간단하게 만들 땐 페이스트 타입이 편하더라고요. 둘 다 항상 구비해 둬요. 초리소는 스페인의 대표적인 소시지인데요. 돼지고기에 파프리카와 칠리 파우더가 더해져서 매콤하면서 발효 음식 특유의 신맛이 나요. 오일 파스타에 사용하면 별다른 향신료 없어도 충분할 정도로 감칠맛을 더해주는 재료라 자주 활용해요. 길게 썰어서 구워 가니시로 올려도 보기에 멋지고요. 포르치니 버섯은 진한 향과 독특한 풍미가 있어서 크림이나 오일 파스타와 잘 어울려요. 특히 눅진한 크림 뇨키를 만들 때 넣으면 식당에서 먹는 맛이 부럽지가 않아요. 저는 말린 포르치니 버섯을 주로 사용하고 있어요.

이제 보니 요리사네요(웃음). 자주 사용하는 도구 이야기도 궁금해요.

특별한 요리 도구는 없지만 자주 쓰는 건 있어요. 받침이 있는 나무 도마는 요리할 때 꼭 사용하는데요. 실리콘 도마보다 칼질이 잘되고 무게가 주는 안정감이 있어요. 단차가 있어 손질한 재료들을 옮길 때도 편하고요. 유튜브에서도 소개했는데, 제가 쓰는 모카포트는 건축가 알도 로시Aldo Rossi가 1988년에 디자인한 제품이에요.

동그랗고 부드러운 모양이 마음에 들어서 오래 고민하다 구매했는데 정말 만족하며 사용하고 있어요. 여유가 있는 주말 아침엔 꼭 이 모카포트로 커피를 만들어 마셔요. 이렇게 커피를 직접 내려서 마시는 게 휴일 아침 루틴이 되어서, 어쩌다 못 하게 되면 뭔가 빼먹은 것처럼 허전한 느낌이 들 정도예요(웃음).

모카포트 하나가 건강한 루틴 만들기로 이어졌네요.
그런 셈이죠. 이젠 점점 요리 자체로 의미가 넓어지고 있어요. 파스타를 만들어 먹든, 고기를 구워서 한 상 거하게 차려 먹든, 한 끼라도 직접 요리를 하고 정돈된 공간에서 맛있게 먹고 정리까지 끝냈을 때 '아 오늘도 부지런히 잘 살았다.' 싶어요. 나를 위해 무언가를 했구나 하는 생각에 저 자신을 토닥이는 기분이 들어요. 오늘은 이 재료를 넣으니 더 맛있네, 다음엔 이렇게 해볼까? 혼자서 이러쿵저러쿵 다음 레시피를 그려보는 일이 소소하지만 진정으로 즐거운 일이기도 하고요. 요즘은 누군가를 만나고 헤어질 때 "다음에 우리 집에 와! 맛있는 거 만들어 줄게."라고 인사해요. 제가 먹을 음식만 만들어 봐서 처음에는 시행착오가 많았는데요. 맛있게 먹어주는 친구들을 보면 그렇게 뿌듯할 수가 없어요. 식사를 대접했던 친구들을 만나면 "이번에는 뭐 해줄 거야?" 하고 물어요. 그럴 땐 음식이 괜찮았나 보다, 안도하면서 다음 식사 자리를 또 계획하는 거죠. 코로나19로 일상이 건조하고 퍽퍽해졌다고 생각했는데 집에서 해 먹는 작은 요리가 단비를 뿌려줬다고 할까요. 소중한 삶의 일부가 됐어요.

팬데믹의 영향이 크기도 했군요.
그런 것 같아요. 저 자신을 돌아보는 시간이 절실해졌으니까요. 제가 하는 일이 팬데믹 상황에 영향을 받는 일이라 어느 순간, 제 삶이라는 게 없다는 생각이 들었어요. 밖에서 다친 몸과 마음을 치유하고 일상으로 돌아갈 수 있는 공간을 만들고 싶었죠. 세상과는 분리된, 나만의 공간이 필요했어요. 작은 방을 어떻게 꾸밀까 고민하다가 어릴 때부터 좋아했던 영화 〈오만과 편견〉(2005)이 떠올랐어요. 빅토리아 시대의 인테리어를 좋아하거든요. 그때만 해도 원하는 공간을 꾸밀 여유가 없으니 이미지를 스크랩하고 제 취향을 주절주절 써 내려가기만 했어요. 어느 시골 마을의 주택에 있을 법한 작은 온실 속 원목 테이블, 토분에 심겨져 있는 크고 작은 식물들, 낡았지만 제 쓰임을 기특하게 해내고 있는 원목 가구, 그 위에 있는 클래식한 조명과 책, 꽃밭처럼 다양하지만 조화롭게 어우러지는 패브릭과 소품들의 소프트한 색감. 방이라 공간의 제약이 있으니 이런 기억 속의 모티프들을 한 컷씩 따오고 싶다는 생각이었어요. 문득 이 공간에서 식물들 사이에 둘러싸여 있으면 숲속에 홀로 동떨어져 있는 듯한 느낌을 받을 때가 있어요. 이곳에서 온전한 휴식을 취하는 거죠.

선요 씨 방을 보면 아끼는 것이 참 많은 사람이라는 게 느껴질 만큼 꽉 차 있는데, 때로는 모든 것을 관리하기가 벅찰 때도 있을 것 같아요.
공간을 꾸미고 다양한 식물들을 키우며 돌보다 보니 분명히 지칠 때가 있어요. 그럴 때는 생명을 키우는 사람으로서 최소한의 책임만을 다하고 나머지는 다 내려놓아요. 일부러 관심을 끊는 거죠. 그렇게 며칠이 지나면 다시 사랑이 샘솟아요. 요즘엔 더 큰 공간을 꾸미고 싶은 바람이 있는데 실제 공간은 한정적이라 한계를 느낄 때가 있어요. 이게 참 고민이에요. 현실적으로 지금 공간을 바꾸는 건 무리라 미래를 위해 책에서 본 인테리어 인사이트나 멋진 가구, 식물 이미지를 스크랩하고 있어요. 언젠가 가질 새로운 공간을 위한 준비를 하는 거죠.

이제 어떤 공간을 상상해요?
제가 사는 지역은 아직 개발을 하지 않은 곳이 많은데요. 가능하면 집에서 멀리 떨어지지 않은 곳에 온실이 딸린 공간을 만들고 싶어요. 해리포터에서 해리가 살고 있는 버논 삼촌의 거실처럼, 생활 공간과 온실이 연결된 공간을 꿈꾸고 있어요. 온실이 있으면 사계절에 구애받지 않고 식물을 가꿀 수 있으니 얼마나 좋을까요! 겨울에 허브나 열대 식물도 마음껏 기를 수 있겠죠. 생활 공간엔 책이 가득 쌓여 있고 문을 열면 온실 속에 나만의 숲이 펼쳐질 거예요.

사이에 그릇에는 파스타를 담아도, 제육볶음을 올려도, 김치를 올려도 잘 어울린다. 수채 물감이 물에 퍼져 나가듯 모든 음식이 그릇과 어우러지고 섞여드는 것만 같다. 그러나 정말 아름답다고 느낀 순간은 갓 씻은 오이 한둘을, 막 사 온 자두 몇 알을 올려두는 그 순간이었다.

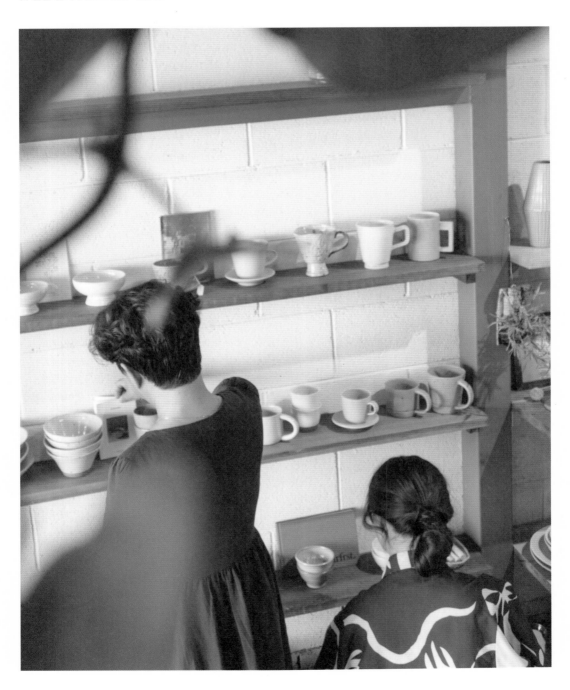

소담소담 자연을 담아

김민지—사이에

에디터 **이주연**
사진 **사이에**

만나서 반가워요.

안녕하세요, 사이에Saie Pottery의 김민지예요. 사이에는 저의 엄마이자 큰 선생님이신 이미옥 작가님과 함께 만들어가는, 대구에 기반을 두고 있는 세라믹 스튜디오이자 브랜드예요. 엄마에게 배운 도예로 함께 작업해 나가며 지내고 있어요. 2015년에 아주 작은 공간에서 소규모로 수업을 진행하는 형태로 시작했는데, 2017년도에 공간을 확장하면서 우리가 축적해 온 것들을 본격적으로 풀어보고자 했어요. 새로운 시작을 꿈꾼 거죠. 엄마와 저, 그리고 우리 작업 사이의 닮은 점, 다른 점을 나열해 보다가 둘 사이에 놓인 닮음과 다름이 앞으로도 우리가 보여줄 작업의 모습이지 않을까 싶었어요. 그런 생각으로 사이에라는 단어를 한글, 영어로 적어보고, 소리 내서 불러도 봤는데 발음이 마음에 들더라고요. 우리말이기도 하면서 동시에 이국적인 느낌으로 와닿았거든요. 찾아봤더니 불어로 'ca y est'는 사이에와 비슷하게 발음되는데 '이거야!', '됐다!'라는 의미였어요. Saie가 'Say'의 구식 표기법이라는 점도 마음에 들었고요.

한글 의미만 생각했는데 불어로도, 영어로도 의미가 깊네요. 사이에 작업은 몇 개 라인으로 구분되는 것 같아요.

다양한 방식과 형식을 취하고 있다 보니 다양성을 이끌고 갈 에너지를 유지하는 것에 관한 고민이 컸어요. 가격 고민도 그렇고요. 희소성과 작업 과정에 따라 가격 폭이 크게 달라져서, 고가로 책정될 땐 사이에의 주 고객층 수요와 부딪쳐서 절충하던 시기도 있었거든요. 이때 작업에 회의감이 생기고 힘이 빠지더라고요. 모든 작업을 사이에 이름으로 이끌어 가는 데 한계가 있다고 판단했어요. 그래서 Saie Pottery라는 큰 틀 속에서 서브 브랜드 개념으로 Saie Crafts, La ensalada, Rosie Grove 세 라인을 통해 작업을 확장하고 각기 다른 스타일의 작업을 느린 속도로 해나가고 있어요. Saie Pottery는 접근하기 쉬운 작업들, 특히 식기 위주의 작업이에요. Saie Crafts는 엄마가 이끄는 라인으로, 옻칠을 가미한 도태칠기나 장작 가마 작업 등의 전통적인 기법을 주축으로 정교하고 깊이 있는 수공예 작품들을 소개하죠. La ensalada에서는 연리문 작업을 선보여요. 연리문은 색이 다른 소지(흙)를 겹쳐 다양한 방식으로 무늬를 만들어내는 기법이에요. 페인팅이나 유약으로 장식하는 것과는 또 다른 아름다움과 매력이 있죠. 마지막으로 Rosie Grove는 핸드 빌딩(손을 이용한 성형 기법) 위주로 러프한 형태의 작업으로 구성하고, 자연에서 영감을 받은 색의 조합을 입혀 완성해요. 이 세 라인의 이름으로 나오는 작업은 대부분 하나뿐이거나 소량으로 생산되는 것들이에요.

라인마다 분위기가 다른데도 모녀 손에서 탄생해서인지 연결된 느낌이 있어요. 이번엔 민지 씨 이야기를 들어볼게요. 로지Rosie라는 이름으로 활동하고 있죠.

로지는 본명을 향한 애증에서 시작된 이름이에요. 민지라는 이름은 돌아서면 또 다른 민지가 있을 정도로 흔한 이름이라 은근히 스트레스를 받았거든요. 개명해 달라고 투쟁한 적도 있죠(웃음). 이젠 민지란 이름과 제가 꽤 잘 어울린다고 생각해서 받아들이게 됐지만, 그래도 다른 이름으로 활동해 보고 싶단 마음이 있었어요. 그러다 제가 좋아하는 뮤지션에 공통적으로 '로지'라는 이름이 들어간다는 걸 깨달았죠. 로지 플레인Rozi Plain과 로지 로우Rosie Lowe. 자주 검색하다 보니 어느 순간 민지와 로지가 잘 어울린다는 생각이 들었어요. 역시 흔한 이름이지만 좋더라고요.

이제 민지 씨 것이 된 것 같아요. 어디선가 로지란 이름을 보면 민지 씨가 떠오르더라고요(웃음). 사이에 소개를 듣다가 궁금해졌어요. 엄마랑 일하는 건 어때요?

처음에는 아주 치열하게 싸웠어요. 운영과 작업 방식에서 부딪치는 부분이 많았거든요. 돌이켜보면 제가 부족해서 더 그랬던 것 같아요. 엄마는 강인하고 소신 있으면서 유연하신 분인데 저는 유연함이 부족했어요. 지금도 그렇고요. 여전히 투닥거리며 지내지만 서로를 너무 잘 알기에 이해하고 협력하려고 해요. 예나 지금이나 변함없는 사실은 엄마와 함께 일할 수 있어 감사하다는 거예요. 사실 누구든 함께 일한다는 건 쉬운 일이 아니잖아요. 전체적인 기획은 같이, 또 따로 해나가고 있어요. 저는 작업 외 홍보, 디자인, C/S 등의 업무도 맡고 있고, 잔소리도 담당해요(웃음). 가족이라 어려울 때도 있지만 가족이어서 서로를 더 잘 이해할 수 있어서 좋아요. 애틋하니까요.

사이에의 소개 문장을 좋아해요. "바다와 하늘의 빛, 잎이 맺히는 열매 그리고 꽃. 시간과 계절의 흐름과 함께 변화하는 자연의 다양한 빛과 형태들을 도자에 담아냅니다."

사람과 자연은 연결되어 있고, 많은 작업자가 자연에서 영감을 받는다는 건 아주 자연스러운 일 같아요. 저는 경북 성주에서 학창 시절을 보냈는데 이때 기억이 저를 지탱하는 큰 힘이거든요. 계절의 변화를 온몸으로 느끼며 살아왔고 그게 너무나 자연스럽고 당연한 일이었어요. 성인이 되어 도시 생활을 하면서 시골에서의 경험을

계속해서 돌이켜보면서 그때가 정말 소중했다는 걸 알았어요. 추억하고 그리워하다 보니 자연에 더 집중하게 된 거죠.

그래서 제품 소개도 항상 자연과 닿아 있군요. "여린 빛의 풀을 담았습니다.", "촉촉하고 깊은 내음이 나는 초록색 풀잎과 어우러진 풀밭의 풍경과 떠오르는 기분을 은은한 수채로 담았습니다." 자연에서 길어 올리는 것들에 관해 좀더 들어보고 싶어요.

자연에 둘러싸여 11년 정도를 살다 보니 친구들과 노는 곳도 자연이었어요. 어떤 곳에 자주 가다 보면 처음에는 미처 몰랐던 것들이 보이곤 하잖아요. 저한테 자연이 그런 공간이었던 거죠. 작은 바람의 온도와 향기의 변화 같은 것에 빠르게 반응하게 돼요. 자연은 우리에게 많은 걸 느끼게 하지만 그중에서도 편안함과 자연스러움에 가장 많은 영향을 받고 있어요. 그래서인지… 원색을 사용할 때도 물론 있지만, 주로 차분한 색들로 표현하게 되는 것 같아요.

도자기 작업이지만 그림을 그리는 것처럼 보이기도 해요. 그런데 가마에 들어가면 애써 그려둔 그림의 색이 변하잖아요. '어떻게 나올지 모른다'는 점에서 확신하기 어려운 영역이라는 생각도 들어요.

맞아요. 가마 문을 열기 전까지는 그 어떤 것도 확신할 수 없어요. 그래서 늘 가마에 재임하고 문을 닫는 순간에는 아주 예민해지고, 가마 문을 여는 순간에는 걱정과 불안을 안고 들여다보게 돼요. 늘 잘 나오던 작업도 그렇지 않을 때가 있기 때문에 항상 마음 졸이곤 하죠. 반대로, 확신할 수 없기 때문에 의외의 아름다움을 마주할 때도 많아요. 그럴 때는 그 어떤 순간보다 행복해져요.

이번 호 주제어는 '디저트'예요. 디저트는 맛도 중요하지만 시각적인 요소로 기분을 좋아지게 하죠. 이에 플레이팅은 중요한 역할을 하고, 플레이팅에 있어 식기는 빠질 수 없을 텐데요. 식기가 우리의 테이블에서 어떤 역할을 하고 있다고 생각해요?

우리가 매일 마주하는 식탁은 삶의 방식을 만나볼 수 있는 작은 장소 같아요. 차리는 음식과 그것이 담긴 그릇은 우리의 라이프스타일과 애티튜드를 보여주는 방법 중 하나라고 생각해요. 저는 식탁에서의 시간은 충전과 동시에 나를 위한 시간이라고 느껴서 시간과 에너지가 허락한다면 할 수 있는 한 정성 들여 식사를 하는 것이 좋아요. 같은 음식이라도 어떤 곳에 놓여 있는지에 따라 분위기가 달라지잖아요. 아무리 간단한 요리라도 그것을 놓는 일까지 대충 하면 어쩐지 섭섭한 기분이 들 때가 있어요. 음식을 정성 들여 할 수도 있겠지만, 그것을 그릇에 담아 서브하는 일에 정성을 들일 수도 있겠죠. 요리 과정엔 식기를 고르는 일도 포함될 거예요. 사이에 제품을 촬영할 때 직접 플레이팅하기도 하는데요. 많이 부족하지만 사이에 그릇에 제가 그려낸 그림 중 일부를 담아 보여주는 일이라고 생각해요. 물론 사용자의 취향과 식습관에 따라 놓이는 음식은 달라지겠지만요.

용도 또한 그런 것 같아요. 편의상 컵, 접시, 화병 같은 이름을 붙여주지만 소서에 음식을 담아 먹을 수 있는 것처럼요.

맞아요. 사실 사이에를 운영하면서 받는 질문 중 의아한 것 하나가 "이건 어떻게 쓰는 거예요?"인데요. 저는 한결같이 "원하는 용도로 쓰시면 된다."라는 답을 먼저 한 후에 사용할 수 있는 용도를 제안해요. 이가 나간 접시에 화분 받침 같은 새로운 용도를 부여할 수 있듯, 용도는 각자의 생활방식에서 찾는 게 좋아요. 문득 Rosie Grove 라인으로 만들어내는 pinch pot cup 시리즈를 자주 찾던 손님이 생각나네요. 컵이라는 이름을 붙이긴 했지만 저는 pinch pot cup에 과일이나 야채를 담기도 하고, 열쇠 등을 놓아두기도 하거든요. 그분은 이 작업에 물이 적게 필요한 화분을 식재하셨다고 했어요.

집에서 디저트도 자주 해 드시는 것 같아요. 배우자가 딸기라떼를 만들어 주기도 하고 커스터드 푸딩을 직접 만들어 드시기도 하더라고요.

맞아요(웃음). 1인 출판사 타바코북스의 일러스트레이터 기탁 작가와 부부로 지내고 있는데, 제가 딸기라떼를 무척 좋아하거든요. 집 주변에선 원하는 맛을 찾기가 힘들던 차에 기탁 씨가 칼로 야채를 다지듯 딸기를 다지고, 설탕 대신 꿀을 넣고, 우유갑을 손으로 마구 흔들어 만든 밀크폼을 올려 딸기라떼를 만들어 주었는데… 겨우내 해달라고 조를 정도로 맛있었어요. 사 먹는 디저트도 좋아하지만 남들에 비해 많이 소비하고 있진 않아요. 대신 좋아하는 건 집에서 만들어 봐요. 저희가 원하는 재료로 대체하고 시도해 볼 수 있다는 점이 좋기도 하고, 제가 만든 음식이나 디저트를, 제가 만든 그릇에 담아낼 때면 그 재미와 뿌듯함은 더 배가 돼요.

직접 만든 딸기라떼라니, 생각만 해도 포근해지네요. 또 좋아하는 디저트 있어요?

어릴 때 시골에서 먹던 간식들이 오래도록 기억에 남아요. 시골에서는 파는 간식을 접할 기회가 많지 않기 때문에 제철 재료로 만들어 먹을 때가 많아서 디저트도 계절의 영향을 많이 받았어요. 어떤 계절만 되면 그 계절에 자주 먹은 것들이 꼭 한 번씩은 생각나요. 밭에서 따온 초여름 딸기에 연유와 얼음을 갈아 만든 슬러시, 엄마가 손수 강판으로 갈아주던 과일 주스, 재료가 적은 겨울에 찹쌀 반죽을 전처럼 부쳐 황설탕을 뿌려 먹던 일을 떠올리면 늘 행복해져요.

사람마다 디저트의 정의가 다른 것 같아요. 후식으로 생각하는 사람도 있고, 맛보다 모양이나 기분을 생각하는 사람도 있죠.

도자 작업이 신체적, 정신적으로 고될 때가 많은데, 집에서 식사한 후 여유롭게 휴식을 취할 때 디저트를 먹으면 한껏 날이 서 있던 마음이 녹아요. 편안해지죠. 디저트는 준비하는 시간부터 먹는 순간까지의 시간을 달콤하게 채워주는 것 같아요. 준비할 때는 그것을 아름답게 놓으면서 시각적으로 행복하고, 먹을 땐 특히 누군가와 함께할 때 소소하고 기분 좋은 대화를 나눌 수 있잖아요.

맞아요. 완벽하지 않아도 좋은 것들은 분명히 있는 것 같아요. 민지 씨도 SNS에 "서툴러서 예쁜 것들이 있어요, 확실히."라는 문장을 적어둔 적이 있죠. 완벽보다 중요하게 생각하는 게 있을 것 같은데, 사이에만의 가치를 세 가지 꼽아본다면요?

개인적으로 손과 눈이 자주 가는 건 사람의 손길이 느껴지는 작업이에요. 사이에는 조화, 자연스러움, 편안함에 가장 많이 집중해요. 너무 과하지 않은 것을 좋아하죠. 여러 가지 색을 쓸 때도 그 조화에 주로 집중하고, 귀여운 작업도 과하지 않은 귀여움으로 표현하려고 해요. 또, 기능을 포함한 작업은 기능을 잃지 않는 선에서 표현해 실질적인 사용으로 이어지도록 하면서도 그 자체만으로 매력을 가지도록 노력하고 있죠.

그런 매력 덕분에 사이에를 꾸준한 마음으로 응원해올 수 있었어요. 앞으로는 또 어떤 모습으로 만날 수 있을까요?

최근에 좋은 기회로 책 표지 작업을 하면서 오랜만에 종이에 그림을 그렸는데 그 매력에 매료되었어요. 그 후로 종종 시간이 나면 종이에 무언가를 담아보며 지내고 있죠. 이것들을 차곡차곡 모아 언젠가 보여드리게 된다면 좋겠어요. 또 내년에는 Rosie Grove 라인의 작업을 모아 작은 전시를 해보고 싶다는 생각도 하고 있어요. 사이에는 계속해서 다양한 작업을 해나갈 예정이랍니다. 느리더라도 저희만의 속도로 꾸준하게, 계속해서요!

Line&Segment

단순한 선과 면의 이음, 그 안에서 피어나는 담백한 형태. 선과 선분을 생각하면 '우아함'이란 단어가 떠오른다. 잔잔하게 기품이 있는 아름다움. 나의 공간 한 편에 존재한다면 내면은 그대로 충만해지지 않을까. 건강하고 맛있는 음식으로 마음을 채운 것처럼.

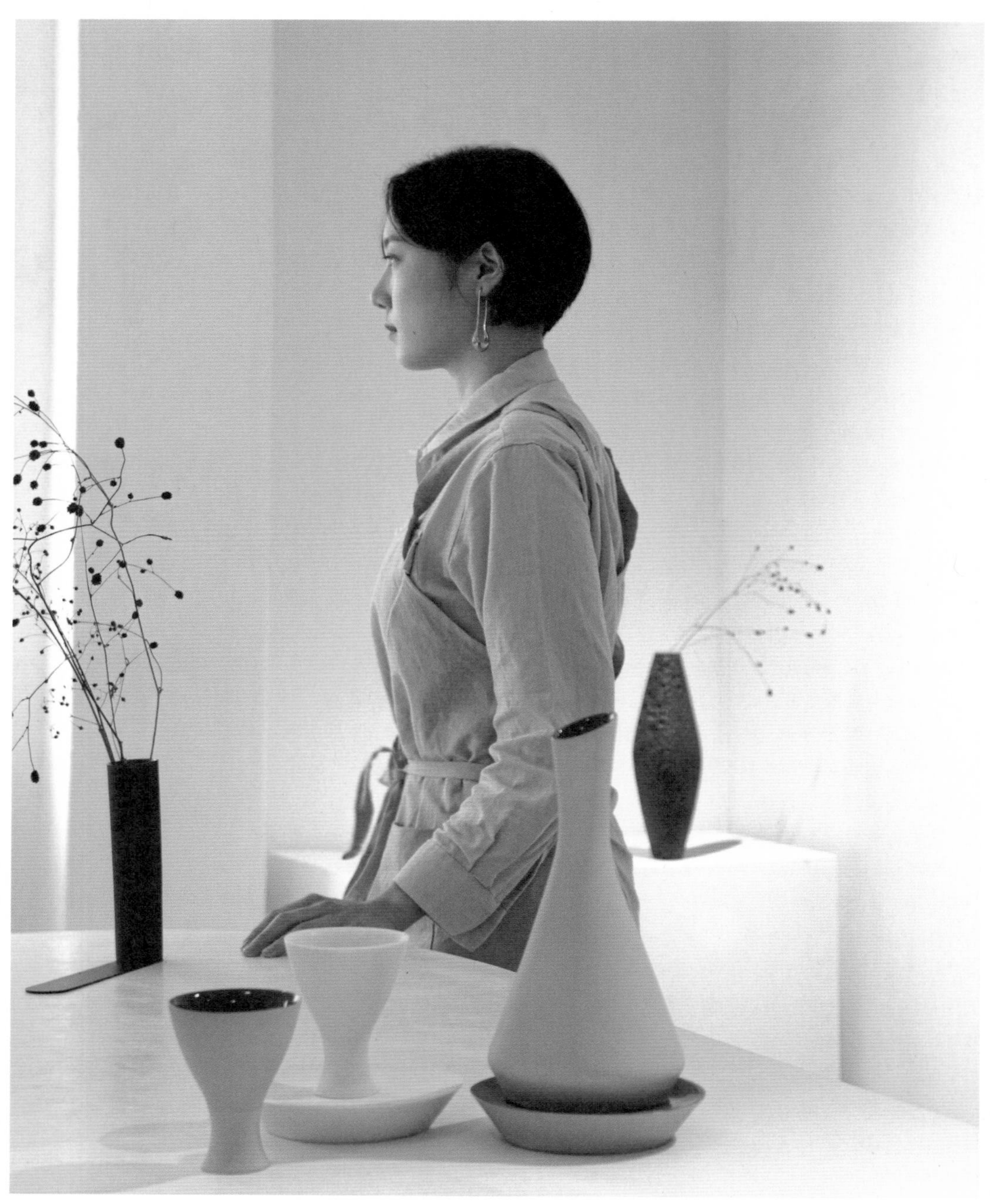

ⓒ《월간 도예》

우아하고 아름다운 쓰임

김민선—선과 선분

에디터 김지수
사진 장수인

요즘 어떻게 지냈나요?

안녕하세요, 도예 스튜디오 '선과 선분'을 운영하며 도예 작가로 활동하는 김민선입니다. 작가로서 개인 작업을 이어가며 선과 선분을 통해 다양한 도예 교육 프로그램을 진행하고 있어요. 여러 브랜드와 함께 도자 제품을 만들기도 해요. 최근엔 새로운 취미로 발레를 시작했는데 이제 입문을 지나 아직 기초반이라 모든 게 흥미롭네요.

발레라니, 우아한 매력이 돋보이는 선과 선분의 작품들과 어울려요.

그런가요(웃음). 사용성보다는 형태적 유희에 더 흥미를 느끼고 초점을 두던 시절이 있었어요. 요즘은 담기는 대상을 언제나 고려해요. 무엇이 담기느냐에 따라 형태는 물론 두께, 무게, 유약의 질감, 색까지 여러 가지를 신경 써야 하죠. 신기하게도, 작품의 쓰임을 세밀하게 상상하며 최선의 선택을 하다 보면 흔한 형태와 질감으로 귀결되곤 해요. 도자기는 인류가 7천 년 이상 만들어 오는 것이기 때문에 이미 훌륭한 식기 형태들이 과거부터 존재하니까요. 과거의 작품들을 단순히 반복하지 않으면서 사용성을 고려하고, 또 저만의 색을 잃지 않기 위해 고민하는 과정이 늘 어렵지만 그만큼 또 즐거워요.

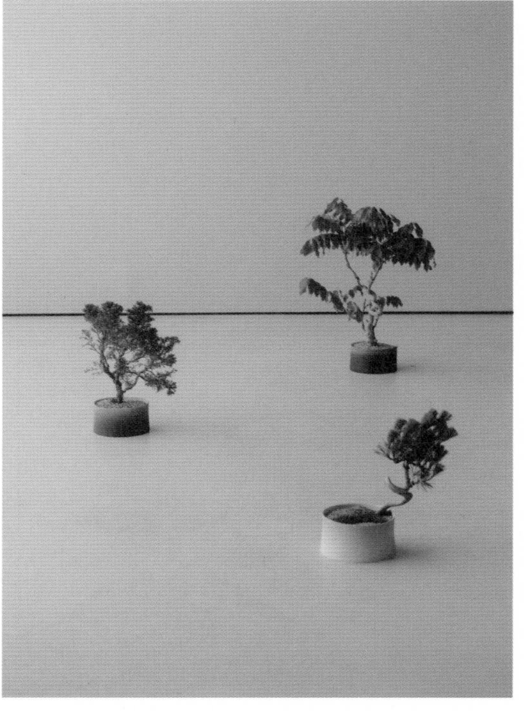

아름답고 쓰임도 좋은 작업… 가장 어려울 것 같아요. 어쩐지 선과 선분에서 만든 도기에는 뭘 담기가 아깝다는 생각도 드는데, 만든 작품에 뭘 담아 먹기도 하나요?

아무래도 만들고 남은 기물이 많다 보니 자주 쓰게 되지만, 사실 제 작업 중에는 그릇이 그렇게 많지 않아요. 오히려 동료 작가들의 그릇을 하나하나 모아서 더 많이 사용해요. 직접 쓰면서 큰 공부가 되기도 하고요. 게다가 만든 사람을 알고서 음식을 담아 먹으면 그 작가의 시간을 상상하게 되어서 즐거워요. 물레에 앉아 이 그릇을 만들 때의 모습을 떠올리는 거죠. 먹는 시간은 정말 일상과 가까운 순간이잖아요. 가장 평범한 때에 삶의 또 다른 즐거움을 만들어 가는 일 같아요.

요리는 자주 하는 편인가요?

자주는 아니지만 여유가 있을 땐 꼭 하려는 편이에요. 할 줄 아는 요리가 좀더 많아졌으면 싶네요. 이런 점에선 아직 어른이 되지 못한 기분이 들기도 해요(웃음). 도자기 외에 손으로 하는 것 중에는, 작년 이맘때쯤 고산요의 이규탁 선생님께 말차 다완의 역사와 함께 격불하는 법을 배웠어요.

격불이요?

네(웃음). 생소하죠. 격불은 말차를 만들기 위해 거품을

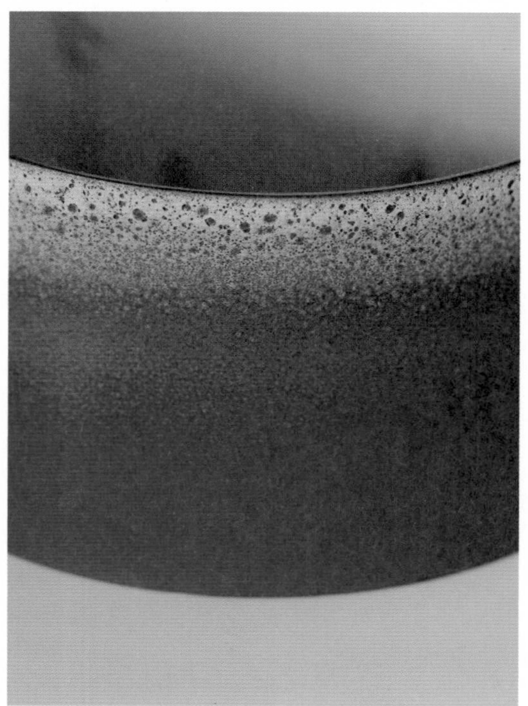

내는 작업이에요. 격불을 할수록 점점 능숙해지고 능숙해질수록 차 맛이 확연히 변하더라고요. 그 점이 정말 재밌고 또 마음도 차분해져요. 요즘도 종종 말차를 격불하며 시간을 보내고 있어요.

격불, 궁금하네요. 꼭 도전해 봐야겠어요(웃음). 도예가로서, 음식을 담을 때 좋은 그릇의 기준이 있다면 어떤 것이라고 생각하실까요?

정말 어려운 질문인데요(웃음). 일단 음식이 돋보여야 하겠죠. 음식은 상황에 따라 달라지니까, 결국엔 음식을 즐기는 상황에 맞는 그릇이 좋은 그릇이라고 할 수 있겠네요. 매일 일상적으로 식사를 담는 가정에서 파인다이닝에서 주로 쓰는 그릇을 사용한다면 좋은 그릇의 역할을 할 수 있을까, 의문이 들어요. 기능적으로 보았을 때 강도와 위생 면에서 고온 소성된 광택 있는 백자 그릇이 식기로 가장 우수하지만, 우리가 옷을 입을 때도 항상 기능만 생각하지 않는 것처럼 조금 더 세심하게 다루고 관리될 수 있는 상황이라면 더 다양한 흙과 유약, 그리고 형태를 가진 그릇을 사용해 볼 수도 있겠죠.

도자는 언제 처음 시작했는지 궁금해요.

대학 입학과 동시에 접하게 됐는데 처음에는 흙이 아주 낯설고 어려워서 학부 중간에 영상 디자인을 동시에 전공했어요. 도예 작업에 정을 붙이지 못하다가 고학년으로 올라가면서 차차 즐거움을 느끼기 시작한 거죠.

도예에서 영상, 그리고 다시 도예로 돌아온 거네요.

영상 디자이너는 영화를 만드는 사람은 아니지만, 결국엔 어떤 방식으로든 서사를 전달해야 하잖아요. 아무리 짧은 영상이라도 보는 사람의 시간을 점유하니까요. 영상디자인을 공부할수록 빈약한 서사를 가진 제 작업이 공허하게 느껴지는 점이 아쉬웠어요. 움직이는 이미지 자체로 영상 디자인 일을 좋아했지만 제가 좋은 스토리텔러는 아니라고 생각했어요. 가장 중요한 지점에서 한계를 느낀 거죠. 손으로 직접, 쓸모 있는 무언가를 만들어 내던 그 마음을 그리워하며 다시 도자기를 만들게 됐어요. 도자기는 직접 손으로 결과물을 만져내고 또 실재하는 무언가를 담아내는 작업이에요. 그것 자체로 가치를 해석하지 않아도 이미 의미를 가득 품고 세상에 존재한다고 생각해요.

도자 작업에 민선 님의 어떤 취향을 담아가고 있는지 궁금해요.

어릴 때부터 형태보다는 색과 질감에 더 기민하게

반응했어요. 중학생 때 화실에서 보내던 시간들이 떠오르네요. 그림을 그릴 때도 형태를 잘 그린 날보다 쓰고 싶은 색을 잔뜩 쓴 날이나 연필 질감을 독특하게 표현한 날 혼자 더 만족스러워했던 기억이 나요. 요즘에도 옷이나 물건을 살 때 그림이 있는 것보다는 색이나 소재, 질감을 더 고심해서 고르게 돼요. 가끔 특정 원단에 집착하면 원단으로 옷을 검색하기도 해요(웃음). 음악을 들을 때도 멜로디보다는 사운드의 질감이나 악기의 레이어링에 더 집중하고요. 작업을 할 때도 복잡한 형태를 만드는 데에는 큰 관심이 없고 오히려 색과 질감을 표현하는 데 더 집중해요.

선과 선분의 시작은 어땠나요?
지금 생각해 보면 막연하네요. 아주 사적인 이유 때문이었어요. 그때는 스스로 공예 작가보다 디자이너의 정체성이 더 강하던 시절이 아니었나 싶어요. 어디에 소속되지 않고 본인 작업을 한다면 스튜디오나 브랜드로 시작하는 게 당연한 수순이라고 생각해서 선과 선분을 구상했어요.

지금은 작가로서의 정체성이 더 강한가요?
해가 갈수록 개인 작업에 대한 책임감이 커지면서 자연스럽게 저 자신을 작가로 정체화할 수 있게 된 것 같아요. 어느 순간부터 개인적인 저와 선과 선분 사이를 분리하는 일을 해왔는데… 벌써 5년이라는 시간이 흘렀네요. 지금은 많은 지점에서 전환점을 맞이하고 있어요. 초기엔 저 혼자 수업을 하며 스튜디오를 운영했는데, 현재는 다양한 작가들과 함께 수업을 진행하기도 해요. 이전에는 선과 선분이 곧 작가 김민선의 작업명처럼 기능했다면 지금은 의미가 확장되었다고 생각해요. 개인 작업은 온전히 저로서 전개하지만, 선과 선분은 여전히 김민선의 도예 스튜디오이면서, 모든 선택의 기준과 방향이 외부로 향하고 있죠.

어떤 의미로 넓혀지고 있을까요?
선과 선분이 조금 더 세상에 '필요한' 도예로 사람들과 소통하는 매개가 되었으면 해요. "휴식을 위한 창작"이라는 문장도 이런 전환점에서 고심한 슬로건이에요. 공간으로서의 선과 선분에서 제공하는 것은 도예 수업이지만, 더 본질은 휴식이라는 생각을 해왔어요. 손을 움직이면서 마음이 안정되고 머리가 맑아지는 순간을 사람들과 나누고 싶어요.

도예를 좋아하는 사람들은 모두 그 이야기를 하더라고요. 생각이 비워지는 매력이 있대요.
도예도 그렇지만 손을 움직이는 창작 활동은 명상과도 같아요. 적극적인 정신의 휴식이라고 할까요. 그래서 선과 선분의 수업 시간은 질 좋은 강의 콘텐츠를 넘어서 공간, 음악, 향, 차 등 도예 작업을 둘러싼 여러 요소에 세심한 디테일을 넣고 있어요. 모두 화려하게 겉으로 드러나지는 않는 요소들이지만 보이지 않는 선과 선분만의 노력이 묻어나죠.

선과 선분의 슬로건 문장이 떠올라요. 도예는 '창작을 통한 휴식'이라고도 말할 수 있을 것 같아요. 처음과 지금, 도예를 하며 개인적인 가치관에 어떤 변화가 일어났을까요?
처음 도자 작업을 다시 시작할 땐 상상하는 어떤 장면에 들어가는 오브제를 직접 만든다는 마음이 강했어요. 그러다 단순히 도자를 빚는 행위를 넘어 재료 자체를 공부하면서 흙이 도자기가 되는 과정에 엄청난 화학 작용이 일어난다는 걸 알게 됐죠. 익숙한 것에서 새로움을 발견한 기분이 들었어요. 거의 유사 지질 작용을 구사하는 정도의 열을 가해서 만들어 내는 이 결과물을 단순히 이미지에 필요한 오브제로서만 작용하게 하는 건 아깝다는 생각이 들더라고요. 사물 그 자체로서 의미를 더 깊게 담아내고 싶어요. 원하는 이미지를 구상하는 작업은 물론 흥미롭지만, 그 너머에 다른 미사여구를 추가하지 않아도 작품 자체가 물질로서 존재감이 있길 바라는 마음이 있죠. 도예가로서 가장 도달하고 싶은 목표가 생긴 것 같아요.

선과 선분은 앞으로 도자에 어떤 것을 담아갈까요?
요즘엔 조명 작업을 즐겁게 하고 있어요. 빛을 담는다는 개념이 좋아서요. 조명을 보면, 위가 뚫려 있는 구조적 특징이 있잖아요. 때문에 화분의 기능을 겸하기도 하고요. 실린더 형태인데 이걸 빛을 담는 회전하는 캔버스로 생각해 보고 있어요. 지금까지 연구한 유약과 재료들을 기물에 캔버스 삼아 담아내며 여러 시리즈로 만들어 보고 있으니 기대해 주세요!

H. lineandsegment.com

손끝에 닿은 간식

글 서은송, 박은빈, 이혜미
일러스트 오하이오
에디터 이주연

곳간은 모름지기 풍족해야 마음이 좋다.
손 뻗으면 닿는 일상의 간식, 그거 뭐예요?

어른이의 소꿉놀이

어렸을 때 할머니 집 뒤 장독을 늘어둔 작은 옥상에서 풀과 꽃을 따다가 그렇게 찧었다. 이건 밥이고 반찬이고 마법의 가루이고, 저건 몸이 가벼워지는 물약이야. 도구는 돌멩이면 충분했다. 우린 뭐든 만들 수 있었다. 같이 상을 차리던 사촌 동생은 나보다 키가 한참 더 커졌고 우리는 더이상 인사를 하지 않게 되었지만, 그 옥상에 귀여움이 묻어 있다.

새로운 영역에 발을 들일 때 세계가 확장되는 경험은 언제나 가슴 떨린다. 차 생활을 시작하고 여러 도구를 야금야금 사들일 때 그랬다. 차는 간단하게 내려 마실 수도 있지만, 나는 굳이 도구를 하나하나 다 꺼낸다. 왼쪽에는 차판과 숙우를, 오른쪽에는 집게, 전기포트, 차 거름망을 적절히 배치한다. 지금 기분에 맞는 차와 다관을 고르는 일은 하루 중 가장 신중한 시간이다. 차를 내릴 때 달그락달그락거리는, 다관(차를 우려내는 그릇)과 숙우(다관에서 우려진 차가 잘 섞이고 온도를 낮추기 위해 따르는 그릇)가, 숙우와 찻잔이 부딪치는 소리가 좋다. 쪼로록 뜨거운 물로 기물을 데우는 것으로 시작해 호로록 차를 마시는 과정은 마치 소꿉놀이 같다.

차를 한 김 식히며 어제 선물 받은 살구 콩포트를 꺼냈다. 회사를 같이 다녔던 언니가 만들어 준 것이다. 콩포트는 과일을 설탕에 졸여 따듯하거나 차갑게 먹는 디저트인데, 우리는 보통 설탕의 양에 따라 잼, 청, 절임, 콩포트 등 기분 내키는 대로 부르곤 했다. 언니의 집에는 이미 저장 음식들로 가득한데, 여전히 계절마다 병조림을 만든다. 매실 청, 귤 잼, 모과 잼, 앵두 청, 보리수 잼, 차조기 피클... 덕분에 잊지 않고 냉장고에 사계절이 찾아온다. 마침 전날 만든 계란 푸딩
-언제나 달콤한 계란찜 느낌이지만-에 살구 콩포트를 두 스푼 올렸다.

살구색이 이렇게 예뻤던가, 식감이 이렇게 보드라웠던가. 새콤한 여름이 입안에서 은은하게 퍼진다. 연하게 우려낸 보이차를 마시며 콩포트를 먹으니 세상 모든 갈등을 다 해결할 수 있을 것 같은 사랑이 샘솟는다. 누구라도 이 즐거움을 같이 누렸으면 하는 마음에 조바심이 날 지경이다. 차한 모금, 콩포트 한 입. 집에는 나 혼자뿐이지만 "아, 맛있다."라고 소리 내 말했다. 마음을 말로 꺼내며 더 짙어지길 바라면서. 우리 집 거실에서 하는 소꿉놀이에 오늘도 쉽게 행복해진다.

서은송

뜨개질하고 막걸리 담그고 요가하고 노래 짓고 차 마시고 요즘은 덤블링도 한다. 도대체 커서 뭐가 될까.

어느 인도 유학생의 간식

공부하고 싶었다. 직장을 다니며 일곱 번째 해가 지날 무렵이었다. 일과 병행하던 공부로는 성에 차지 않았고, 공부하는 삶으로 더욱더 깊이 다이빙하고 싶었다. 그리고 나는 히말라야 자락 설산이 늘어서 있는 풍경의 북인도 다람살라Dharamshala로 왔다. 학교는 아름다운 자연에 둘러싸여 있다. 이 나무 저 나무를 타고 다니는 원숭이와 하늘에 독수리, 지천으로 널린 망고나무, 창밖으로 보이는 정경은 이제 나의 평범한 하루 일부가 되었다.

수업이 끝나면 가끔 친구와 차이를 마신다. 원래도 밀크티를 선호하지만 인도의 마살라 차이를 더 좋아한다. 진한 홍차 향과 흡사 박하 향처럼 퍼지는 향신료, 미세하게 어우러지는 달콤씁쓸한 맛, 부드러운 우유의 목 넘김은 나도 모르게 어깨에 힘을 빼고 편안한 숨을 들이쉬게 한다. 싱숭생숭한 어느 날에도 차이와 함께였다. 아무리 공부해도 모르는 단어가 쏟아지고, 다른 친구들보다 뒤처지는 것 같은 느낌에 풀이 죽어 있었다. 친구는 방금 끓인 뜨거운 차이를 홀짝이며 내게 말했다. "아니, 너무 당연한 거 아냐? 지금 너 온 지 한 달도 안 됐잖아?" 사실이었다. 나도 차이를 한 모금 넘기며 곰곰이 생각해 보았다. 갓난아기가 두발자전거를 못 탄다고 우는 꼴이었구나, 슬그머니 인정했다. 따뜻한 차이 한 잔 덕분일까. 좀처럼 바뀔 것 같지 않던 마음이 제법 느슨해졌다.

하지만 어떤 날에는 친구와의 차이 한 잔만으로는 풀리지 않는 마음들이 있다. 50도로 치솟는 무더위와 4개월간 비가 내리는 몬순 속에서도 잘 지냈지만 잘 해내고 싶은 욕심은 여전히 어렵다. 자꾸만 안팎으로 부족한 것들이 눈에 띈다. 나의 조건과 주변 상황들이 보잘것없어 보이고, 다른 특별한 무언가를 갈망한다. 이런 날에는 내가 너무 못나 보여서 친구들에게 먼저 다가가기도 조금 망설여진다. 그렇다고 혼자 스트레스 해소 겸 연거푸 차이를 마실 수는 없다. 몇 년 전 크게 아프고 난 후엔 몸에 좋지 않은 음식들을 적당히 가려 먹기 때문이다. 그런 날에는 냉장고 서랍에서 사과를 하나 꺼내어 먹는 편이 낫다. 사과를 먹으면 문득문득 엄마 생각이 난다. 내가 공부하고 있을 때면 엄마는 고운 노란 때깔의 사과 조각이 담긴 접시를 책상 위 내 팔꿈치 쪽으로 살포시 밀어 넣으며, 바로 집어먹기 편하도록 늘 작은 포크를 꽂아주곤 했다.

풀리지 않는 마음으로 시무룩한 날, 사과를 먹는 내게 엄마는 이렇게 말할 것 같다. "그래, 네 마음이 그렇구나. 그럴 수 있어. 자연스러운 마음이야." 그리고 아마 별다른 말 없이 옆에 앉은 채 내가 깎은 못난 사과를 맛있게 먹을 것이다. 그저 못난 나와 함께 머물러 주면서 말이다. 부정적인 마음의 회로는 아주 손쉽게 나를 멀고 먼 곳까지 데려다 놓지만 그곳이 어디든, 심지어 길을 잃었을지라도 어느 순간 마음속에 '뾰로롱' 마음속에 엄마가 나타난다. 엄마로 상징되는 내 마음의 밝은 부분은 그때부터 힘을 내기 시작한다. 마치 엄마가 내게 사과 접시를 건네주었을 때처럼 나는 다정한 마음으로 내가 지니고 있는 기회들과 내 곁을 지키고 있는 것들을 다시금 바라본다. 소담한 사과 한 조각을 입에 물며 너무 심각하지 않게 달콤한 차이 한 모금 넘기듯. 이내 고마움과 함께 무엇이든 이대로 충분하다는 마음 하나만이 남는다.

박은빈

《여전히 가족은 어렵습니다만》을 썼다. 20대 초부터 농사를 짓다 마음 밭을 가꾸는 명상을 하게 되었다. 지금은 바라던 대로 전업 학생으로 살고 있고, 되도록 오래오래 이렇게 공부하고 싶다.

달달한 휴식 한 조각

5년 넘게 개인 사업을 하다가 최근 취업을 결심하고 다시 직장인의 삶을 시작했다. 그 후 일상에서 가장 달라진 점을 하나 꼽으라면 바로 주말을 대하는 자세. 주말이 이토록 짧았나? 월요일은 왜 이렇게 금방 오지? 소중해진 만큼 주말에 누구와 무엇을 하며 그 시간을 채울지 매번 신중하게 고민한다.

정신없는 회사 생활 속에서 일에 잡아먹히지 않고 나의 일상을 지켜 내기 위해 새롭게 나만의 '주말 규칙'을 만들었다. 첫째 규칙은 주말만큼은 아무것도 생산하지 않을 권리를 주는 것. 생산자의 삶을 잠시 내려놓는다. 매일 여덟 시간 이상씩 키보드 위에서 바삐 움직이며 수많은 문서를 써 내려가던 손가락도, 더블 모니터를 왔다 갔다 열심히 따라다니며 일한 눈동자도, 긴장으로 단단하게 굳어버린 허리와 어깨도 주말엔 모두 파업이다. 하지만 안타깝게도 '입'은

쉴 수 없다. 아니 평일보다 더 열심히 움직여야 한다.

혼자만 바쁘다는 사실에 섭섭하지 않도록, 평일에는 감히 맛보지 못했던 다양한 음식을 끊임없이 선사하는 것이 나의 그다음 주말 규칙이다. 한 시간밖에 안 되는 직장인의 짧은 점심시간엔 여유 있는 식사를 기대하긴 힘들다. 정신없이 배를 채우고 난 후 아이스커피와 함께 잠을 깰 잠깐의 산책 시간이 확보된다면 그것만으로도 감사하지. 그래서 주말은 식사 시간에 제한을 두지 않는다. 먹고 싶을 때, 먹고 싶은 만큼, 먹고 싶은 메뉴를 먹는다.

쌓인 스트레스가 확 풀리는 매운 주꾸미를 먹고 시원한 아이스크림으로 입안을 달래 볼까? 집밥으로 든든하게 챙겨 먹고 싱싱한 제철 과일을 먹을까? 분식으로 가볍게 배를 채우고 콩포트와 그레놀라까지 듬뿍 넣어 그릭요거트볼 하나 더? 내가 좋아하는 '먹조합'으로 주말 식사 계획을 채워 보기도 하고, 멀어서 평일엔 가볼 엄두가 나지 않던 다른 지역의 맛집과 카페를 찾아 겸사겸사 주말 나들이 계획도 세운다.

디저트를 단순히 '먹는다'는 동사로만 표현하기엔 좀 부족한 기분이다. 무엇을 먹을지 고르고, 눈으로 보면서 달달함을 상상하고, 소중한 사람들과 함께 즐기며 대화를 나누는 이 모든 과정이 포함되어야 하니까. 나에게 후식이 있는 하루는 곧 휴식이 있는 하루와 같다. 마침 오늘은 금요일이다. 내일도 역시나 달달한 휴식 한 조각을 챙겨 먹어야지. 사랑하는 연인과 함께 시원한 냉면을 먹으러 가기로 했는데, 진한 다크 초콜릿 크림 케이크와 커피로 마무리해 볼까 한다.

이혜미

기획자. 한 사람이 행복해야 세상이 행복해진다고 믿으며 사람들의 마음이 더 건강해질 방법을 고민한다. 평일엔 멘탈케어 서비스 '트로스트'에서 커머스 기획자로, 주말은 '시속삼십킬로미터'를 운영하는 개인 사업자로 일하고 있다.

세상엔 맛있는 디저트가 너무 많다. 정석의 디저트를 선보이는 전문점부터 그곳만의 정서를 품고 있는 동네 카페, 디저트와 함께 차와 술, 식사를 함께 내어놓는 공간들까지. 다양한 디저트의 매력을 품고 있는 공간들을 한데 모았다. 달콤한 일상을 찾아 그려보는 지도. 발걸음을 움직여 하나씩 방문해 보자.

© 미완성식탁

달콤하고 느긋한 오늘을 위해

글 김지수

오롯한 마음을 전하는

정갈한 디저트를 선보이는 공간들. 맛있는 디저트를 먹는 순간을 넘어 하나의 예술 작품을 바라보듯 특별함을 경험할 수 있다. 어른들의 디저트 맛집이라고 할까. 캐주얼한 느낌을 잠시 걷어내고, 정석 디저트의 맛과 멋을 즐겨보자.

미완성식탁

바닐라 블루베리, 다크 바닐라, 유자 바질, 그리고 쑥. 망원동의 마카롱 맛집, 미완성식탁은 시즌마다 메뉴를 조금씩 바꿔 마카롱의 다채로운 모습을 보여준다. 재료가 가진 온전한 매력에 집중한다.

A. 서울 마포구 망원로6길 37 1층
O. 화-일요일 12:30-20:00, 월요일 휴무
H. instagram.com/incompletetable

핀즈

가공된 퓌레가 아닌 생과일을 사용해 계절의 생동감을 담는다. 핀즈의 디저트엔 진심이 담겨 있다. 엄선한 재료로 신선한 조합을 만들어 핀즈만의 'Fine'한 무드를 완성한다.

A. 서울 성동구 성수일로3길 4-13
O. 월-금요일 12:00-19:00,
토-일요일 12:00-21:00
H. instagram.com/finz.seoul

문화시민 서울

특별한 경험을 추구하는 문화시민의 디저트 오마카세. 작고 소담한 공간에서 느긋하게 디저트 메뉴를 즐길 수 있다. 정갈한 디저트가 완성되는 과정을 가까이에서 마주한다.

A. 서울 강남구 강남대로62길 35
O. 매일 12:00-21:00
H. instagram.com/cultural_citizen_seoul

재인

우엉, 된장, 복분자까지, 디저트에서 흔히 볼 수 없는 익숙하고도 독특한 소재로 재인만의 부드러움을 전한다. 시그니처 메뉴는 밀크 초콜릿, 캐러멜, 프랄리네가 주재료인 '나무'.

A. 서울 용산구 이태원로54길 48 2층
O. 월-화요일 13:00-19:00,
수-목요일 휴무,
금-일요일 13:00-19:00
H. instagram.com/patisserie.jaein

르솔레이

마들렌이 맛있는 연희동의 숨은 공간. 다양한 종류의 마들렌은 물론, 시즌마다 선보이는 디저트 메뉴에 주위를 기울이게 된다. 최근에 나온 신메뉴는 빵드젠. 라즈베리, 아몬드, 프람브와즈 리큐어가 들어간 숙성 디저트다.

A. 서울 서대문구 연희맛로 7-29
O. 수-일요일 12:00-19:00,
월-화요일 휴무
H. instagram.com/lesoleil_official

곳간집

계절에 어울리는 디저트를 선보이는 작은 카페. 주인장은 애정을 담아 자신의 곳간을 꾸려간다. 초당옥수수, 피스타체리, 여름라임, 코코하와이까지, 개성 넘치는 디저트가 모여 있다.

A. 서울 관악구 인헌3나길 26 1층
O. 목-일요일 12:00-18:00,
월-수요일 휴무
H. instagram.com/cafegotgan

동네의 정서를 담아

동네마다 다른 매력을 가진 서울. 각 동네의 고유의 분위기를 품고 있는 공간들을 찾았다. 응암, 공릉, 홍제처럼 비교적 조용한 동네의 숨은 카페들을 살펴본다. 복잡한 도시로 읽히는 서울에서 '서울 아닌' 장면을 마주할 수 있는 곳들. 가끔은 느리고 깊은 시간을 자신에게 선물해 보는 건 어떨까.

롯지190

잔잔한 홍제천의 물결 앞 작은 공간. 홍제동만의 천천한 분위기가 서린 동네 카페다. 봄에는 벚꽃이 내리는 이곳만의 사랑스러운 장면과 마주한다. "여름엔 롯지빙수"라는 동네 사람들만의 공식이 함께하는 곳. 편안하고 다정한 롯지190에 놀러 가보자.

A. 서울 서대문구 홍제천로 190
O. 수-일요일 11:00-20:00,
월-화요일 휴무
H. instagram.com/lodge190

무드쉐어

조용하고 맑은 공릉동만의 분위기가 담긴 곳. 창가 자리에 앉아 가만히 풍경을 바라보고 있으면 마음이 편안해진다. 무화과 티 케이크, 산딸기 마틸다까지 디저트 메뉴도 다채롭다. 가끔 나오는 잼쿠키를 기대하며 발걸음을 옮긴다.

A. 서울 노원구 공릉로 119-23 더하우스 1층
O. 매일 12:00-22:00
H. instagram.com/cafe.moodshare

잔원

응암동만의 고즈넉하고 고요한 정서를 품은 잔원. 가볍게 즐길 수 있는 '한입거리' 디저트 메뉴가 있고, 작은 도서관을 연상케 하는 책장에서 책을 고를 수 있다. 가만한 대화, 단순한 사색이 있는 곳. 마음의 정리가 필요할 땐 잔원을 찾는다.

A. 서울 은평구 가좌로11가길 2 1호
O. 월-화요일 12:30-20:00,
목-일요일 12:30-20:00,
수요일 휴무
H. instagram.com/jan.won_

독일빵집

이른 아침부터 늦은 밤까지 불이 켜져 있는 연희동의 오래된 빵집. 옛날 햄버거부터 추억의 공갈빵, 투박한 모양새의 맛있는 케이크까지, 매일 습관처럼 들르고 싶은 편안한 동네 빵집이다.

A. 서울 서대문구 연희로11길 22
O. 월-토요일 06:00-22:30,
일요일 휴무

파브스 커피 로스터스

새절역 주변 작은 골목의 카페. 커피를 통해 은평구 주민과 삶을 나누고 일상을 공유하는 파브스 커피 로스터스. 생두를 로스팅하며 커피를 선보이고 은평구에 거주하는 예술인들과 함께하는 공연 프로젝트까지 진행하며 동네와 함께 성장한다.

A. 서울 은평구 증산로15가길 15 1층
O. 월-토요일 10:30-21:00,
일요일 휴무
H. instagram.com/
faabs_coffee_roasters

코코로카라

진심을 담은 작은 과자점. 피스타치오 체리 푸딩, 민트 초코 푸딩, 말차 라즈베리 티 케이크, 헤이즐넛 초코 티 케이크… 이름만 들어도 군침이 도는 메뉴들이 줄줄이 이어진다. 연남동 복판의 아늑한 공간, 좋은 재료로 만들어진 작은 마음들이 여기에 있다.

A. 서울 마포구 연남로1길 41
O. 월·수-일요일 11:00-20:00,
화요일 휴무
H. kokorokara.store

ⓒ 룻지190

© mul

술과 요리, 그리고 디저트

'디저트와 땡땡'의 모음. 조금은 가볍게, 작은 식사가 있는 식당까지 함께 소개한다. 건강하고 이색적인 메뉴와 함께 일상에서 여행의 기분을 찾을 수 있는 공간들이다. 낯설어서 새롭게, 우리의 하루를 조금 더 특별하게 만들어준다.

mul

공릉동 골목길, 소담한 공간의 와인바. 술과 함께 조화로운 식사 메뉴는 물론 시기마다 어울리는 디저트 메뉴까지 곁들일 수 있다. 이곳에는 작고 깜찍한 주인장이 있는데, 이름은 '무야', 귀여운 강아지 친구다.

A. 서울 노원구 동일로176길 39-8 103호
O. 월·금·일요일 14:00-21:00,
목요일 14:00-22:00,
토요일 14:00-23:00,
화-수요일 휴무
H. instagram.com/at.mul

고도

편안하고 가벼운 아침 식사가 있는 곳. 때때로 메뉴가 바뀌지만 고도만의 단정한 무드는 변하지 않는다. 건강한 식사 끝엔 산뜻한 디저트 메뉴까지. 하루를 오롯이 맡기고 싶은 식당, 고도에 오랫동안 머물고 싶다.

A. 서울 마포구 월드컵북로 121-8 1층
O. 월·목-일요일 08:00-16:00,
화-수요일 휴무

률

정독도서관 맞은편에 위치한 바. 편안한 조도와 감각적인 공간이 인상적이다. 열 가지의 스몰디시와 메인 메뉴를 겸하며 빈티지 와인을 함께 즐길 수 있다. 특별한 날에 떠올리는 곳. 예약은 인스타그램 다이렉트 메시지로 신청할 수 있다.

A. 서울 종로구 북촌로5길 45 2층
O. 월-금요일 17:00-24:00,
토-일요일 15:00-24:00
H. instagram.com/ryul.official

아뿐또쎄오

옥인동의 타파스 클럽. 팝업 운영 방식으로 오픈 일정은 시즌마다 다르다. 작고 퀄리티 좋은 요리와 함께 어울리는 술, 그리고 디저트가 있는 곳이다. 간판 없는 하얀 집, 머나먼 곳으로 떠나온 것처럼 설레는 식사 시간이 여기에 있다.

A. 서울 종로구 옥인길 32-3
O. 변동, 인스타그램 참고
H. instagram.com/apunto.seo

젠제로

자연 재배한 식재료를 주로 사용하는 아이스크림 가게. 고소한 완두콩, 향긋한 시트러스 카라향 소르베, 아삭한 양배추와 달큰한 당근의 맛, 람빅과 사워체리, 바닐라 커스터드의 조화까지. 조금 낯설어 생동감이 느껴지는 아이스크림 메뉴가 즐비하다.

A. 서울 강남구 선릉로126길 14
예우빌딩 1층
O. 화-일요일 12:00-21:30,
월요일 휴무
H. zenzero.co.kr

토오베

귀여운 레몬젤리가 유명한 토오베. 소박하지만 진중한 의미를 담아 일상에서 가볍게 즐길 수 있는 차와 디저트를 선보인다. 아름다운 잔과 플레이트를 보는 재미도 있어 메뉴를 기다리는 시간이 설렌다.

A. 서울 종로구 인사동길 62-4 3층
O. 화-금요일 12:00-20:00,
토-일요일 12:00-21:00,
월요일 휴무
H. instagram.com/room.tove

과자도 엄연한 디저트 아닌가요?

봉지 과자 사전

글 이주연

일러스트 추세아

새우깡 농심 | 1971년

"손이 가요 손이 가♪ 새우깡에 손이 가요♪ 어른 손 아이 손 자꾸만 손이 가♪" 아마도 전 국민이 따라 부를 수 있을 먹거리계 대표 CM송. 옆자리 에디터가 가장 좋아하는 과자이기도 해서 '바사삭' 소리가 들리면 추리할 것도 없이 '오늘도 새우깡이군!' 하게 된다. 이번 호를 마지막으로 《AROUND》를 떠나는 옆자리 동료, 가기 전에 새우깡 많이 사줘야지.

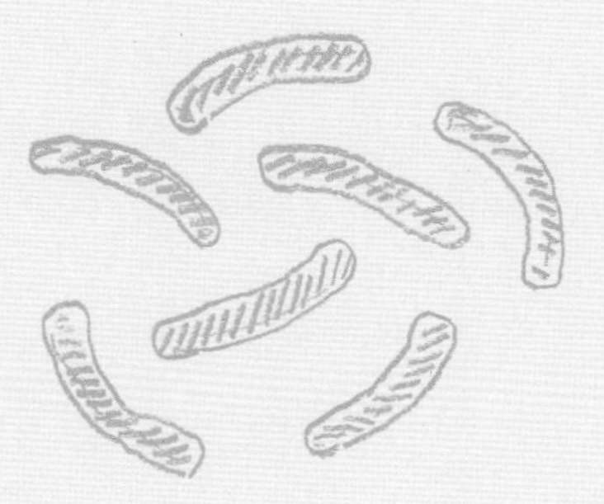

짱구 삼양 | 1973년

국내에 〈짱구는 못말려〉 캐릭터를 사용한 여러 제품이 있지만 원조는 삼양에서 나온 짱구다. 최근에 짱구 띠부띠부씰도 나오는 모양인데, 초등학생 친구들 말이 '오픈런'으로 구입해야 겨우 구할 수 있다고. '짱구와 함께하는 직업 여행'을 테마로 여러 직업군이 스티커로 출시된다. 봉투 우측 상단에 띠부띠부씰 포함 마크가 있어야 스티커를 만날 수 있다고 한다. 총 30종이라는데…. 포켓몬보다 이쪽이 좀더 당긴다.

죠리퐁 크라운 | 1972년

우유에 말아 먹는 동글동글한 과자. '시리얼은 가끔 먹어야 맛있고 죠리퐁은 매일 먹어도 맛있다.'는 주의인데 한 번도 동의해 주는 사람을 만난 적은 없다. 과자에 캐러멜 코팅이 되어 있어 말아 먹고 나면 우유가 적당히 달콤해진다. 부담스럽지 않은 단맛이라 들이켜면 기분이 살며시 좋아진다. 우유에 담가두면 식감이 종이 씹는 것 같다는 의견이 많지만, 푹 젖은 죠리퐁도 나름 맛있다고 생각하는 편.

맛동산 해태 | 1975년

맛동산의 진짜 멋진 부분은 일반 봉지 과자와 달리 윗부분이 선물처럼 묶여 있다는 것. 집게손가락만 한 과자에 땅콩 부스러기가 물엿으로 다닥다닥 붙어 있는 과자다. 이전보다 땅콩 가루가 현저히 줄었다는 이야기가 많은데 과자보다 질소가 많은 세상에 땅콩 가루 좀 적게 붙으면 어떤가요. 맛동산 CM송을 흥얼거리면 기분이 절로 좋아지니 상태가 별로일 때 한 번쯤 해보면 좋다. "맛동산 먹고 즐거운 파티♪ 맛동산 먹고 맛있는 파티♪"

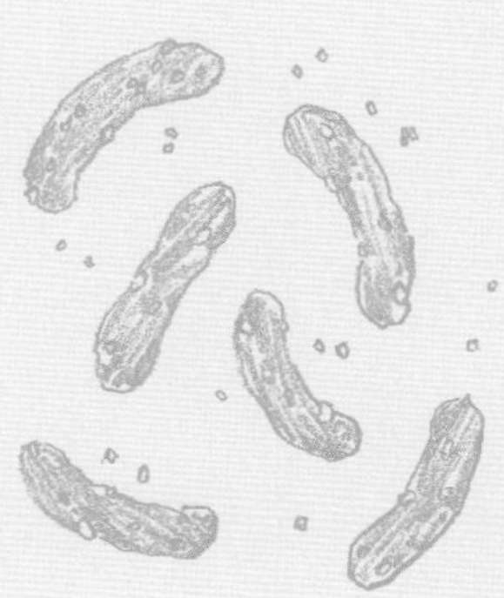

바나나킥 농심 | 1978년

부담 없이 집어 먹을 수 있는 이 과자는 속이 비어 있고 공기가 가득 차 있는 게 특징이다. 넣는 순간 입에서 사르르 녹아 많이 먹어도 더부룩하지 않다. 무척 부드러운 과자라 이가 약한 아이들도 좋아하고 노인도 쉽게 먹을 수 있지만 바나나킥을 좋아하는 할머니·할아버지는 아직 본 적이 없다. 바나나킥을 좋아하는 우리 대표님은 나중에 바나나킥 좋아하는 할아버지가 되시려나?

꼬깔콘 롯데 | 1983년

원뿔 모양의 과자를 열 손가락에 끼우고 먹는 게 공식인 과자. 가끔 팍 눌려 새끼손가락도 안 들어가는 모양이 있는데, 그런 건 빨리 먹어서 없애 버리는 게 좋다. 고소한맛, 군옥수수맛이 기본이지만 매콤달콤한맛, 허니버터맛, 새우마요맛에 이어 리얼 콘스프맛, 버팔로 윙맛, 달콤한맛, 허니&피넛버터맛, 스테이크 화이타맛, 멘보샤맛, 치먹 스파이시맛, 찰옥수수맛 등 엄청나게 다양한 맛이 출시되었다. 왜 이렇게까지 공격적으로….

포테토칩 농심 | 1980년

포테토칩과 포카칩은 언뜻 보면 같은 과자처럼 보이지만 포테토칩이 포카칩보다 무려 8년이나 먼저 출시된 형님이다. 2004년에 칩포테토로 제품명을 바꾸기도 했는데, 2015년 다시 포테토칩으로 돌아왔다. 감자 과자는 염도가 지나치게 높거나 양념이 너무 강한 경우가 많은데 포테토칩은 다른 감자 과자에 비해 담백하고 소금기도 적어서 가볍게 먹기에 좋다. 포테토칩과 가장 잘 어울리는 음료는 모름지기 맥주.

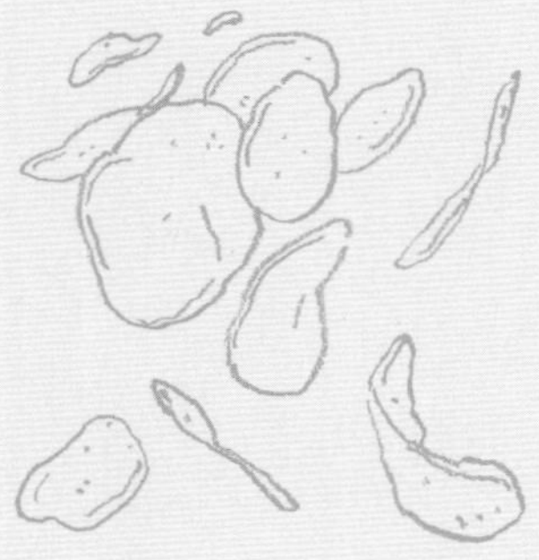

양파링 농심 | 1983년

링 모양의 양파맛 과자로, 다른 과자들보다 봉투가 긴 형태로 출시된다. 어릴 땐 작게 베어 물어 귓불에 매달고 링 귀고리라며 새침한 어른 흉내를 내곤 했다. 맛있고 귀엽지만 혀와 입천장에 달라붙는 특성 때문에 입에 오래 머금고 있으면 고통스럽다. 꽃게랑, 알새우칩과 함께 입천장 파괴 과자로 불리는 대표적인 녀석이기도. 어릴 때 양파는 못 먹었으면서 양파링은 왜 거리낌 없이 먹곤 했는지. 맛이라는 게 뭘까 생각하게 된다.

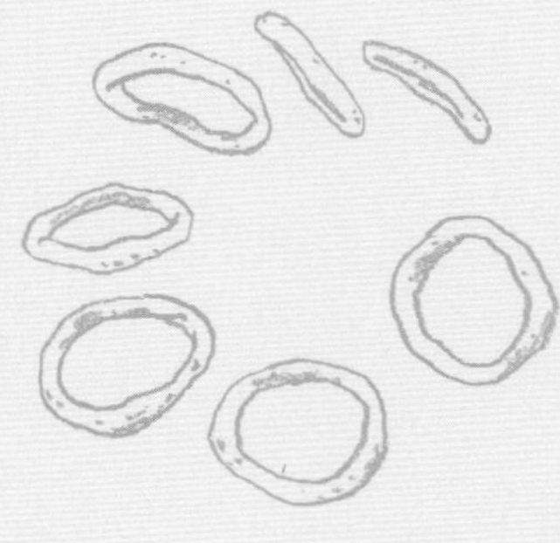

자갈치 농심 | 1983년

봉투에 문어맛이라고 적혀 있지만 문어맛은 안 나는 과자. 문어맛의 뿌리는 다코야키에 있다. 출시 당시에는 생소한 요리였던 데다가 일본 문화에 대한 검열이 있어 다코야키맛이라고 적을 수는 없었다는데 다시 맛을 봐도 이게 다코야키맛인지는 잘 모르겠다. 봉지 과자 중엔 손에 꼽게 좋아하는 과자로, 한 봉을 다 먹고 나면 입속이 짜서 몇 시간 동안 아무것도 먹고 싶지 않다. 짭짤한 맛이 중독적인 과자로, 러시아에서 엄청난 인기를 끌고 있다고.

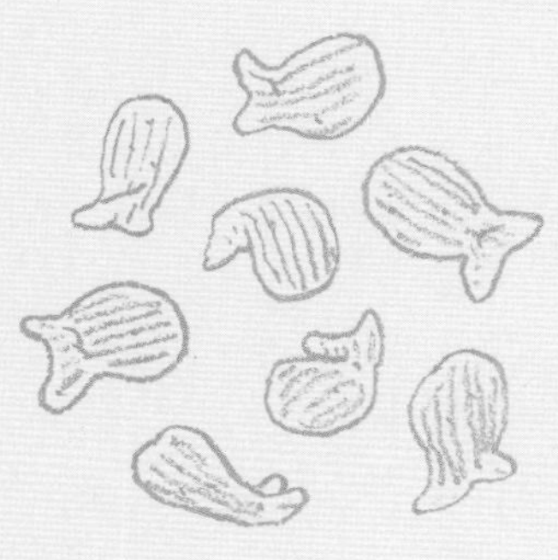

꽃게랑 빙그레 | 1986년

양파링과 더불어 입천장 파괴 과자로 꼽히는 과자. 고온에서 순간적으로 조리하기 때문에 무수히 많은 기포가 생기고, 입에서 녹여 먹으면 입천장과 혀 표면에 쫙 달라붙는 현상이 생긴다는데 사실 입천장이 까질 만큼 입에서 녹여 먹어본 적이 없는 것 같다. 입에 넣으면 바로 파삭파삭 씹어주는 게 의리죠. 꽃게가 주원료여서 갑각류 알레르기가 있는 사람은 먹지 못한다고 하니 맛과 향만 흉내 낸 게 아니구나 싶다.

고래밥 오리온 | 1984년

어릴 땐 고래밥을 종류별로 나누는 걸 좋아했다. 고래, 거북이, 문어, 오징어, 게, 불가사리, 상어…. 최근에는 해파리 모양도 추가되었다는데, 해파리가 무슨 모양인지 보지 않고는 잘 모르겠다. 속이 텅 빈 과자여서 씹으면 '파삭!' 소리가 경쾌하게 들린다. 손에 묻은 파래와 양념을 핥아 먹는 것이 또 다른 재미. 가끔 옴폭 패인 모서리 구석에 양념이 뭉쳐 있는(고래밥 액기스) 경우가 있는데, 똘똘 뭉친 양념을 먹는 건 나의 길티플레저.

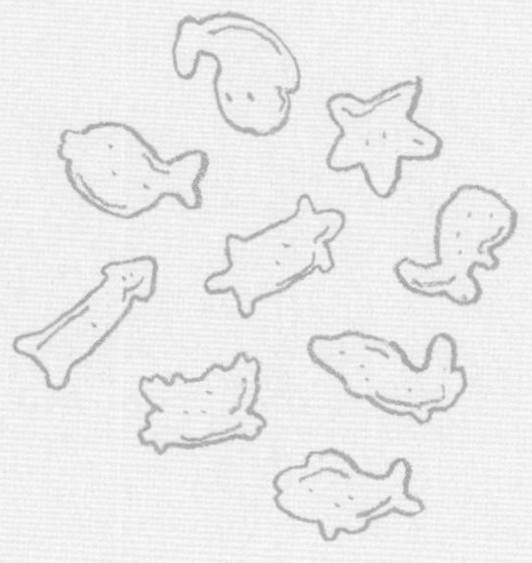

사또밥 삼양 | 1986년

학창 시절 별명이 사또밥이었다. 둥글고 허옇게 생겼다는 게 이유일 터인데, 터무니없는 별명이라고 생각했건만 듣는 사람 모두가 고개를 끄덕이며 동의했다. 그래서인지 마트에서 볼 때마다 반갑다. 여러 이유를 떠나 사또밥은 참 사랑스러운 과자인데 그 이유는 질소보다 과자가 많다는 데 있다. 비건 인증을 받은 과자여서 채식주의자도 편히 먹을 수 있다는 것 역시 그렇다. 동물성 재료가 없는 마트 과자라니, 사랑스럽지 않을 수 없다.

먹고 요리하는 인생들

글 김지수

좋은 영화에는 언제나 일상적인 장면이 있다. 먹고 마시고 요리하는 사람들의 평범한 시간들은 고요함을 안겨 준다. 왠지 모를 안심으로 남았던 순간들. 이곳에 모아 마음 두둑이 채워본다.

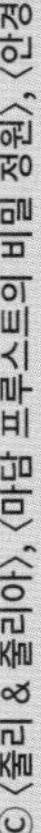

이상한 홍차와 마들렌

"네가 텃밭에 안 오니까 텃밭이 네게로 가. 모든 일엔 끝이 있는 법, 일 그만둘 거야. 새 인생을 살기로 했어. 긴 여행을 떠날 거야. 준비하는 데 시간이 많이 걸려. 네가 추억을 낚고 싶을까 봐 필요한 재료를 마련했어. 나쁜 추억은 행복의 홍수 아래 가라앉게 해. 네게 바라는 건 그게 다야. 수도꼭지를 트는 건 네 몫이란다. 콩쿠르에서 행운이 있길 빌어. 너의 친구 프루스트가."

말 못 하는 피아니스트 폴. 오래된 빌라 계단 사이 얼핏 보면 벽으로 착각할 만한 문에 'Proust'라는 글자가 적힌 초인종을 누른다. 기척 없는 너머에 끌려가듯 문을 열어본다. 어둡고 좁은 복도를 지나 도착한 곳은 푸른 식물이 가득한 프루스트 부인의 비밀 정원이다. 꼭꼭 숨겨진 정원에 빛은 어디서 드는 것인지, 정원은 낯설지만 이상한 만큼 아름답다. 폴은 프루스트가 건넨 차를 마신다. "뒷맛을 없애려면 마들렌을 먹어요. 버섯 향이 좀 나죠? 걱정 말아요. 진짜 허브차니까." 눈이 풀리고 정신이 몽롱해지는 폴. "우쿨렐레를 칠 때 중요한 건 생각이거든." 프루스트가 우쿨렐레를 치자 폴의 의식은 어딘가로 떠나버렸다. 폴이 정신을 놓은 건, 프루스트 부인의 아스파라거스 때문이었다. 이건 그냥 아스파라거스가 아니었다. 기억을 씻어낸 다음 오줌으로 내보내는, 조금 이상한 아스파라거스다.
두 살 때 부모님을 잃고 말도 함께 잃어버린 폴에겐 떠올릴 수 없는 아픈 기억이 있다. 기억의 파편이 악몽으로 남아 그를 괴롭게 한다. 깊은 기억의 무의식으로 향하듯 허락도 없이 들어간 프루스트의 정원에서 폴은 조금씩 실마리를 찾는다. 프루스트가 내어주는 홍차와 함께 꽉 잠겨 있던 기억들을 스스로 꺼내기 시작한다. 프루스트는 폴을 떠올리며 말한다. "죽음이 그 애를 못 살게 하는 게 아냐. 쳇바퀴 도는 삶이 문제지. 당신 레코드판처럼." 사람은 망각할 수 있어 다행이지만 깊은 무의식 속에 있는 기억은 찌꺼기처럼, 반드시 남아 있는 법이다. 무의식에서 건져낸 슬픔이 이유 없이 몰려올 땐 잠시 바라봄이 필요하다. 오줌으로 흘러가 버린 기억 속에는 반드시 좋은 것도 있을 테니까.

환상적인 요리의 버터처럼

"뭔가 뒤집을 때는 주저 말고 확 뒤집으세요. 특히 무른 반죽일 경우엔 실패 확률이 높죠. 방금 뒤집을 땐 용기가 부족했어요. 과감하질 못했죠. 떨어진 건 다시 붙이세요. 보는 사람도 없는데 알 게 뭐예요? 요리도 피아노처럼 연습이 필요하죠."

2002년 뉴욕의 줄리는 무료한 퇴근길에 퐁듀를 보고 초콜릿 크림 파이를 떠올린다. "요리가 왜 좋은지 알아? 직장 일은 예측불허잖아. 무슨 일이 생길지 짐작도 못 하는데 요리는 확실해서 좋아. 초코, 설탕, 우유, 노른자를 섞으면 크림이 되거든. 맘이 편해." 줄리는 다정한 남편과 안정적인 직장이 있지만 정작 소중한 한 가지를 잃은 듯 답답한 일상을 보내고 있다. 작가가 되고 싶지만 기회는 없고, 잘나가는 친구들 사이에서 한없이 작아지기만 한다. 1949년 프랑스의 줄리아도 다르지 않다. 주변은 평화롭지만 자신 안의 중요한 한 가지를 찾아 헤매고 있다. 영화는 두 사람이 삶의 돌파구를 찾아가는 여정을 그리며 이야기의 중심에 줄리아의 레시피를 두었다. 그녀의 레시피를 소재로 블로그 연재를 시작한 줄리는 결코 순탄치 과정을 시작한다. 재료를 사느라 월급의 반을 탕진하고 닭다리를 묶다가 바닥에 요리를 엎질러 버리기 일쑤다. 고군분투하며 요리를 하고 글을 올리지만 블로그엔 아무런 반응도 돌아오지 않는다. 하지만 기회는 늘 가까이에 있는 법. "난 닭다리도 못 묶어." 줄리가 주방 바닥에 앉아 울며 절망하고 있을 때 뜻밖의 행운이 찾아왔다.
줄리는 블로그에 버터에 관한 이야기를 쓴다. "버터만 한 게 있나요? 생각해 보세요. 아주 환상적인 요리를 먹고 안에 뭐가 들었지? 하면 영락없이 그 안엔 버터가 있죠." 훌륭한 요리에 버터가 있다면 줄리와 줄리아에게 있던 것은 뭘까. 나의 버터는 어디에 있을까나.

Movie —노라 에프론 〈줄리 & 줄리아〉(2009)

그때 그 빙수

"저는 그저 여기서 기다릴 뿐입니다. 흘러가 버리는 것을. 하지만 그때 그 빙수를 만나지 못했더라면 저도 코지도 아마 이곳에 없지 않았을까란 생각이 듭니다. 코지는 중요한 건 뭐든지 챙겨두는 버릇이 있어요. 근데 무엇을 갖고 있는지 잊어버리는 것 같아서 그것이 코지의 장점입니다."

휴대전화가 터지지 않는 곳을 찾은 '타에코'는 남쪽의 조그만 바닷가 마을에 도착했다. 느리고 엉뚱한 사람들, 이곳 사람들은 어딘가 이상하다. 느긋한 아침 식사를 함께 하고, 바다에 모여 진지한 얼굴로 우스꽝스러운 체조를 하고, 아무 말도 없이 나란히 앉아 우쿨렐레를 치는 일상. 관광할 곳을 찾는 타에코에게 민박집 주인 유지와 또 다른 손님 사쿠라 씨는 사색을 제안한다. 타에코는 어딘가 낯선 이들을 피해 다른 민박집을 찾았다가 길 거리에 나앉지만, 결국 사쿠라 씨의 자전거를 타고 다시 돌아오게 된다. 돌아올 때는 질질 끌고 다니던 여행 가방도 거리에 버려 두고 온다.
"사색하는 거에 무슨 요령이라도 있는 건가요?"
"요령이라, 예를 들면 옛 추억을 그리워한다든지, 누군가를 곰곰이 떠올려 본다든지 하는 거죠." 유지는 다시 돌아온 타에코에게 사색에 대해 일러주고 사쿠라 씨가 만드는 빙수를 권유한다. 경계를 조금 허문 타에코는 그녀의 가게에 가서 빙수를 부탁한다. 투명한 접시에 팥을 담고 얼음을 천천히 갈아 넣는 사쿠라 씨. 시럽을 부어 타에코에게 건넨다. 빙수를 한 입 먹고 문득, 깨달은 표정을 짓는 타에코. 무언가 사색할 거리를 찾은 듯 하다.
"이거 얼마죠?" 사실 사쿠라 씨의 빙수는 가격이 없다. 얼음 아저씨는 그녀에게 얼음을 냈고, 작은 꼬마는 직접 접은 종이 인형을 건넸다. 우리는 사쿠라 씨에게 무엇을 건넬 수 있을까. 영화가 흐를수록, 사람들이 빙수를 함께 먹는 장면이 쌓일수록, 타에코가 바다에 점점 더 스며들수록, 이 섬의 이상한 사람들이 사랑스러워진다. 타에코처럼 이곳에 있을 재능을 지닌 사람이 되고 싶어진다. 빙수에 들어갈 팥을 끓이던 사쿠라 씨는 말한다.
"중요한 건 조급해하지 않는 것. 초조해하지 않으면 언젠간 반드시."

Movie — 오기가미 나오코 〈안경〉(2007)

따뜻한 꿀물과 뜨끈한 라면

"지금 우리 집은 폭풍우 속의 등대야. 캄캄한 곳에선 이 빛이 유일한 희망이라서 여기에 사람이 있어야 돼. 이상한 일들이 계속 일어나지만 지금은 이유를 알 수 없어. 하지만 곧 알게 되겠지."

폭풍우가 몰아치는 밤. 온통 까만 세상에 파도가 덮쳐온다. 언덕 위의 등불 같은 집, 그곳엔 소스케와 엄마, 그리고 사람이 된 물고기 포뇨가 있다. 흔들리는 촛불에 바람이 부는 것처럼 아슬아슬한 세상이지만 소스케의 집엔 따스한 공기가 흐른다. 아직 수도꼭지에서는 물이 나오고, 여전히 가스는 켜진다. 충전해 둔 등불은 밝게 켜지고, 몸을 감싸는 포근한 수건도 있다. 창밖에서 어떤 풍경이 펼쳐진들 포뇨는 처음 먹어보는 음식들에 놀라며 새로운 세계에 발을 들인 것처럼 설레기만 하다.
온 집 안을 뛰어다니던 포뇨는 식탁 위에 앉는 법부터 배운다. 손가락처럼 움직이는 발을 식탁 위에 올려놓고 꼼지락꼼지락. 엄마 리사는 따뜻한 물이 담긴 머그컵에 꿀을 가득 탄다. 달콤한 꿀을 처음 먹는 포뇨의 얼굴. 보고만 있어도 몽글몽글 마음에 포근함이 피어난다.
"여긴 리사와 소스케, 포뇨. 우린 잘 있어요. 이제 밥 먹을 거야. 햄!" 눈을 꼭 감고 기다린 3분. 커다란 햄이 들어간 라면까지. 배가 두둑이 부른 포뇨는 스르륵 잠에 든다.
마음속에 번개가 치는 밤엔 종종 〈벼랑 위의 포뇨〉의 이 장면을 떠올린다. 아주 추운 바다를 헤엄치다 뜨거운 물로 샤워를 하고 담요를 뒤집어쓴 채 모닥불 앞에 앉아 따스한 코코아를 마시는 기분이 든다. 가만히 포뇨를 떠올리기만 해도 묘한 안도감에 다다른다. 폭풍처럼 어지러운 세상 속에 있다고 해도 먹고 잠드는 일상은 반드시 이어진다는 걸, 포뇨는 알고 있다.

Movie — 미야자키 하야오 〈벼랑 위의 포뇨〉(2008)

종종 생각한다. 제철 과일을 계절마다 챙겨 먹으며 살 수 있다면 그게 바로 성공한 인생 아닐까. 때마다 갓 수확한 신선한 과일을 아끼는 주변 사람들에게 선물하고, 소중한 이웃들과 나누어 먹는다면, 그야말로 좋은 인생 아닐까. 소박해 보이지만 어려운 일이다. 마음에 여유가 있어 계절을 지나치지 않을 수 있어야 하고, 나눌 만큼 주머니 사정이 넉넉해야 하며, 무엇보다 곁에 사람이 있어야 한다.

초당옥수수와 딱딱이 복숭아

글·사진 정다운

초당옥수수

제주도의 여름을 여는 건 초당옥수수. 초당옥수수 시즌은 여름보다 조금 일찍 시작되어 한여름이 오기 전 끝난다. 마치 귤과 같다. 많은 사람이 겨울 대표 과일로 귤을 떠올리지만 가장 보통의 귤인 노지 감귤(비닐하우스가 아닌 땅에서 자란 감귤)은 가을과 겨울 사이 수확이 시작되고 첫눈이 내리면 끝난다. 눈을 맞으면 귤 맛이 싱거워지기 때문에 서귀포에서 귤 농사를 지으시는 부모님은 늘 첫눈이 늦게 내리기를 바라신다.
마찬가지로 초당옥수수도 본격 여름으로 들어서는 7월 중순이면 시즌이 끝난다. 귤과 초당옥수수는 계절보다 먼저 도착하는 제철 과일인 셈이다. 초당옥수수는 어엿한 옥수수니까 과일보다는 채소나 곡식에 가깝지만, 사실 달콤한 초당옥수수를 맛보면 아무래도 채소보다는 과일에 가깝다는 생각을 하게 된다. 저장하면 단맛이 사라져, 오래 두고 먹기 어려운 음식이라서 그런가, 초당옥수수 시즌이 되면 마음이 조급해진다. 얼른 주문해서 빨리 많이 먹어야 한다.
올해 첫 초당옥수수는 작년에 알아둔 농장에서 일찌감치 주문해두었다. 한 박스를 샀더니 한 박스를 더 보내주셔서 초당옥수수 마흔 개가 같은 날 도착했다. 우리 집에 옥수수를 좋아하는 사람은 나뿐이라, 받자마자 서둘러 주변 친구들과 나누었다. 마트나 시장에 가서 다섯 개쯤 사서 오늘내일 혼자 맛있게 잘 먹으면 될 텐데. 그렇지만 그보단 한 박스를 사서 나눠 먹는 게 더 재미있다. 옥수수를 쌓아두고 겉껍질을 벗기고 있으면, 여름이 온 것이 실감 난다. '올여름도 즐겁고 건강하게 잘 보내겠습니다.' 스스로 다짐하는 의식이다.
신선한 초당옥수수를 나도 먹고 너도 먹고 모두 다 같이 풍족하게 먹고 싶은 욕심에 급기야 작년에는 마당 한쪽에 초당옥수수를 심었다. 모종은 성산읍 수산리에서 초당옥수수 농사를 짓는 농부에게 얻었다. 초당옥수수는 물만 먹으면 잘 자란다고 해서 아침저녁으로 열심히 물을 줬다. 하지만 농사는 완전히 실패했다. 모종을 수십 개나 심었지만 단 한 개의 옥수수도 얻지 못했다. 여름만 기다리라고 동네 친구들에게 큰소리 땅땅 쳤는데, 나눠 먹지 못했다. 까맣게 말라버린 옥수수를 볼 때마다 친구들과 옥수수 욕심쟁이의 최후라며 깔깔 웃었지만, 농부가 나눠준 모종의 꿈을 꺾은 것 같아 마음이 조금 쓰렸다. 허튼 짓을 했다는 생각에 올해는 옥수수를 심지 않았다.
실은 재작년에 주문한 초당옥수수가 모조리 썩어서 도착한 일이 있었다. 썩은 옥수수를 보자마자 너무 속이 상해서 항의했더니 배송상의 문제라고 하며 반품해 주겠다고 했다. 반품이란 물건을 돌려보내는 것이다. 택배 기사님이 올 때까지 곰팡이 냄새가 나는 썩은 옥수수를 가지고 있고 싶지 않다고 했더니 지금 당장 "아이를 둘러업고" 우리 집으로 옥수수를 가지러 오겠다고 했다. 밤 10시가 넘은 시간이었다. 농부의 마음을 헤아리지 못한 나쁜 소비자가 된 건가. 오지 말라고, 내가 알아서 처리하겠다고 이야기하며 마음이 들끓었다. 썩은 옥수수를 내 손으로 버렸다. 죄 없는 옥수수가 조금 미워졌다. 아무튼 그 일이 있고 나서 직접 옥수수를 길러보기로 결심했는데, 이번엔 내 손으로 옥수수를 썩혀 버리고 만 것이다. 종종 생각한다. 그 판매자는, 아니 농부는, 한 아이의 아버지는, 왜 그렇게 화가 났을까. 여전히 그는 옥수수를 재배하고, 판매하고 있을까? 저는 옥수수 농부의 꿈은 접었지만, 다행히도 여전히 부지런한 옥수수 소비자로 살고 있답니다.

앵두, 매실, 오디

집 마당에 앵두나무, 매실나무, 뽕나무, 감나무, 석류나무, 하귤나무가 있다. 나란히 있는 앵두나무와 매실나무는 봄이면 비슷한 듯 조금 다른 하얀 꽃을 피우고, 여름이면 순서대로 열매를 맺는다. 앵두는 새한테 뺏길세라 빨갛게 되자마자 바로 따서 먹고, 매실은 노랗게 익을 때까지 기다렸다가 천천히 따서 술을 담갔다. 뒤뜰의 뽕나무에 열린 열매가 오디라는 걸 알고는 춤을 추었다. 곧 감도 열리겠다. 겨울에 이사를 오는 바람에 마당에 있는 나무가 어떤 나무인지 처음엔 알지 못했다. 추측만 할 뿐이었다. 꽃을 피우고 열매를 맺는 과정을 지켜보고 나서야 자그마한 마당의 나무 대부분이 과실수라는 걸 알게 되었고 웃음이 났다. 25년 전에 이 집을 짓고 마당을 가꾸고 나무를 심은 사람은 나만큼 제철 과일을 좋아했구나. 석류나무 앞에 서서 25년 전의 사람과 하이파이브를 한다. 나무 한 그루에는 우리가 생각하는 것보다 훨씬 더 많이 열매가 달리고 수확할 수 있는 시기는 한정적이라 한 가족이 먹기엔 언제나 많다. 먹어도 먹어도 줄지 않는 과일을 친구들과 나눠 먹었다.

딱딱이 복숭아

아침에 경북 영천에서 복숭아 택배가 왔다. 복숭아 수확을 시작한다는 메시지를 받자마자 얼른 주문하긴 했지만 언제 올지 몰라 기다리고 있었는데, 생각보다 빨리 도착했다. 근래 가장 반가운 택배였다. 이 농장은 복숭아 중에 딱딱한 품종만 재배하는 귀한 곳이다. 작년에 주문해서 먹고 만족스러워 기억해 두었다. 나는 딱딱이 복숭아를 좋아하고, 애석하게도 '딱복' 시즌은 물렁한 복숭아 시즌보다 더 짧다. 정신을 바짝 차리지 않으면 순식간에 지나가 버린다. 복숭아를 흐르는 물에 깨끗하게 씻었다. 그리고 복숭아 가운데를 가로로 둥글게 돌리며 한번 세로로 둥글게 두 번 교차하며 칼집을 낸다. 그다음 복숭아의 위아래를 양손으로 잡고 힘주어 비틀면 여덟 조각으로 쪼개진다. 딱딱이 복숭아를 먹는 즐거움은 바로 이 작업에서부터 시작된다. 평소 칼질을 잘하지 못하는 나도 칼질 세 번이면 손쉽게 복숭아를 먹기 좋게 자를 수 있고, 이 작은 성취감이 매번 기분을 조금 좋게 만든다. 아삭하고 달콤한 복숭아를 껍질째 한 입 베어 먹으며 생각했다. 올여름 첫 복숭아로구나. 본격적인 여름이구나. 이 짧은 여름이 가기 전에 복숭아를 더 많이 부지런히 먹어야지. 올해는 마음의 여유가 없어서 사람들에게 복숭아를 보내는 건 어려울 것 같다. 그래도 오늘 받은 복숭아는 동네 친구들에게 두세 개씩 나눠줘야지. 맛있을 때 함께 먹는 게 가장 좋으니까. 메시지를 보낸다. "딱딱이 복숭아 왔어. 지나는 길에 우리 집에 잠깐 들러." 복숭아를 받은 친구에게 며칠 후 메시지가 왔다. "물렁한 복숭아 샀는데 맛있어. 나누어 먹자." 얼마 전에는 서귀포 부모님 집 마당에서 수확한 블루베리를 얻어다 동네 친구들과 나눠먹었다. 곧 무화과도 익을 것이다. 시장에서 사거나 농장에 따로 주문하지 않아도, 여름이면 집 안에 블루베리와 무화과가 풍족하다. 나눠 먹고도 남은 블루베리는 얼리고 무화과는 말린다. 작년에 말려둔 무화과가 아직도 냉동실에 조금 남아 있다. 샐러드나 요거트와 함께 먹으면 여전히 맛이 좋다.

귤

농장에서 주문한 초당옥수수와 복숭아, 마당에서 수확한 각종 과일을 나눠 먹다 보면 뜨거운 여름이 금세 지나간다. 나무가 많은 제주도 산골 마을에 살면서 가장 좋은 건 계절을 가까이 느낄 수 있다는 점이다. 그리고 매년 실감한다. 계절은 짧다. 꽃은 피는 듯하다 금방 지고, 단풍은 바람 한 번에 떨어진다. 눈도 금방 녹는다. 바다에 들어갈 수 있는 여름은 특히 짧다. 그 여름의 시작에 잠깐 머무는 초당옥수수에 관해 쓰려고 했다. 내가 얼마나 초당옥수수에 진심인지 강조하고, 제주에서는 마당 텃밭에서 옥수수를 기른다고 자랑도 하려고 했다. 마침 딱딱이 복숭아 택배가 오는 바람에 반가워 복숭아 이야기를 하다가, 좋아하는 여름 과일 이야기를 줄줄 해버리고 말았다. 그러고 보니 여름 대표 과일 수박과 참외를 빼놓았다. 성인이 되고 독립해서 내 살림을 꾸리기 시작한 뒤로는 수박과 참외보다는 복숭아와 자두, 블루베리와 무화과가 좋다. 먹고 나면 오직 씨만 남는 과일이야말로 여름답지 않은가요. 찰나의 가을이 지나면 곧 귤의 계절이 올 것이다. 전국의 친구들에게 귤을 보내는 겨울이 시작되면 부자가 된 것 같은 기분이 든다. 25년 전 이 집에 살던 이의 지금 주소를 안다면 귤을 한 박스 보내고 싶다. 25년 전에 보내신 선물 잘 받았습니다. 지난여름 앵두도 매실도 오디도 석류도 잘 먹었습니다. 감사합니다. 하여간 나눠 먹는 일이 제일 좋다.

얼음이 가득한 컵에 우유를 담아 마시는 기분, 차가운 얼음이 입술에 닿고 고소한 우유의 향이 코를 스치는 기분. 이토록 오묘하고 맑은 기분을 담은 물건을 만드는 마음.

물속에 있듯 자유롭게

에디터 **김지수**

자료 제공 우물

나정주 우물 대표

반가워요. 요즘 어떻게 지냈나요?

안녕하세요, 사진을 찍으며 '우물'이라는 브랜드를 운영하고 있는 나정주입니다. 우물을 통해 제 사진 작업을 바탕으로 만든 여러 아이템을 선보이고 있어요. 포스터, 그립 톡, 액세서리까지 품목은 다양해요. 최근에 수영을 다시 배우기 시작했는데 매일 설레어요(웃음). 물속에 있는 순간을 아주 좋아하거든요. 자유로운 기분이 들어서요. 몸이 둥실 뜨는 느낌에 해방감을 느끼면서 제가 자유로운 사람이 되는 것 같아 마음이 들뜨곤 해요.

물속에 있는 장면을 상상하니 우물의 물건들이 떠올라요. 시원하고 상쾌한 느낌이요.

우물은 제 사진 작업의 연장선으로 시작했어요. 사진을 통해 드러내고 싶은 저의 또 다른 모습이 담긴 브랜드예요. 제 시선으로 기록한 사진들은 일관성 있게 맑고, 뿌옇고, 투명한 느낌이 묻어나는데요. 마치 제 사진이 우유에 얼음을 탄 이미지를 닮았다는 생각이 들었어요. 우유가 가득 담긴 컵에 얼음이 녹아내린 모습이요. 그렇게 '우유, 얼음, 물'이라는 단어를 키워드로 물건을 만들었고 우물을 오픈하게 됐죠.

사진 작업에도 우유나 달걀, 과일 같은 식재료를 자주 활용하고 있죠.

모든 식재료를 가만히 들여다보면 같은 재료여도 생김새가 다 달라요. 색감도 조금씩 차이가 있고요. 일상적이지만 변주가 있는 식재료의 모습에 흥미를 느끼고 있어요. 식재료는 각기 다른 매력과 개성을 가진 오브제 같아요. 단순하게 색감이 예쁜 과일이나 버터, 달걀을 보고 있으면 예상치 못한 영감을 받기도 하죠. 평범한 순간이지만 사람들과 함께하는 식사 시간도 작업에 영향을 줘요. 테이블 위에서 오가는 대화와 장면들이 잊었던 기억을 떠올리게 할 때가 있는데 그럴 때면 꼭 기록으로 남겨두곤 해요. 계절에 따라 수확하는 식재료가 다르잖아요. 시기에 따라 식재료의 신선도와 모양, 크기가 달라지기도 하고요. 작은 채소, 과일 하나에 시간의 흐름이 담겨 있다고 생각해요. 이런 생각을 자주 해서 그런지 사소한 식사 시간에 그 무엇보다도 강렬한 영감을 받는 것 같아요.

정주 씨는 평소 어떻게 식사를 차려 먹는지 궁금해지네요. 식생활 루틴이 있나요?

일정이 없는 여유로운 날엔 오전에 운동을 꼭 하는데요. 몸을 움직이고 나면 균형 잡힌 식사를 하고 싶다는 생각이 샘솟아요. 저 자신을 위한 건강식을 차려 먹는데, 막상 차리고 나면 별거 없지만(웃음) 제 삶을 정성스럽게 꾸려가고 있다는 생각에 자존감이 높아지는 기분이 들어요. 혼자 먹는 식사라 아무도 보지는 않지만 스스로 소중한 요리를 만든다는 생각으로 식사를 준비해요. 이건 정말 간단한 건데, 파슬리나 통후추로 마지막 플레이트를 장식하기만 해도 특별한 요리를 완성한 것 같은 기분이 들죠. 그릭요거트도 자주 만들어 먹는 편이에요. 유청을 빼는 시간에 따라 요거트 질감이 달라지는데 저는 꾸덕꾸덕한 질감을 좋아해서 20시간씩 기다리곤 해요. 완성된 요거트에 블루베리를 얹고 꿀을 뿌려 빵에 살짝 발라 먹으면! 너무 맛있겠죠. 옥수수와 후추를 넣어도 좋고 딱딱한 복숭아를 넣어도 좋아요.

엉뚱한 질문인데, 평생 한 가지 식재료만 요리할 수 있다면 뭘 선택할래요?

아, 너무 어려운데요(웃음). 저는 치즈를 택할래요. 모차렐라, 부라타, 체더, 페타, 브라운, 리코타, 살구까지 세상엔 제가 아직 먹어보지 못한 치즈가 많아요. 치즈는 주재료이기보다 부가 재료로 쓰이는 경우가 많지만 치즈가 빠지면 맛의 풍미를 살릴 수 없죠.

치즈! 의외지만 왠지 납득이 가요(웃음). 끝으로 지면에 남기고 싶은 이야기가 있나요?

20대의 마지막 해를 보내며 요즘은 생각이 많아지고 있어요. 계속해서 저 자신을 돌아보게 되는데, 두려움이 쌓이지만 새로운 도전을 멈추고 싶지는 않아요. 최종적으로는 어떤 것이든 가만히 잘 들여다보는 사람이 되고 싶다는 생각을 해요. 자세히 보면 다채로운 색감을 가진 식재료처럼 다양한 컬러를 가진 사람이 되고 싶고요. 우물은 뜨개 가방을 출시할 예정이에요. 리빙 제품도 선보일 예정이고요. 계절의 흐름에 따라 식재료를 이용해 물건을 표현할 계획이랍니다. 더 많은 사람들이 우물의 물건을 통해 좋아하는 공간을 채워 가길 바라요.

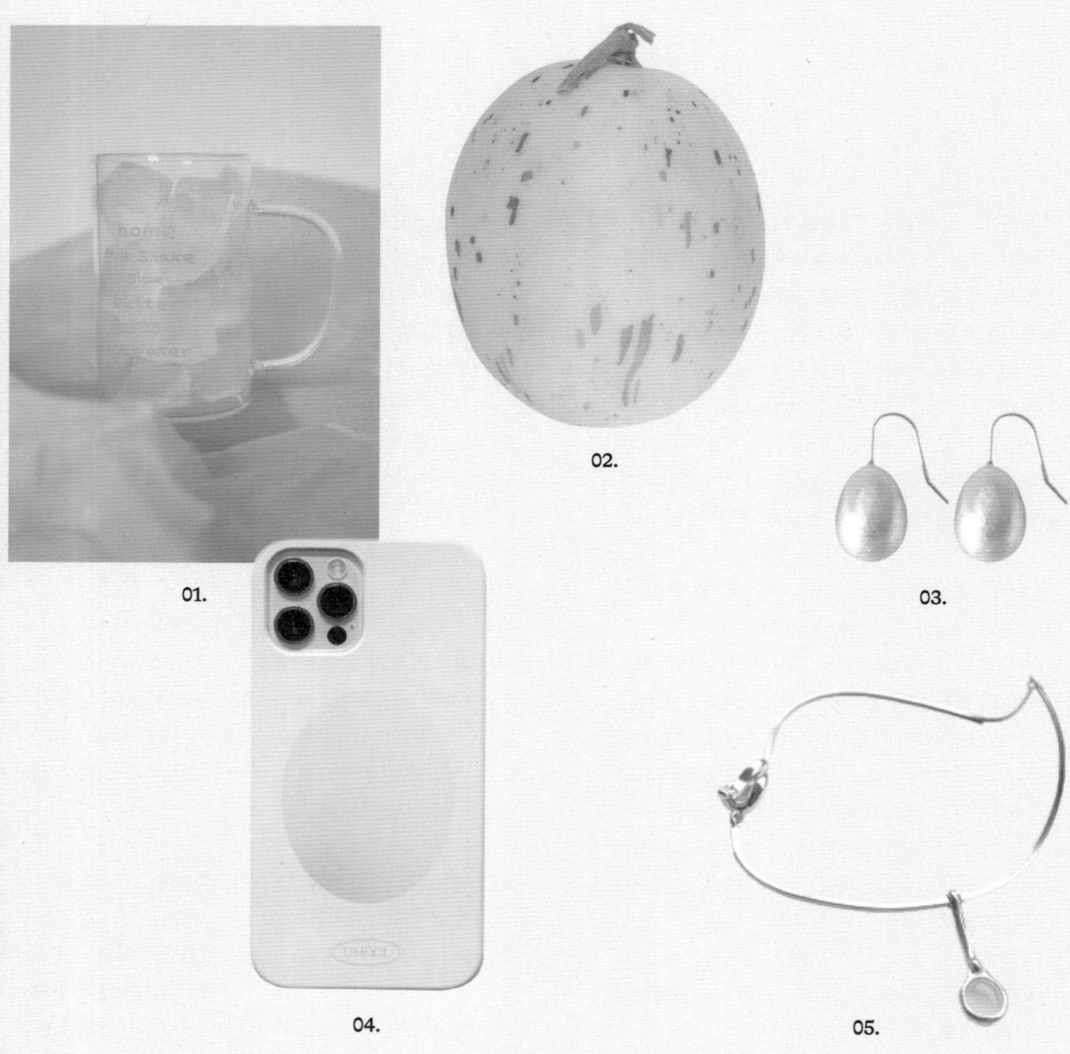

01. 02. 03. 04. 05.

01. umool ice water mug cup | 1만 8천 원
우물만의 투명한 이미지를 연상케 하는 단어를 담은 컵.

02. summer fruits, melon 03 grip tok | 1만 2천 원
하나의 멜론을 다양한 각도에서 바라본 조각.

03. umool egg earring | 6만 5천 원
동그랗고 입체적인 모양이 귀여운 달걀 귀걸이. 단정하고 심플한 모습을 연출한다

04. umool egg case | 2만 1천 5백 원
하얀 달걀의 깔끔한 무드를 담은 휴대폰 케이스.

05. [blue summer wave] umool x sense optic anklet | 10만 5백 원
빛에 따라 결이 색깔이 오묘하게 달라지는 원석. 모양은 변하지 않지만 매번 새롭게 느껴진다.

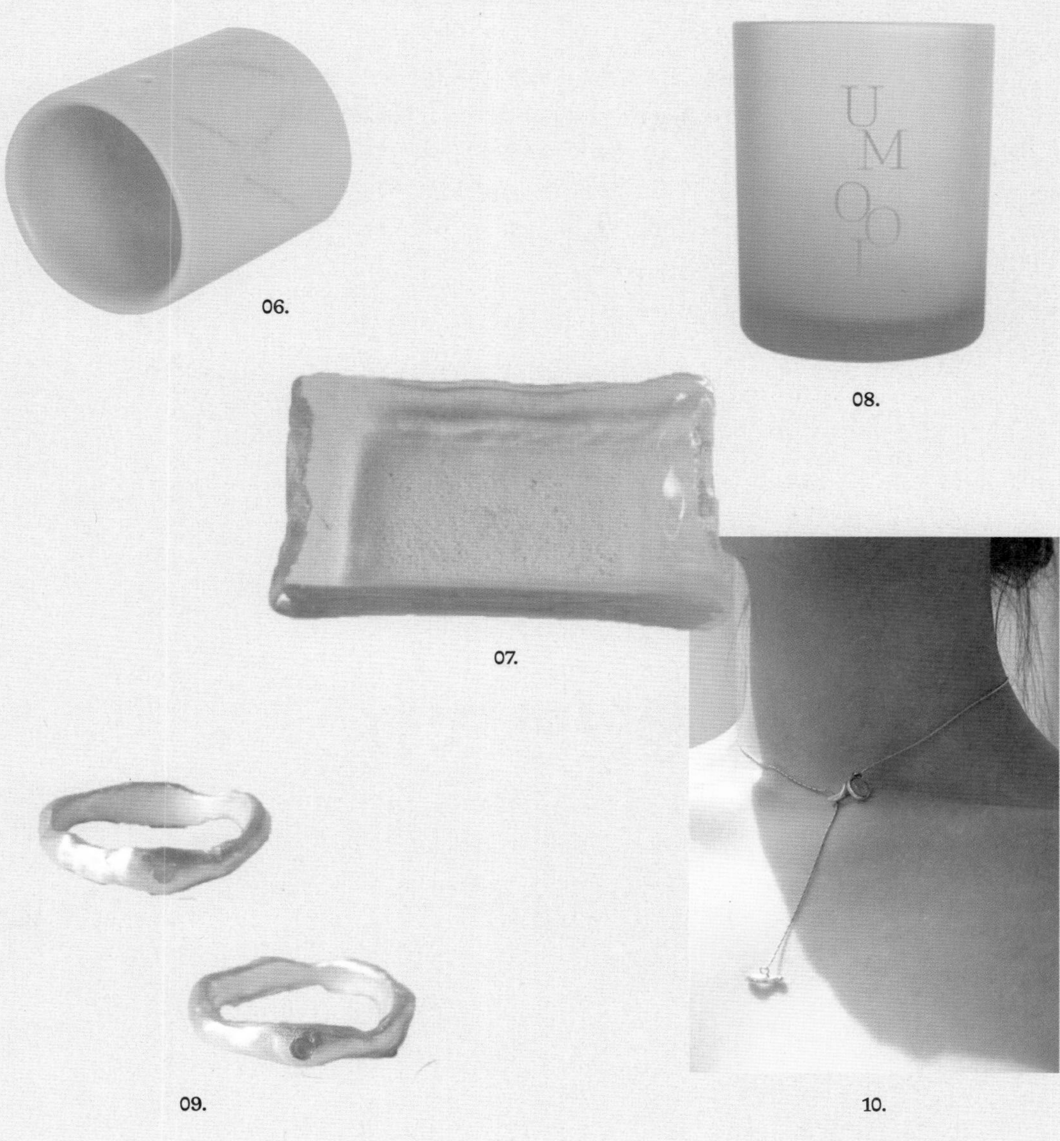

06.

08.

07.

09.

10.

06. [**바람의 습작**] umool x sonseeun ceramist 02 | 4만 원
매끈한 버터에 파란색 물감이 번진 모습. 컵 같은 모양새지만 특별한 인센스 홀더로, 기분 좋은 향을 품는다.

07. umool collection tray | 1만 2천원
차가운 얼음을 닮은 트레이. 작은 디저트나 물건을 보관할 수 있고 용도는 무궁무진하다.

08. umool blue mug | 2만 3천 원
불투명하고 뿌연 하늘을 담은 색, 시원한 물에 얼음 한 방울.

09. umool cubic ring | 7만 5천 원
아름답게 불규칙한 모양이 돋보이는 반지. 큐빅은 투명한 얼음을 떠올리게 한다.

10. [blue summer wave] umool x sense optic necklace 02 | 8만 8천 원
영롱한 빛깔의 원석, 연결 고리 부분의 독특한 모양새. 기분에 따라 달리 연출할 수 있다.

H. umool.shop

Picture Essay

Johanna Tagada Hoffbeck

프랑스 스트라스부르스 출신 요한나 타가다 호프백은 일상생활과 자연을 면밀하게 관찰한다. 작업 전반에 환경과 생태학적인 메시지를 담아 긍정적인 마음을 불러일으키는 그는 '일상의 예술적 실천'이라는 탐구 방식을 통해 회화, 일러스트, 조각, 사진, 글쓰기 등 다양한 작업을 이어가고 있다.

천연한 정취

글·그림 Johanna Tagada Hoffbeck
에디터 **이주연**

맑고 다정한 것들을 입에 담고, 다시 눈에 담는 어떤 시간에 관하여.

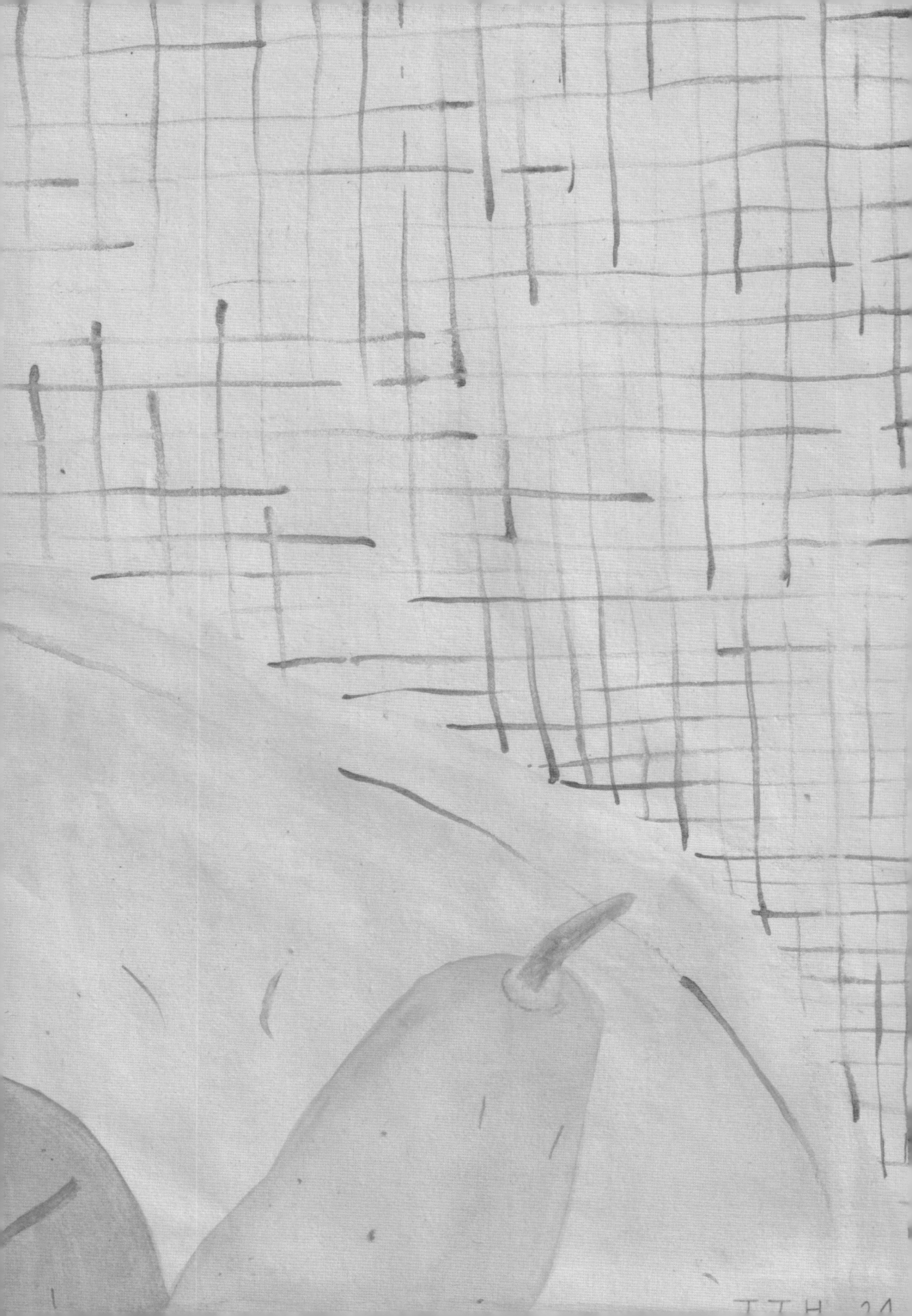

My favourite dessert is the coming together of two women I love; apple pies or 'Chausson aux Pommes', as inspired by my Alsatian grandmother, Mamie, accompanied by a hot Indian Chai Masala tea as taught by my mother-in-law Bibi.

Johanna Tagada Hoffbeck

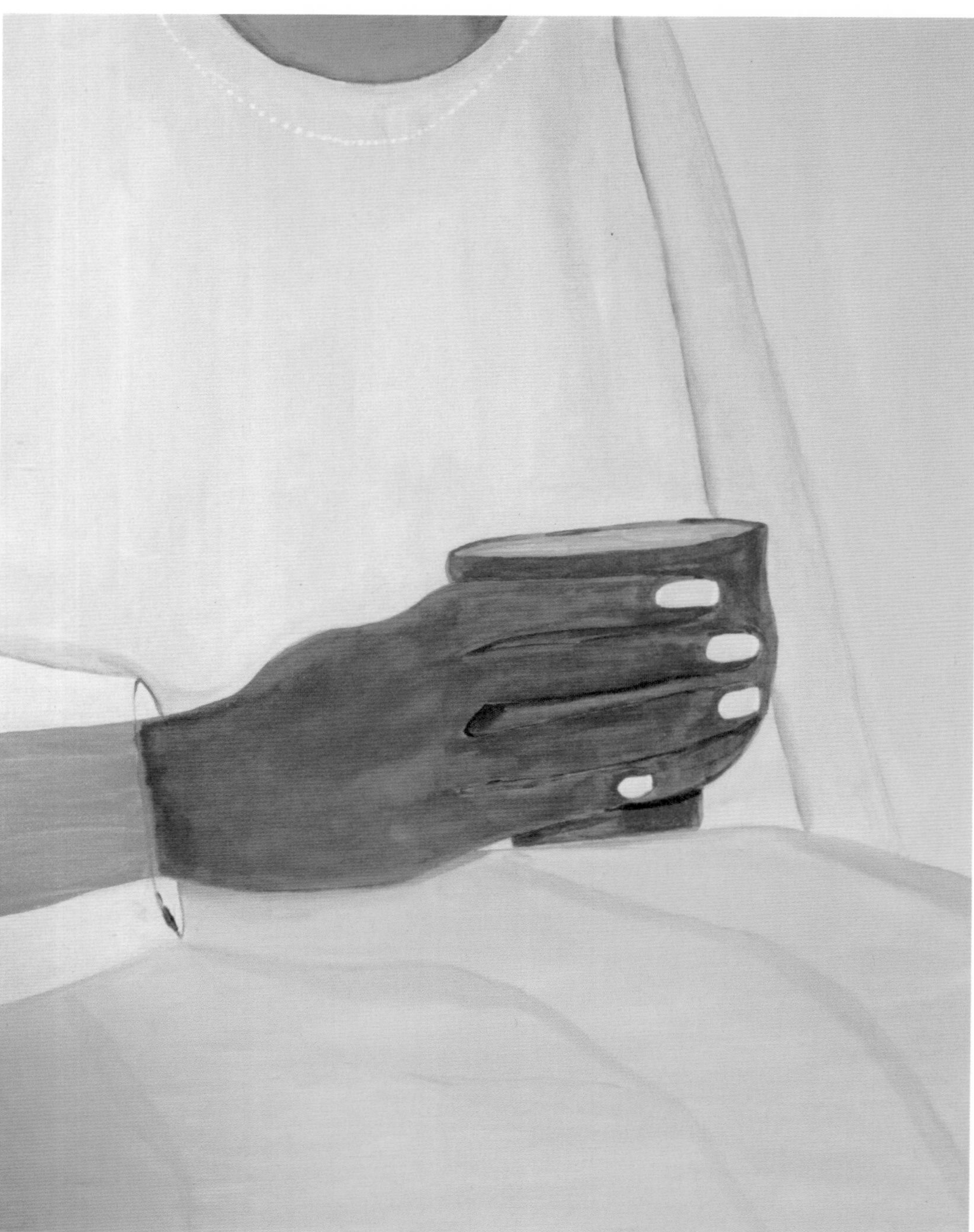

H. johannatagada.net

디저트를 느끼는 첫 번째 감각기관은 눈이라 단언한다. 달콤한 작품의 첫인상을 결정하는 건 바로 겉모습일 테니까. 디저트는 아무거나 주워 입고 허겁지겁 우리에게 달려오지 않는다. 맛과 모양새에 가장 잘 어울리는 옷을 입은 디저트를 우리는 가장 먼저 눈으로 음미한다. 단순한 포장의 영역을 넘어 매력을 덧칠하고 브랜드의 색을 강조하는 디저트 패키지를 소개한다.

우리 사이의 첫인상

에디터 이명주

자료 제공 코타티, 적당, 꽈페

ⓒ 코타티

뺄수록 완벽한 것

A. 본점 | 서울 용산구 신흥로12길 7
H. instagram.com/gelateria.cotati

"재료 그대로의 순수함으로 정직하게 만들어요. 만드는 이의 태도가 손님에겐 즐거움으로 전해진다고 믿으니까요. 코타티에 찾아와주시고 애정을 보내주시는 분들께 꼭 감사함을 전하고 싶습니다. 앞으로도 한 컵의 젤라토로 상큼하고 특별한 순간을 선물할게요."

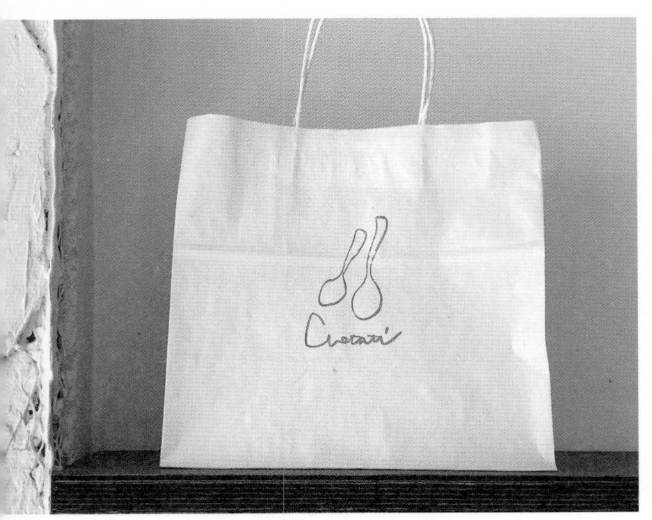

미로 같은 해방촌 골목에서 상큼하고 특별한 순간을 만들어주는 곳이 있다. 바로 젤라토 숍 코타티Cotati. 코타티는 포도 농장이 많은 미국의 소도시인데, 와인을 좋아하는 이하정·윤영심 대표가 와이너리 투어를 하다가 만난 그곳의 이름을 브랜드에 붙였다. 코타티의 젤라토는 신선한 원재료의 색을 그대로 닮았다. 먹음직스러운 색감을 돋보이기 위해 디저트 패키지나 공간에는 과감하게 컬러를 뺐다. 컵에는 오직 브랜드 컬러인 블루로 이름을 휘날리듯 적었고, 반대편에는 코타티의 유래를 담아 파란 포도를 그렸다. 포장 봉투 역시 로고와 함께 젤라토 한 입을 금방이라도 떠먹을 듯한 스푼 두 개만 그려져 있다. 모든 디자인은 스튜디오 티아브Studio Tiab를 운영하는 조주연·정지윤 대표와 함께 완성했다. 코타티와 스튜디오 티아브는 폭넓은 대화 속에서 영감을 주고받았는데, 그렇게 쌓인 이해와 공감으로 디저트의 매력을 배가하는 패키지가 탄생했다. 젤라토를 컨테이너에 포장할 때는 띠지를 감아 손글씨로 메뉴명을 써 주는데, 원하면 짧은 문구도 함께 적어 주니 기념일을 위한 특별한 패키지로 활용해 보자.

달콤함을 숨긴 상자

A. 서울 중구 을지로 29 1층 후문

H. instagram.com/jeokdang_

"양갱은 시간과 정성이 모여 완성됩니다. 요행을 바랄 수도, 빠르게 만들 수도 없고 양갱이 굳는 순간까지 지긋이 기다려야 해요. 적당은 정성으로 만든 디저트와 함께 일상에 지친 몸과 마음을 잠시 내려둘 수 있는 휴식을 드리고 싶습니다."

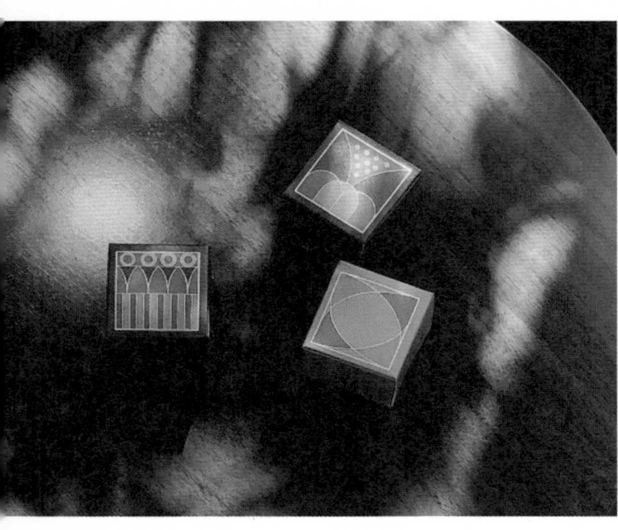

붉고 윤기 나는 팥을 오랜 정성으로 끓여내어 만드는 양갱. 을지로에 위치한 적당赤糖은 우리에게 친근한 단맛인 팥을 주제로 양갱과 디저트를 선보인다. 반듯한 사각 모양의 양갱은 붉은색 포인트가 들어간 종이 상자에 포장되어 있다. 패키지 정면에는 종류별로 서로 다른 기하학무늬가 새겨져 있는데, 양갱에 들어가는 재료들이 나고 자라는 모습을 표현한 것이라고. 예를 들어 오렌지맛에는 과육의 결이 느껴지는 그림이, 녹차맛에는 찻잎이 수확되는 둥근 밭의 그림이 패키지에 그려져 있어 맛을 보기 전에 눈으로 먼저 디저트를 즐길 수 있다. 패키지를 열면 정육면체의 전개도가 펼쳐지듯 벌어지는데, 그 작은 칸 안에는 '노트Note'와 '페어링Paring'이라는 설명이 담겨 있다. 어떤 맛과 식감을 조합했는지, 어떤 음료와 곁들이면 좋은지 정성스러운 마음으로 적어둔 것이다. 적당은 양갱이라는 소재를 세련된 느낌으로 보여주기 위해 패키지에 세심함을 담았다. 다양한 즐거움이 담긴 작은 상자는 늦은 오후의 나른함이 몰려올 때마다 슬쩍 열어보고 싶어진다.

무심코 지나칠 수 없는

A. 본점 | 서울 마포구 동교로46길 20
H. instagram.com/quafe_twisted

"꽈배기는 여러 가닥을 엇감아 한 줄로 만든다는 '꼬다'와 '물건'을 뜻하는 접미사가 합쳐져 완성된 단어예요. 그 의미처럼 다양한 재료와 사람이 모여 조화를 이루는 모습을 보여드리고 싶어요. 꽈페가 꾸준히 변화하고 성장하는 모습을 기대해 주세요."

연남동을 걷다 보면 초록색 박스를 든 사람들을 심심찮게 발견한다. 그 박스 안에 들어 있는 건 다름 아닌 꽈배기. 꽈페Quafe는 국민 간식 꽈배기에 과자, 아이스크림, 크림 등을 더해 색다른 비주얼의 디저트를 만들었다. 알록달록한 패키지나 포스터에도 자연스레 시선이 향하는데, 새로움과 변화를 추구하는 브랜드의 가치를 드러내고자 다양한 컬러를 활용했다고. 또한 꽈페의 마스코트 '꽈피'도 빼놓을 수 없다. 꽈배기 모양에 캡모자를 쓴 꽈피는 고객들에게 친근하게 다가가고 싶어 탄생한 캐릭터다. 무지개 그라데이션의 유니콘이나 아이스크림 모자를 쓴 스트로베리, 버터 조각을 든 솔티드 캐러멜 등 여러 페르소나로 변신하는데, 패키지와 매장 곳곳에서 꽈피를 찾아보는 것도 소소한 즐거움이 된다. 디저트부터 패키지까지 이어지는 경쾌한 분위기는 꽈페라는 브랜드를 마음 속에 깊게 각인시킨다.

Harvest of Aesop

인내의 시간을 어루만지며

에디터 하나
포토그래퍼 윤동길

회복의 기운이 감도는 가을, 이솝 하비스트 캠페인은 인내 끝에 맺히는 결실을 말한다.
일상이 어그러지고 침잠하는 와중에도 삶을 감당해 낸 우리 이야기다.

두드림 끝에 맞이한 결실

거리가 멀어져도 쉽게 소원해지지 않는 관계를 되짚는 〈오래된 매듭의 무늬〉(2020)와 예상보다 길어지는 고된 나날을 위로하는 〈새로운 바람이 불어오는 계절〉(2021). 소중한 사람들과 떨어져 지낸 2년 동안 하비스트 캠페인은 기쁨 대신 그리운 마음을 전해왔다. 그도 그럴 것이 수많은 이에게 변화가 들이닥쳤고, 대부분이 저마다의 방식으로 이를 소화하려 애썼다. 나아질 기미가 보인다고는 하지만 여태 버티고 있는 사람도 수두룩하다. 정말 나아지긴 하는 걸까. 지금 이 순간도 언젠가 의미 있는 기억이 될까. 올해의 하비스트 캠페인은 이런 읊조림에서 시작되었다.

지금 우리에게 필요한 건 불안을 지그시 눌러줄 묵직한 무엇이라고, 방짜유기를 처음 본 날 생각했다. 오늘에서 비롯된 내일이 밝는다는 믿음은 희망이 되기도 두려움이 되기도 하니까. 화려하지 않은데도 웅장한 힘이 느껴지는 유기가 궁금해 방짜유기장 이지호를 찾았다. 그리고 그곳에서 공방 장인들이 어떻게, 또 어떤 것을 만들어 내는지 보았다. 줄곧 망치로 두들겨지던 것이 금빛을 내며 완성되었을 때 '결실'이라는 단어가 떠오른 것은 지극히 자연스러운 일이다. 이솝은 이번 추석에 방짜유기를 언어 삼아 삶을 이야기한다. 시련을 견디고 맞서는 방식에 따라 그 형태가 다르더라도, 꼭 아름답고 단단한 결실을 맺고야 만다는 단연한 희망을 전하려는 것이다.
유기는 청동 합금의 일종으로, 구리에 주석을 주재료로 합금한 것을 말한다. 우리가 흔히 접하는 청동 조각이나 장식, 종 등의 기물은 주로 주물 기법으로 제작하는데, 주물 기법은 모래나 왁스 등으로 틀을 먼저 만들고 쇳물을 부어 완성한다. 이에 비해 방짜유기는 동그란 모양으로 용해한 금속 덩어리를 뜨겁게 달구고 여럿이 함께 망치질해 성형하는 공정이다. 방짜유기 기술은 구리와 주석을 정확한 합금 비율로 용해하는 것부터 그 기법의 중요성과 가치를 인정 받아 1983년 국가무형문화재로 지정되었다.
현대에 오며 표면을 매끄럽게 가공한 유기를 선호하는 추세지만, 이솝은 두드린 모양이 고스란히 드러나는 기물로 방짜의 매력을 알린다. 방짜유기는 구리와 주석의 합금 비율부터 가마의 온도, 망치질, 물에 담가 식히는 타이밍, 표면을 깎는 것까지 모든 과정에서 기물의 모양이 좌우된다. 그런 만큼 예민한 손길이 필요한 데다 여러 사람이 함께 만드니 기술은 물론 호흡이 중요하다. 뜨겁고 힘겨운 과정을 거치는 것은 유기와 만드는 이 모두 마찬가지다. 이렇게 불에 달구고 두드리기를 거듭 반복하는 방짜유기에는 쉽게 휘거나 깨지지 않는 장인들의 신념이 담겨 있다.

이지호 방짜유기장

여러 사람이 함께 만드는 방짜유기는 누구의 기술이 우위에 있는지보다 하나로 움직이는 것이 중요하다. 이 과정에서 유기장은 공방의 호흡을 지휘한다. 올해 하비스트 캠페인에 함께한 이지호는 조부 이봉주와 부친 이형근에 이어 방짜유기장의 맥을 다음 세대로 전한다.

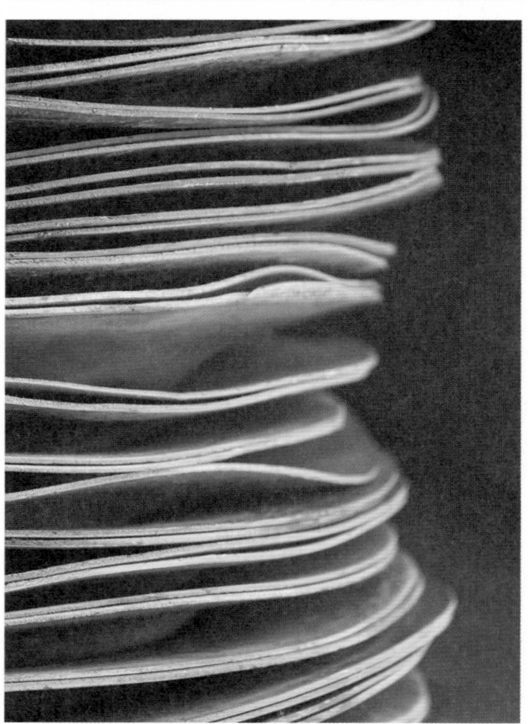

무언가를 전승傳承하는 일이 쉽지도 당연하지도 않은 시대예요. 방짜 기술을 이어받기로 마음먹은 과정이 어땠는지 궁금해요.

아버지가 멋져 보이기 시작한 게 계기가 됐어요. 그전까지 가업은 저랑 상관없는 일이라고 생각했어요. 주변 어른들이 "너는 유기장이 되어야지."라고 말씀하실 때도 와닿지 않았고요. 그런데 직장인이 된 후에 아버지와 할아버지를 보니, 그들이 일을 대하시는 태도가 굉장히 멋있다고 느껴지더라고요. 무언가를 만들어 낸다는 점에서 의미있는 일이라고 생각하게 됐고요. 그래서 해보고 싶었어요. 특별한 에피소드가 아니라서 어쩌죠(웃음).

선대 유기장에게서 배운 것 중 가장 중요하게 여기는 것은 무엇인가요?

솔직하고 정직한 태도예요. 어려서부터 아버지가 빨간 불에 길을 못 건너게 했어요. 지금도 그걸 지키며 사는데 생각해 보면 그런 데에서 원칙을 지키는 자세를 익힌 것 같아요. 방짜유기는 원재료의 합금 비율이나 불의 온도가 조금만 달라져도 마지막 과정에서 다 드러나거든요. 좋은 결과물을 만들기 위해서는 꼼수를 부릴 수 없더라고요. 그리고 그게 제 삶에도 참 좋은 영향을 준 것 같아요.

공방에서도 삶에서도 현명한 선배가 함께인 거네요. 이번 추석도 함께 보내시나요?

네. 할아버지가 계시는 문경에 내려가 가족끼리 쉴 계획이에요.

이야기가 나온 김에, 우리 명절인 한가위가 작가님께 어떤 의미인지 궁금해요.

음, 가족과 함께 보내는 시간이기도 하고 결과를 돌아보는 시기이기도 하죠. 생각해 보면 농경사회일 때부터 추석은 열심히 경작한 걸 거두는 시기였잖아요. 지금까지도 많은 사람에게 그런 계기가 되어주지 않을까 해요.

이제 이솝에 관해 묻고 싶어요. 평소에도 좋아했다는 게 정말인가요?

진짜예요(웃음). 어느 나라에 여행을 가든 멋진 공간을 찾아다니는 편인데요. 좋은 호텔이나 카페에 가면 화장실에 늘 이솝이 있는 거예요. 그게 이솝의 첫인상이에요. 이솝 제품을 두는 걸로 '우린 이렇게 특별한 공간이야.'라고 말하는 것 같았어요. 이솝 스토어도 각각 특색이 달라서 신기했고요. 특별한 것을 상징하는 브랜드라고 생각했어요.

올해 하비스트 캠페인에 함께하는 아티스트로서, 이솝이 어떤 브랜드라고 생각하세요?

대단하다고 느껴요. 이솝 역시 장인이에요. 달리 표현할 말을 찾지 못하겠는데, 집념이 느껴질 만큼 문화에 깊이 있게 접근하더라고요.

어떤 집념을 느꼈는지 좀더 자세히 듣고 싶어요.

처음엔 하비스트 캠페인을 위해서 뭔가 새로운 유기를 만들어야 할 거라고 예상했어요. 그런데 공방에 오셨을 때 방짜유기를 날 것 그대로 좋아해 줬어요. 그냥 보고 찍어가는 게 아니라 하나하나 관심 갖고 물어보면서요. 덕분에 예순이 넘으신 공방 분들도 같이 신나 하시더라고요. 더 보여주자고 하시면서 몸소 나서시고요. 그런 걸 보며 이걸 이해하고 알리는 데 진심이라는 걸 느꼈어요. 결국 그 때를 계기로 완성된 유기뿐 아니라 다 만들어지지 않은 기물들도 함께 전시하기로 했죠.

만드는 중간 단계의 유기를 전시에서 볼 수 있는 건 정말 새로웠어요. 날 것의 아름다움이 느껴지더라고요.

그렇게 봐주시니 감사할 따름이죠. 사실 그 일이 있기 전에, 옛날부터 만들어 오던 기물을 그대로 만드는 것이 장기적으로 가치 있는 일인지 고민했어요. 그런데 이번 협업을 하면서 그런 고민이 해소되더라고요. 해오던 것을 꾸준히 하면 누군가는 알아봐 준다는 걸 깨달았달까요.

하비스트 캠페인을 통해 방짜유기의 어떤 면이 알려지길 기대하시나요?

방짜유기가 오래된 것으로만 치부되는 것 같아 아쉬울 때가 있어요. 옛것과 오래된 것은 다른데도요. 이솝과 함께라면 방짜유기의 현대적인 매력이 좀더 보이지 않을까 해요. 사람들이 방짜유기를 우리 생활에 자연스럽게 자리할 수 있는 것으로 인식하면 좋겠어요.

세대에 관계없이 아름다움에 공감할 수 있는 좋은 계기가 될 거라고 믿어요.

저도 그렇게 생각해요. 공방도 여러 방면으로 노력하고 있고요. 아무래도 새로운 작업자들이 유입되기 어려운 환경이거든요. 그래서 좀더 공예적이고 현대적으로 접근할 수 있도록 방짜유기를 더 많은 사람에게 알리고 싶어요.

이번 캠페인은 방짜유기와 우리 삶을 아울러 이야기하는 만큼, 사람들이 방짜유기의 과정과 이야기에 귀를 기울일 거라고 생각해요. 여기에 보태어 전하고 싶은 말이 있다면 해주세요.

'결실'이라는 말이 참 좋아요. 모두 힘들었던 요즘 필요한 메시지고요. 고된 환경에서 작업한 결과로 반짝이는 유기가 탄생하듯이, 지나고 나면 더 단단해지겠죠. 힘든 시간을 견뎌낸 만큼 더 나은 결과가 돌아올 거라고 함께 생각했으면 좋겠어요.

다시 맞이하는 나눔의 계절

방짜유기에서 느껴지는 아름다움은 묵직하고 생동하다. 그 존재감은 궂은 시간을 견디어 낸 힘에서 우러난 것이 아닐까. 이렇듯 견고한 결실을 기대하는 마음을 담아, 이솝은 다양한 방법으로 유기를 감각하는 캠페인을 준비했다.
이솝 시그니처 스토어는 삶의 면면을 떠올리게 하는 방짜유기를 선보인다. 먼저 고즈넉한 삼청 스토어는 켜켜이 쌓인 유기의 빛으로 가을을 화사하게 맞이한다. 반면 성수 스토어를 가득 채운 기물들에는 불에 달궈진 그을음이 묻어 있는데, 유기가 만들어지는 동안의 거칠고 묵묵한 시간이 거뭇거뭇 느껴진다. 마지막으로 가로수길 스토어는 이지호 유기장이 하비스트 캠페인을 위해 만든 작품을 선보인다. 멀리에서 보면 보름달처럼도 보이는 커다란 대야는 망치질의 질감을 고스란히 살려 제작되었다. 웅장한 멋이 스민 작품을 지나 층계를 오르면 그곳은 결실의 빛으로 환하다. 형태를 갖춰가는 유기의 표면을 깎을 때 뿜어져 나오는 상피를 장인들은 '가루쇠'라고 부르는데, 이 금빛 실타래들이 소복이 쌓인 공간은 밝아오는 내일에 대한 희망을 북돋운다.
한편 캠페인이 시작된 주에 한남 스토어에는 좌종, 성수 스토어에는 징, 삼청 스토어는 꽹과리 소리가 울렸다. 깊고 둥근 울림을 내는 이 악기들은 모두 이지호 유기장의 공방에서 두들겨 만들어졌다. 이솝은 그날의 즉흥 연주를 녹음해서 다음날 다른 악기의 반주로 틀었는데, 이렇게 연주가 쌓여 조화를 이룬 음원은 캠페인 기간 중에 공개될 예정이다. 소리와 함께 사유하는 시간을 마련한 것은 공감의 지평을 넓히기 위한 이솝의 도전이다. 직접 보고 만지고 맡기 어려웠던 누군가에게 묵직한 음파가 가 닿는다면, 이것이 올해 하비스트 캠페인의 가장 큰 결실이 아닐까. 희망의 기운이 스미는 올가을, 캠페인 기간 동안 이솝 스토어와 카운터에서는 하비스트 시그니처인 보자기 포장 서비스가 제공된다.

김환기 화백의 문장을 읽고, 그것이 내일 우리가 적을 일기가 되면 좋겠다고 상상한다. 파리에 도착해 세계적인 작품들을 마주한 그는 그동안 걸어온 길이 어디를 향해 있었는지 깨닫고 탄복했다. 무엇을 위해 힘을 내고 있는지 영 모르겠고 고단할 뿐이어도 앞으로 나아가 보는 날들. 모두의 여정에 "아아!" 하고 끄덕일 수 있는 순간이 찾아오기를 기대한다. 그러니 시련이 삶을 두드릴 때 마음이 그저 짓이겨지게 두지 않기를. 함께 먹고 웃으며 시시콜콜한 시간을 보낼, 우리의 추석을 기다린다.

"지금까지 내가 부르던 노래가 무엇이었다는 것을 나는 여기 와서 구체적으로 알게 된 것 같소."

—김환기

이솝 하비스트 캠페인 〈두드림 끝에 맞이한 결실〉

O. 2022년 8월 22일-9월 18일 H. aesop.com

남자와 커피

글 배순탁—음악평론가·〈배철수의 음악캠프〉 작가

01. '슬픈 표정 하지 말아요' — 신해철

02. 'Coffee and TV' — Blur

03. '스모우크핫커피리필' — 3호선 버터플라이

단 음식을 거의 먹지 않는다. 진짜다. 과자? 안 먹는다. 사탕? 안 먹는다. 케이크는 입에도 안 댄다. 단, 초콜릿은 가끔 먹는다. 맥주 마실 때 안주용으로 좋다. 처음엔 이거 어쩌나 싶었다. 디저트를 다뤄야 하는데 그것과는 한참 거리가 먼 입맛을 가진 내가 원망스러웠다. 그러다가 문득, 정말 기적과도 같은 우연처럼, 사진 한 장이 대뇌피질을 스윽 지나갔다. 어떤 남자가 커피잔을 들고 있는 사진이었다.

그 사진의 정체

그렇다. 나에게는 열두 척의 배, 아니 한 잔의 커피가 있었다. 당시 10대 초반인 나는 그 사진을 보면서 '나도 어서 빨리 커피를 마실 수 있는 나이가 되고 싶다.'는 욕망을 견뎌야 했다. 당신은 아마 그 사진의 정체가 궁금할 것이다. 밑의 곡 설명에 부기하도록 한다.

처음엔 믹스커피였다. 대학 시절 몇 잔의 믹스커피를 마셨는지 당연히 셀 수 없다. 학교 가서 한 잔 마시고, 수업이 끝나면 한 잔을 마셨다. 시험 기간이 되면 공부하다가 자판기에서 몇 잔 뽑아 친구들과 함께 마시고, 밤에는 학생 식당에서 밥을 먹고 또 한 잔을 마셨다. 그러던 내가 이제는 달다는 이유로 믹스커피 따위 입에도 대지 않는다.

사람은 변하지 않는다는 말, 맞다. 나도 그렇게 생각한다. 그러나 거시적으로는 안 변해도 미시적으로는 변한다. 입맛이라는 게 특히 그렇다. 그렇다면 당신은 설탕 뺀 블랙 믹스커피를 선택하면 되지 않느냐고 반문할 수 있을 것이다. 그럴 거면 차라리 커피 전문점에 가서 아메리카노를 마시는 쪽이 낫다는 게 내 대답이다.

다시 한번 강조하고 싶다. 사람은 변하기도 하고 변하지 않기도 한다. 그것은 사람마다 또한 다 다르다.

아이스 아메리카노

지금까지 수많은 커피를 마셨다. 단, 조건이 있다. 내 입맛이 워낙 세련되지 못한 탓에 특별한 경우가 아닌 한 아이스 아메리카노를 고집한다는 거다. 내 책 《평양냉면: 처음이라 그래 며칠 뒤엔 괜찮아져》에도 썼듯이 나는 '얼죽아'라는 말이 유행하기 훨씬 전부터 아이스 아메리카노를 고집한 이 분야의 선구자다. 바람 쌩쌩 부는 한겨울에도 밥 먹고 디저트로 아이스 아메리카노 잘 마신다. 참고로 내가 맛본 아이스 아메리카노 영순위는 미국 뉴올리언스에서였다. 스텀프타운Stumptown이라는 곳인데 나중에서야 커피로 유명한 포틀랜드 지역 프랜차이즈인 걸 알았다.

커피 관련 부심 가질 만한 경험은 하나 더 있다. 아니, 스텀프타운이야 커피 좀 아는 마니아층에겐 워낙 유명한 곳이므로 사실상 이게 유일하다고 봐야 한다. 그렇다. 나는, 아프리카 케냐와 탄자니아에서 케냐와 탄자니아 커피를 직접, 그것도 10일 동안 매일 마셔본 사람이다.

'찐'했다. 한국에서 마시던 것과는 비교할 수 없을 정도로 커피의 질감이 강렬하고, 농밀했다. 조금 과장한다면 그것은 마치 커피를 주삿바늘을 통해 혈관으로 직접 꽂는 듯한 느낌이었다. 나는 하루 최소 두 잔씩 케냐에서 케냐 커피를 마셨다. 탄자니아로 넘어가서는 탄자니아 커피를 마셨다. 따라서 이것만큼은 아이스 아메리카노가 아니어도 괜찮았다. 과연, 사람은 세세한 영역에서만 변하는 게 아니다. 환경에 따라 맞춤형으로 변하기도 한다. 그러고는 원래 환경으로 복귀하면 내가 언제 그랬냐는 듯 능청스럽게 되돌아온다. 아이스 아메리카노가 역시 최고다. 이제 정체를 밝혀야 할 때다. 나에게 어른 되기의 욕망을 커피를 통해 일깨웠던 바로 그 사내, 故신해철이다.

'슬픈 표정 하지 말아요'

신해철

방송과 글을 통해 수도 없이 말했지만 나는 신해철이라는 뮤지션을 동경했다. 그가 생전에 남긴 모든 곡과 앨범을 빠짐없이 챙겨서 들었다고 확실하게 말할 수 있을 정도다. 글쎄. 신해철이 남긴 유산 중 어떤 게 최고냐는 물음에 대한 답은 개인 취향에 따라 갈릴 수밖에 없을 것이다. 대신, 어떤 앨범이 가장 풋풋하냐고 묻는다면 정답은 딱 하나뿐이다. 바로 1990년 발표한 신해철 1집이다. 거짓말 하나도 안 보태고, 전곡의 가사를 지금도 줄줄 외울 수 있다. 그중에서도 촌스러운 듯 애틋한 발라드 '슬픈 표정 하지 말아요'와 코드 네 개를 반복하는 순환 코드 방식으로 노래, 랩, 내레이션을 오가는 '안녕'의 인기가 대단했다. 나에게는 앨범 커버를 통해 커피에 대한 욕망을 처음 일깨워준 역사적인 앨범이기도 하다. 1990년이라는 시대사적 맥락을 고려했을 때 찻잔 속 커피는 믹스였을 확률이 높다.

[슬픈 표정 하지 말아요](1990)

[Blur: The Best Of](2000)

[Dreamtalk](2012)

'Coffee and TV'

Blur

만약 커피 관련한 원고가 라디오에서 나온다면 그 뒤에 선곡될 확률이 아주 높은 곡들 중 하나다. 한데 이 곡은 기실 커피 예찬과는 거리가 멀다. 적시하면 알코올 의존자였던 기타리스트 그레이엄 콕슨Graham Coxon이 술을 끊은 뒤에 "이 멀쩡하게 미친 세상에서 살아가기가 너무 힘들다"고 토로하는 곡이다. 즉, 도저히 견딜 수 없으니 커피와 TV라도 달라는 거다. 따라서 라디오에서 커피에 관한 음악을 틀고 싶다면 차라리 다음 곡을 선택하도록 하자.

'스모우크핫커피리필'

3호선 버터플라이

"스모우크 핫커피 리필 / 달이 뜨지 않고 니가 뜨는 밤" 곡 형식은 발라드라고 봐야 한다. 동일한 가사를 지속적으로 반복하면서 사운드의 덩치가 서서히 커지고, 곳곳에 노이즈가 스며든다. 과연, 성기완표 음악이라고 할 만하다. 빼어난 뮤지션인 그는 탁월한 시인이기도 하다.
문학평론가 신형철의 글을 빌려 그는 "부드럽고 가지런히 정리된 발라드 사운드에 노이즈를 집어넣는" 방식으로 시를 쓴다. 이 음악도 마찬가지다. 스모크를 스모우크로 일부러 쓰고 발음하면서 곡은 서정미를 획득한다. 여기에 시인의 말마따나 노이즈를 스포팅spotting 기법으로 도입해 도무지 잊히지 않는 어떤 순간을 길어 올린다.
그는 시와 음악을 통해 화음과 소음의 경계를 흐릿하게 만들어버린다. 가히 절묘한 경지다.
이 곡, 내가 아주 가끔씩 따뜻한 커피를 마실 때마다 즐겨 찾는 노래다. 못 들어봤다면 꼭 감상해 보기를 권한다.

글 **이주연** 일러스트 **휘리**

지긋한 혀끝의 기억

세상에 없는 마을

‘부성유치원’의 거의 모든 걸 기억한다. 유치원 아래층에 있던 ‘민다방’, 얼굴에 큰 점이 있는 체육 선생님, 파스텔톤 미끄럼틀, 둥근 안경을 쓰고 둥글게 웃으며 둥근 방식으로 버스를 운전하는 원장 선생님, 노란색 원복을 입고 오가는 친구들, 폭신한 매트로 가득하던 놀이방 풍경, 내 손을 잡지 않으려 애쓰던 짝꿍 이름 같은 걸. 나는 유치원에서 벌어지는 일들을 좋아했다. 친구들과 이상한 구멍에 손을 넣고 찌릿한 감각을 느끼는 일이나 낱말 카드로 국가의 수도를 외우는 일도 그랬지만 특히 좋아한 건 리코더를 배우는 시간이었다. 유치원 정규 수업이 끝나고 간단하게 리코더를 불던 이 시간을 위해 유치원이 끝나도 쉽사리 집에 가지 않던 시절이 있었다. 새빨간 리코더를 입에 물고 손가락을 움직이며 유치원의 시간을 연장하던 나는 욕구를 채우고 나면 허기가 졌다. 집에 돌아오기 무섭게 과자부터 찾기 바빴다. 엄마는 여느 엄마들처럼 밥을 먹으면 간식을 준다고 했고, 밥 한 그릇을 느릿느릿 비우곤 득달같이 찾던 과자는 ‘칸쵸’. 분홍색 상자 안에 들어 있는 은색 봉투는 예나 지금이나 변함이 없다. 칸쵸 상자 색깔과 꼭 닮은 물건을 보면 “칸쵸 색!” 하고 이름 붙일 정도로 칸쵸 색은 오랜 시간 그대로 머물러 왔다. 브랜드 아이덴티티라는 건 시간과 함께 공고해지는 걸지도 모르겠다고… 문득 생각해 본다. 매일같이 칸쵸를 먹는 딸이 걱정되었는지 어느 날 엄마는 말한다.

“주연아, 칸쵸 알맹이에 구멍 보이니?”
“응!”
“벌레가 먹어버렸네. 구멍 없는 칸쵸 골라 먹을까?”

그땐 몰랐다. 그게 초코 주입 구멍이라는 걸. 나는 칸쵸의 은색 포장지를 뜯어 작은 손으로 칸쵸 알맹이를 집어 올렸다. '음… 벌레가 먹었네.' 그다음 칸쵸 알맹이를 들어 올렸다. '음… 벌레가 먹었네.' 그다음 칸쵸 알맹이도 '음… 벌레가 먹었네.' 한참을 칸쵸 알맹이를 살펴보다 보니 한 봉지가 전부 벌레 먹은 칸쵸라는 걸 알았다.

"엄마, 칸쵸를 벌레가 다 먹었어."
"벌레 먹은 칸쵸는 배 '아야' 하겠지?"

엄마는 칸쵸 봉투를 야무지게 묶어 부엌의 작은 창문틀에 올려두었다. 유치원에서 돌아와 실컷 유치원 이야기를 하곤 허기가 져 여느 때처럼 칸쵸를 찾으면 엄마는 밥부터 먹였고, 그걸 먹고 나서 다시 칸쵸를 찾으면 "벌레 구멍을 잘 살펴보라."는 말을 잊지 않았다. 나는 그 뒤로 몇 봉지의 칸쵸를 벌레에게 빼앗겼던가. 한동안 나는 자린고비가 굴비를 쳐다보듯 부엌 창틀의 칸쵸를 하염없이 바라보기만 했다. 몇 시간, 며칠, 몇 주 동안이나. 언젠가는 칸쵸 알맹이에서 벌레가 기어 나올 거라 믿으며.

"우리 아이스크림 먹을까?" 아빠 한마디에 신이 나서 아이스크림 장수를 찾아다녔다. 주걱 같은 것으로 젤라토를 힘껏 퍼서 얹어주는 아이스크림 장수들이 곳곳에 보였다. 아이스크림 카트에는 과자 콘이 수십 개 쌓여 하늘로 치솟고 있었고, 어떤 카트에는 영화 〈UP〉(2009)처럼 헬륨 풍선 더미가 매달려 곧 날아갈 듯 기세가 등등해 보이기도 했다. 아이스크림을 퍼주는 어른들은 대부분 선캡을 쓰고 허리에 히프색을 메고 있었다. 쨍쨍한 해를 피해 밀려드는 인파에도 당황하지 않고 거스름돈을 건네기 위해서이리라. 아빠는 젤라토 카트를 볼 때마다 "저기로 갈까?" 물었고, 나는 아빠의 물음에 몇 번이고 고개를 저었다.

"저기로 갈까? 주연이 좋아하는 노란 풍선이 매달려 있네."
"(도리도리)"
"저긴 어때? 아이스크림을 3층으로 쌓아주네!"
"(절레절레)"
"제일 멋있게 쌓아주는 아이스크림 차를 찾아갈까?"
"아니야, 쌓아주는 아이스크림 말고 빙빙 돌려주는 아이스크림."

단어가 부족해 제대로 설명하지 못하는 딸에게 아빠는 싫은 내색 한 번 하지 않았다. 눈앞에 보이는 아이스크림 카트나 슈퍼마켓에 들러 대충 아무 아이스크림이나 쥐여줄 수도 있었을 텐데 아빠는 내 말을 이해하기 위해 애썼다. 연신 내 이야기에 귀 기울이면서 스무고개처럼 이것저것 물었다. 빙빙 돌아가는 아이스크림을 슈퍼에서 찾을 수 있는지, 매점에서 찾을 수 있는지, 젤라토랑은 다른 것인지 몇 번 질문하다가 알겠다는 듯 검지와 엄지를 퉁겨 '딱' 소리를 내면서

말했다. “소프트아이스크림?” 아빠는 내 손을 잡고 내가 원하는 빙빙 돌아가는 아이스크림이 있는 데로 데리고 갔다. 그것은 아이스크림 통에서 힘을 주어 퍼 올리는 젤라토가 아니라, 한 손으로는 기계 레버를 내려 아이스크림을 뽑아내고, 다른 한 손으로는 콘을 쥐고 빙빙 돌리면서 똥 모양을 만드는 아이스크림이었다. ‘딱’ 하고 말했는데 ‘척’ 하고 찾아주는 아빠는 어린 내 눈에 뭐든 다 아는 박사 같았다.

“무슨 맛 줄까? 바닐라, 초코, 혼합이 있어요.”
“아빠, 혼합이 뭐야?”
“응, 바닐라랑 초코를 합쳤다는 뜻이야.”

그때나 지금이나 무엇 하나를 고르는 데 취약한 나는 바닐라와 초코가 합쳐진 ‘혼합맛’을 선택했다. 빙빙 돌리는 아이스크림을 찾은 것, 두 개 맛을 두루 먹을 수 있는 것, 먹고 싶다는 욕구를 해결한 것, 이 모든 것이 합쳐져 소프트아이스크림에 대한 애정은 크게 부풀었다. 지금도 소프트아이스크림을 보면 마음이 둥글둥글해지는 듯한 기분이 드는 건 그런 연유이리라. 그 뒤로 소프트아이스크림을 만날 때면 나는 항상 그날로부터 다섯 해가 지날 때까지 나는 ‘혼합맛’이 ‘초코와 바닐라’를 뜻하는 고유명사인 줄 알았다. 일기장에 “혼합맛 아이스크림 먹고 싶다.”는 이야기가 얼마나 많았는지, 셀 수도 없다.

엄마랑 시장에 갈 때마다 주전부리를 샀다. 보통 떡이거나 빵이거나 뻥튀기거나 생과자였고, 자주 왕소라형 과자와 고구마형 과자를 골랐다. 왕소라와 고구마형 과자는 어째서인지 꼭 세트로 사게 되었는데, 나는 고구마형 과자를 좀더 좋아했다. 왕소라형 과자는 입천장이 까져 껍질이 벗겨졌기 때문이다. 고구마형 과자는 한 번에 많이 먹으면 목이 꽉 막히긴 했지만, 과자 덩어리를 '꿀꺽' 삼키게 해줄 흰 우유만 있다면 무적이 된 기분이었다. 하루는 평소와 같이 고구마형 과자를 먹다가 문득 그 이름이 이상하다는 생각이 들었다. "엄마, 왕소라형 과자는 왕소라 모양인데 고구마형 과자는 왜 고구마 모양이 아니야?" "음… 그러게?" 흔히 우리가 머릿속에 떠올리는 고구마는 가운데가 둥글넓적하고 끝으로 갈수록 오므라드는 형태에 자색이 아닌가. 하다못해 고구마 속살처럼 노란빛이라면 이해가 되었을 텐데 나이테처럼 둥글게 그려지는 그것은 무엇이란 말인가. 선생님한테 물어봐도 적절한 대답을 들을 수 없어 답답해진 어느 날, 나는 뭐라도 하지 않으면 안 될 것 같은 기분이 들었다. 여느 때처럼 엄마랑 고구마형 과자, 왕소라형 과자를 사서 들어온 그날, 포장지를 쏘아보다 문득 전화번호 하나에 눈길이 미쳤다. 청우식품 고객센터였다. 우리 모녀는 항상 청우식품의 고구마형 과자를 골랐는데, 그건 엄마의 축적된 경험의 결과였다. '먹어보니 청우식품 게 가장 맛있더라.' 하는. 투명한 봉투에 속이 다 보이게끔 포장된 봉투를 몇 분쯤 바라보던 나는 용기를 내 수화기를 들었다.

"여보세요? 궁금한 게 있어요."
"네. 무엇입니까, 고객님?"
"제가 지금 고구마형 과자를 먹고 있는데요. 고구마형 과자는 왜 고구마형 과자예요?"
"네? 다시 한번 말씀해 주시겠습니까?"
"왕소라형 과자는 왕소라 모양이라 왕소라형인데, 고구마형 과자는 전혀 고구마 같지 않아서요."

지금처럼 콜센터에 질 나쁜 전화가 오가던 시절이 아니어서일까, 너그러운 목소릴 가진 아주머니는 친절하게 대꾸해 주셨다. '조금만 알아보고 다시 전화해 주겠다.'고. 무척 평온하고 따듯한 목소리에 우리 집 전화번호를 또박또박 불러주며 전화를 기다린 기억이 난다. 머지않아 울린 전화벨 소리, 득달같이 달려가 받으니 아주머니가 설명해 주신다.

"옛날에는 간식거리가 많지 않아서 지금처럼 과자를 많이 사 먹지 않았대요. 아마, 전화 주신 고객님의 할머니께 물어보면 아실지도 모르겠는데요. 옛날에는 과자 대신 고구마를 얇게 썰어 말렸다고 해요. 쨍쨍 내리쬐는 햇빛에 말리면 고구마에 이 과자처럼 나이테 문양이 생기거든요. 그 모양을 본떠 만들어서 이 과자 이름이 '고구마형 과자'인 거예요. 궁금증이 해소되었나요?"

목소리에 묻어 있던 옅은 웃음과 온기 어린 마음을 아직 기억한다. 아주머니는 어린 내가 이해하기 쉽도록 모든 문장을 천천히 꼭꼭 씹어 이야기해 주었고, 나는 그 친절이 고마워 지금껏 청우식품 고구마형 과자를 고집한다. 여러 개를 입안에 넣고 우걱우걱 씹다가 흰 우유와 함께 꿀꺽 삼키면, 목구멍부터 따듯해지는 기분이 든다.

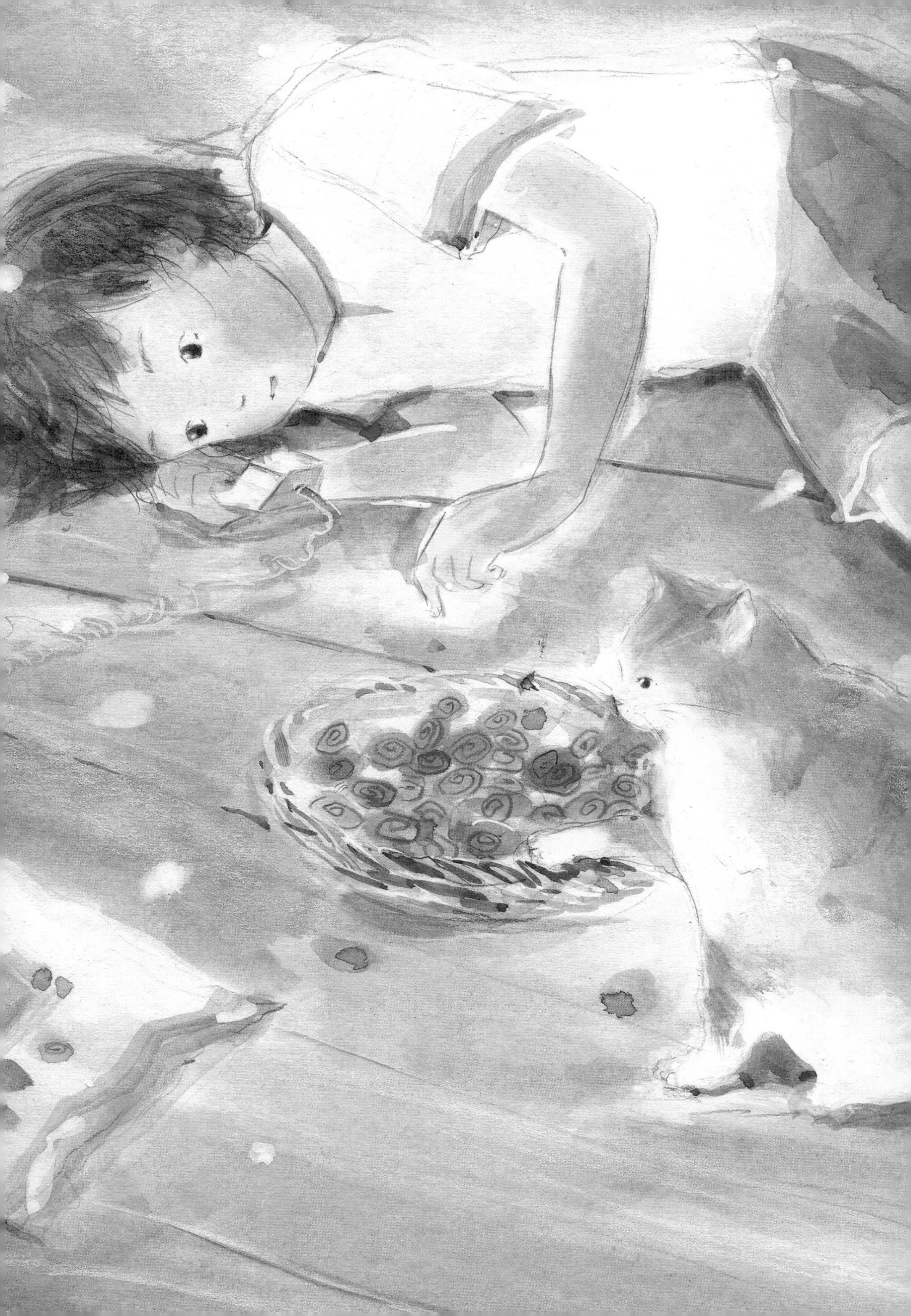

개와 함께 갈 수 있는 아침의 가게

문을 일찍 여는 가게를 상상해 본다. 아직 지난밤의 분위기가 묻어 있는 테이블, 낮잠에 빠져들기 몇 시간 전 분주한 얼굴로 가게를 돌보고 있는 주인. 그리고 문득 몇몇 친구들의 얼굴이 떠오른다.

글·사진 **전진우**

일찍 일어나는 친구들

유독 일찍 일어나는 친구가 두 명 있다. 그중 한 명인 K는 예닐곱 시쯤에 자꾸 동네 개천이나 주변 낮은 산의 풍경 사진을 인스타그램에 업로드하고, 다른 한 명 H는 그보다도 이른 시간에 일어나 매일 일기를 쓴다. 내가 자고 있는 동안 일어난 일들. 이른 산책에 관한 얘기에는 내가 모르는 세상의 깨끗하고 기계 같은 분주함이, 어두운 새벽의 일기에는 엉뚱함과 비논리, 신비로움이 서려 있다. 그것들은 언제부터인가 그들 각자의 몸에도 희미하게 묻어 있는 것 같다. 여행이라도 함께 가보면, 대부분 함께 먹고 함께 이동하곤 하지만, 아침 시간만은 각자의 방식으로 보내는 둘의 모습을 볼 수 있다. 내가 눈을 뜰 때쯤이면 그들은 늘 방 안에 없다. 숙소 근처 어딘가를 걷고 있거나 거실에서 이미 말끔한 모습으로 앉아 있다. 지난밤 어질러 놓은 테이블이 모두 정리되어 있을 때도 있고, 이미 한 차례 티타임을 끝낸 흔적이 보일 때도 있다. 약속 장소에 먼저 도착해 여유롭게 주변을 구경하고 있는 듯한 모습. 그들의 얼굴에는 이제 막 잠에서 깬 친구들과는 다른 빛이 드리워져 있다. 느지막이 깨어난 다른 친구들의 멍한 얼굴과 한데 섞이며 숙소를 채우는 이질감은 내가 그들과 함께 여행하며 아끼게 된 오랜 풍경이다.

이미 있다

'일찍 일어난 사람의 얼굴 같은 가게'에 관해 K와 나는 종종 이야기 나누곤 했다. 그곳은 이른 아침에 문을 열었다가 정오가 되기 전에 영업을 마치는 곳이었는데, 수프를 파는 가게였다가 샐러드 가게도 되었다가 또 빵을 굽기도 하는 가게이기도 했다. 이야기가 한번 시작되면 우리는 그곳의 이름을 무엇으로 할 거며 간판 불빛의 종류, 그릇들의 진열 방식까지 자세히 상상하곤 했다. 막상 생각해 보니 귀찮은 마음이 들어 메뉴를 자꾸 줄여가다가 결국 한 가지만 남게 되기도 일쑤였는데, 늘 바뀌지 않던 의견은 음악을 틀지 말자는 것이었다. 주로 한가한 산책길에, 후미진 골목들을 지날 때 나누던 대화들이었다. 그 가게가 결국 열릴지 아닐지는 그리 중요한 게 아니었지만, 이렇게 상상 속에 계속 등장하는 일만은 이제 나에게 중요한 것이 되었다. 그 상상을 하는 동안 '아침의 얼굴들'이 더욱 선명하게 떠오르고, 잠깐이더라도 당장의 기분이 달라졌기 때문이다. 우리는 그 상상의 힘을 알게 모르게 감지하며 이야기를 이어가곤 했다.

'미래의 일, 상상 속의 일들이 현재의 나에게 영향을 줄 수 있을까.' 이 어렴풋한 믿음에 관해 요즘 자주 생각한다. 돌아보면 K와 내가 나눈

이야기 속 풍경에는 우리가 늘 원하던 것들만 담겨 있었는데, 계속해서 이야기 나누다 보면 그 장소에 실제로 입장해 있는 듯한 기분마저 느끼게 되곤 했던 것이다. 이미 일어난 일처럼 기분이 좋고, 그 기분에 감사함까지 느꼈다. '감사함은 현재를 누리는 가장 강력한 감정'이라는 얘기를 들은 적 있다. 아직 일어나지 않은 일에 감사함을 느끼면 어떻게 되는 것일까? 없는 가게를 통해 즐거움을 느꼈다면 그 즐거움은 어디에서부터 온 것일까. 정확히 설명할 수는 없지만, 여러 감정들이 이미 내 삶에 어떤 영향을 미쳤다는 것만은 분명하게 느껴졌다. 미래 사용하기. 그것을 이를테면 이런 식으로 해본다.

이름 많은 가게

알람 없이 일어나 아직 어두운 창밖을 본다. 내 발을 베게 삼아 자고 있던 완두도 작은 기척에 함께 눈을 뜨고 우리는 동시에 기지개를 켠다. 물을 한 잔 마시고 거실을 두어 번 왔다 갔다 하는 동안 집 전체가 서서히 데워지기 시작한다. 손을 씻고 양치질을 하고 완두에게 가슴줄을 매준다. 완두 물통과 물그릇, 빈 텀블러는 읽지 않은 책이 늘 한 권 들어 있는 가방에 함께 넣는다. 조용한 거리에는 나이 든 사람들이 대부분이다. 멀리서부터 걸어와 멀리까지 갈 것 같은 표정으로 우리 앞을 천천히 지나고 있다. 어느새 어둠은 걷혀서 정확한 아침이 되어 있다. 완두 발톱이 바닥에 탁탁 부딪히는 소리, 개천에 물이 흐르는 소리를 들으며 걷는다. 가게들이 모두 닫혀 있는 시간, 내가 향하고 있는 곳이 분명 열려 있다는 걸 알면서도 잠깐잠깐 의심하는 기분을 즐기며. 길 끝에 켜져 있는 밝고 노란 조명, 완두도 길을 헷갈리지 않고 직진하는 구간. 이 동네에서 가장 깨끗한 유리문을 가진 가게 앞에 다다라서, 문을 열기도 전에 주인과 눈인사를 나눈다. 완두가 앞발로 주인의 허벅지를 한 번 민다. 커피가 만들어지고 있는 소리. 스콘이 구워지며 내는 갈색 냄새. 아무 자리에 앉아 커피를 주문하면 가게 전체가 무음으로 대답한다. 하품을 하며, 빈 메시지 함을 열어 보며 멀뚱히 앉아 있다가 오늘의 약속들을 생각해 본다. 오늘은 아무 날도 아니구나. 가방에 들어 있는 책 《내 마음의 무늬》를 꺼내 조금 읽어본다. 얼마 전 친구 하나가 가장 아름다운 문장을 쓰는 작가가 누구냐고 물었을 때, 나는 이 작가의 이름을 말했다. 읽어본 게 몇 개나 된다고 그런 말을 했을까. 하지만 지금은 그렇다. 커피를 다 마시고, 스콘을 하나 사 갈지 말지 고민하고 있을 때 바닥에 누워 있던 완두가 갑자기 문 쪽으로 뛰어나간다. 아침 산책을 마친 K가 가게 안으로 들어오고 있다. 이번에는 완두가 K의 허벅지를 세 번 네 번 민다. 오늘 수프는 당근입니다. 스콘과 커피와 수프까지 모두 주문해서 우리는 다시 자리에 앉는다. 며칠 전 들었던 H의 일기 내용에 관해 이야기하고 있다. 모르는 사람들도 하나둘 가게에 들어오고 눈치 없는 완두가 한 차례 크게 짖는다. 가게 안의 사람들은 웃고 나는 완두 주둥이를 꽉 잡아 보인다. '아무 날도 아니다.'를 스페인어로 어떻게 표현해? K에게 물어보며 우리는 상상 속 가게에 이름 짓는 일을 또 해보고 있다.

Essay

달달한 상처들

가까운 것들은 쏜살같이 지나가며 멀리 있는
것들은 우리를 집요하게 쫓아온다.

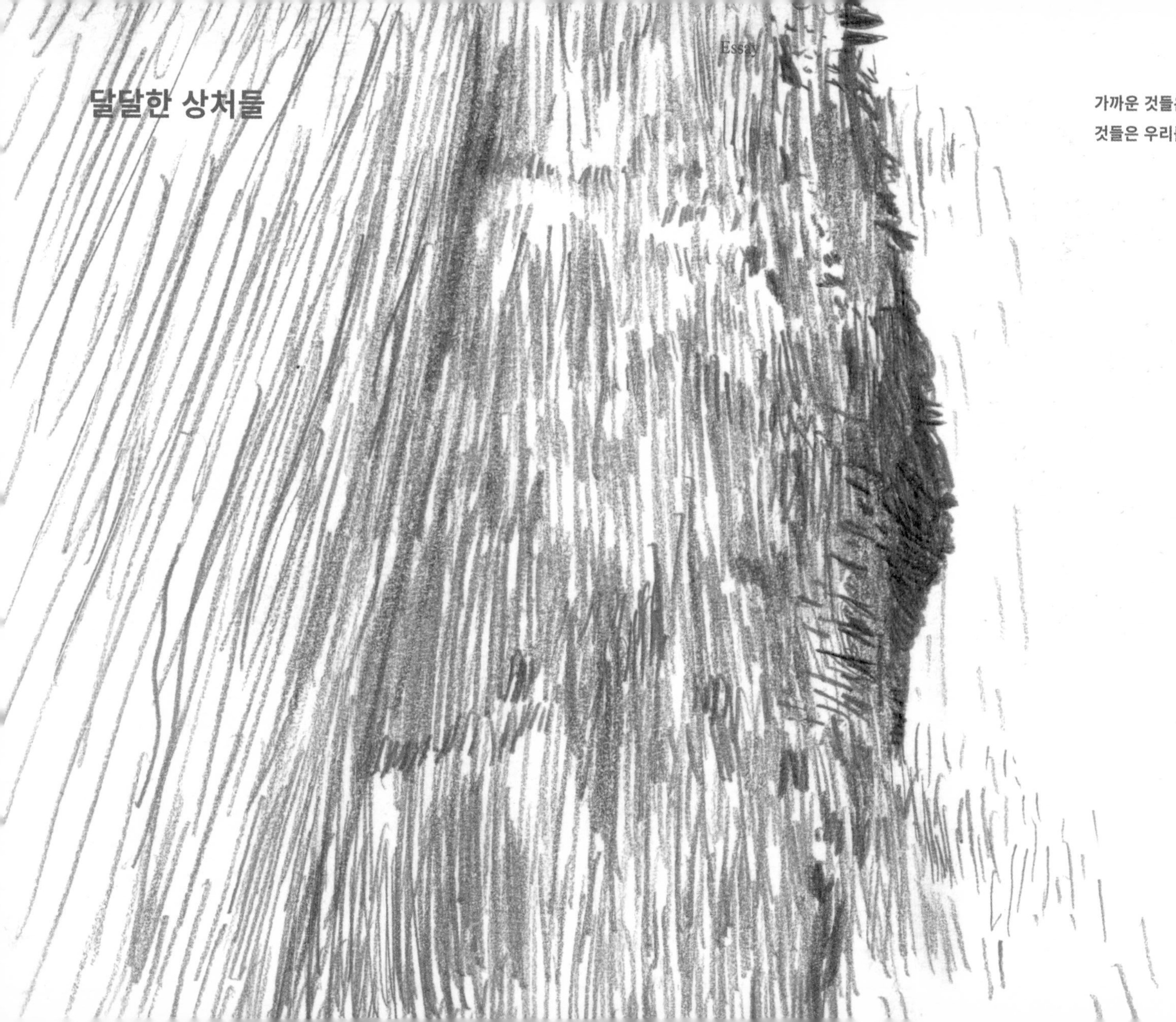

글·그림 한승재—푸하하하프렌즈

가족과 차를 타고 먼 길을 갈 때마다 나는 자동차 뒷좌석에 누워서 가곤 했다. 누워서 가면 편했지만 누워서 바라볼 수 있는 경치는 하늘뿐이라서, 누우면 지루했다. 그래서 누웠다, 앉았다를 반복했다. 뒷좌석에 등을 대고 누우면 몸이 흔들거렸기 때문에 천장에 발을 딛었다. 뒷유리를 통해 올려다본 풍경은 구불거리는 전선들이 엉킨 모습이었다. 하늘은 어지러운 전깃줄로 가득 차 있었고, 차가 움직이기 시작하면 전깃줄은 흐르는 강의 어두운 표면처럼 느리게 출렁이기 시작했다. 전봇대가 왼쪽에서, 그리고 오른쪽에서 조금의 시차를 두고 가끔 나타나면 엉켜 있는 전깃줄이 잠시 정리되곤 했다. 어느 지점에 이르면 하늘은 빙글빙글 돌고, 차는 서고 달리기를 반복했다. 어느덧 전깃줄이 모두 사라지고 하늘이 깨끗해지면 자동차는 빠르게 움직이기 시작했다.

고속도로에 진입하면 안전벨트를 매고 똑바로 앉았다. 고개 돌려 바라본 창밖의 풍경은 가로로 지익 그은 선들의 집합이었다. 가드레일, 풀잎, 맞은편의 차들 모두 저 멀리에 있을 땐 형태를 뚜렷이 볼 수 있었지만, 가까이에선 가로로 찌익 그은 선들로 변해버려 그것을 지나는 순간엔 형체를 알아볼 수 없게 되어 버렸다. 표지판이나 나무 같은 것들도 저 멀리선 움직이지 않다가 우리 옆을 지나갈 때면 스르륵 움직이는 사물이 됐다. 그리고 지직 그어져 버렸다.

한편, 산이나 구름처럼 아주 멀리 있는 것들은 옆을 스쳐 지나는 사물들처럼 쉽게 사라지지 않았다. 꽤 오랫동안 우리를 따라다녔다. 멀리 있는 사물일수록 더 오랫동안 우리를 쫓아왔다. 자동차가 아무리 빨리 달려도, 아무리 급하게 방향을 꺾어도, 먼 곳에 있는 동산은 오랫동안 사라지지 않았다. 잊을 만하여 돌아보면 옆 유리에서 뒷유리로 살짝 넘어가 있을 뿐이었다. 그리고 어느덧 그것의 존재를 잊고 있을 때쯤 사라졌다.

해가 지고 하늘이 거뭇해질 무렵 나타난 달은 목적지에 도착할 때까지 우리를 놓치지 않았다. 가끔 달이 산 뒤로 숨는 경우도 있었지만, 산이 오랜 시간에 걸쳐 뒤쪽 풍경으로 달아나고 나면 달은 빼꼼히 다시 나타나 함께 달리곤 했다. 달은 조금도 민첩하게 움직이지 않으면서 어떻게 이렇게 빠르게 달리는지 궁금했다. 또래보다 영리했던 어린 시절의 나는 끊임없이 따라붙는 달을 바라보며 위대한 과학적 명제를 하나 정립하게 되었다.

“가까운 것들은 쏜살같이 지나가며 멀리 있는 것들은 우리를 집요하게 쫓아온다.”

후에 나의 과학적 명제는 원근법이라는 이름으로 불린다는 사실을 알게 되었다.

닿을 수 없는 먼 곳의 이야기는 평생을 걸쳐 나를 집요하게 쫓아다녔다. 그것은 원근법에 따르면 저 먼 곳을 응시하는 태도로, 결코 볼 수 없거나 확인할 수 없는 먼 세계의 이야기에 귀를 기울이는 것이었다. 인간이 있기 전의 시간으로, 거짓과 다툼과 복잡함이 현실을 난도질하기 이전으로 시선을 돌리는 것이었다. 과거로, 과거로 끝없이 거슬러 올라가면 순수한 시절의 이야기를 만날 수 있었다. 저 먼 곳의 이야기 속에서 사람은 모두 동물로, 어린아이로, 이야기로 살고 있었다.

매일 밤 두 개의 달이 뜨는 네버랜드, 그곳에서는 평생 나이 들지 않는 피터팬과 친구들이 밤늦도록 아이들의 축제를 펼치고 있었다. 보노보노와 너부리, 포로리처럼 천천히 산책하는 동물들의 세계가 있었다. 모순과 다툼이 없었기에, 그 세계는 조심하거나 두려워할 필요가 전혀 없는 곳이었다. 제리가 톰의 대가리를 10톤짜리 망치로 내려치더라도 해를 가할 수 없는 안전한 세계였다. 사람들이 없을 땐 몰래 돌아다니다가 인기척이 느껴지면 원래 있던 자리로 돌아가 털썩 힘을 빼고 드러눕는 인형과 장난감들의 세계…. 그런 장난 같은 세계를 동경했고, 심지어 그것이 눈앞의 현실보다 더 진실한 세상이라고 믿기도 했다. 현실은 그에 비해 너무나 복잡하고 잔인한 곳이었다. 여러 말 하지 않아도 될 정도로 명백히 그런 곳이었다. 그래서 눈앞을 스치고 지나가는 지금의 세계에는 관심을 두지 않았다. 똑바로 마주하려 할 때 가까운 풍경은 쓱 그어지는 선이 되고 말았으니, 가까운 곳의 이야기는 저 먼 곳의 이야기보다 오히려 더 비현실적인 이야기인 것으로 치부했다.

아주 오랫동안 먼 곳에 시선을 둔 채로 눈을 떼지 않았다. 그 아름다운 세계의 이야기는 지금쯤 저 먼 곳에서 반짝이는 별에 도달해 있을 것이라고 생각했다. 그렇지 않다면 우주가 이렇게까지 넓을 필요가 없었을 테지, 확신하며… 저 별 어딘가에서 산책하고 있을 동물 친구들을 생각하면 마치 잃어버린 고향을 그리워하는 것처럼 마음이 조여오고 그리워지기까지 했다.

성인이 되어서도 남들보다 오랫동안 그 세계를 놓지 못했다. 이야기를 쓸 때마다 습관적으로 먼 곳의 이야기로 시작하곤 했다. 기억할 수 있는 가장 먼 곳의 이야기로 시작해 그곳에 시선을 고정하고 글을 써 내려갔다. 그건 꽤 효과적인 방법이었다. 태어난 지 얼마 되지 않은 어린 시절은 모두에게나 존재하는 시절이므로 누구나 쉽게 공감할 수 있으며, 지나치게 순진하거나 멍청하게 굴어도 미움을 받지 않을 안전함이 있기 때문이다. 무엇보다도 어쩔 수 없는 인간 공통의 상처를 건드리는 일이기도 했기에 무척 효과적이었다. 인간은 누구나 회복될 수 없는 달달한 상처를 가지고 있는데 그것은 절대로 시간을 거스를 수 없다는 무력감이었다. 나는 그 무력감을 사랑했다. 내가 사랑하는 것은 반드시 먼 곳에 있어야만 했다. 사랑하는 것들은 이미 지나간 것이어야 했다. 손에 잡히지 않는 세계여야만 했다. 그렇게 모든 것으로부터 거리를 두는 달달한 상처가 꽤 오랫동안 문학적 심상을 지배했다.

어른이 되어 세상을 사랑하기 시작했을 때, 더 이상 아이인 척할 수 없게 되었을 때, 혼돈에 발 딛고 명확하지 않은 풍경에 몸을 내던졌을 때, 나는 더 이상 먼 곳의 세상을 바라보지 않을 수 있게 되었다. 사랑하기 위해선 가까이 다가가야 한다는 점에서 저 먼 곳의 세계는 거짓임이 증명되었다. 어른이 되어 새로운 과학적 명제를 정립하게 되었다.

“먼 곳을 그리워할 수는 있지만 사랑할 수는 없다.”

반드시 거리를 두어야만 존재하는 그 달콤한 세계는 노스탤지어였다.

노스탤지어Nostalgia 또는 향수鄕愁는 타향에서 고향을 그리워하는 것 또는 지나간 시대를 그리워하는 것을 말한다. 향수를 병에 견주어 향수병鄕愁病이라고 일컫는다.—위키백과

행복하고 싶어요

오늘도 수고하셨습니다

글 한수희
일러스트 서수연

내 중년 인생 최고의 기쁨은 커피와 술이다.
그리고 매일 나는 커피와 술, 둘 중 무엇을 포기해야 할지 저울질한다.

하루 한 잔의 커피와 한 캔의 맥주. 이 둘은 내 중년 인생의 소박한 기쁨이며 위안이다. 아침에 눈을 떠 진한 커피를 한 잔 마시고, 저녁에 집에 돌아와 시원한 맥주를 한 캔 따는 것. 이런 기쁨과 위안마저 허락되지 않는 삶이란 얼마나 팍팍한가? 그러나 매일 나는 커피와 술, 둘 중 무엇을 포기해야 할지 저울질한다.

커피는 거의 90퍼센트의 확률로 속 쓰림을 유발한다.
커피는 만성적인 나의 역류성식도염과 위염의 원흉이다.
그렇다면 술은? 술은 살이 찐다. 뱃살의 주범이다.
커피보다 덜하지만 속이 쓰리기는 마찬가지다.
커피 대 술, 당신의 선택은? 나는 고뇌하기 시작한다.
커피를 마시면 최소한 제정신이기는 하다. 허나 술을 마시다 보면 결국 정신줄을 놓고 실언을 유발하게 된다.
커피값은 비싸 봐야 만 원이지만 술값은 오만 원, 십만 원, 이십만 원에 육박할 때도 부지기수다. 기분파인 나는 팬티 한 장 사는 데는 벌벌 떨면서, 술집에서는 지갑을 활짝 활짝 잘도 연다. 이렇게 살다가 패가망신하기 딱 좋지.
그래, 그러면 나는 술을 끊어야 할 것이다.
하지만 더운 여름날, 지치고 쥐어짜인 채로 집에 돌아오면 차가운 맥주, 맥주 생각밖에 나지 않는다. 맥주를 마시며 야수의 본성을 겨우 잠재운 나는 또다시 고뇌에 빠진다.
커피와 술, 둘 중 무엇을 포기할 수 있을 것인가? 괴롭다.
이보다 더 괴로운 선택은 없는 것 같다.
이것들을 끊으면 지긋지긋한 식도염과 위염에서 벗어날 수 있을 것이다. 거기에 더해 뱃살도 빠지고, 돈도 아끼고, 실언도 덜하게 되고… 그러나 해서는 안 되는 일이라고 생각하니 커피와 술을 떠올리기만 해도 바람을 피우려는 여자처럼 가슴이 두근거린다(바람은 피우지 않습니다만).
나는 아무래도 커피와 술에 중독되어 버린 것이다.

> 서울 카페 생활의 괴로움 중 하나는 일찍 문 여는 데가 별로 없다는 점이다. (중략) 방문자가 없더라도 '평온한 오전을 보낼 수 있어서 너무 좋다, 매일 이랬으면' 하고 기뻐하는 운영자는 정녕 없단 말인가. '매일 이랬으면'까지는 아니더라도 방문자가 많으면 많은 대로 없으면 없는 대로 알찬 시간을 보낼 정도로 자아가 단단한 운영자가 나타나길 기다리고 있다.
>
> — 이기준, 《단골이라 미안합니다》 중에서

"내 생각의 동력은 적절한 공간과 음악과 커피"라고 말하는 디자이너 이기준에게 카페는 사무실 겸 작업실이다. 아침부터 카페에 앉아 커피를 마시며 일을 하고, 근처 식당에서 점심을 먹고, 다른 카페로 옮겨 저녁까지 일을 하는 이 성실한 직업인의 책《단골이라 미안합니다》에는 커피와 카페에 대한 시시콜콜한 이야기들이 빼곡히 채워져 있다. 어깨에 힘을 빼고 좋아하는 것과 싫어하는 것에 대해 술술 써 내려간 글들을 읽는 기쁨이란!

이기준처럼 나도 아침 일찍 여는 카페를 사랑한다. 우리 동네에 있는 내 단골 카페는 감사하게도 아침 8시 30분에 문을 연다. 9시쯤 이 카페에 도착해 따뜻한 플랫화이트를 마시면서 이런저런 글을 쓰다가 11시가 지나면 회사로 출근하는 것이 나의 일과(내게는 글 쓰는 일 말고도 생계를 위한 다른 일이 있다). 낯선 도시를 여행할 때도 아침 일찍 문을 여는 카페부터 찾는다. 쿵쾅거리는 댄스 음악이나 울부짖는 발라드 음악을 틀지 않는 카페, 너무 크지도 너무 작지도 않은 카페, 적당히 밝거나 적당히 어두운 카페, 차분하고 조용하고 깨끗한 카페, 무엇보다 커피 맛이 좋은 카페를 나는 항상 찾아 헤맨다. 그런데 그런 카페를 찾기는 어렵다. 왜일까? 나의 취향이 대중의 취향과는 거리가 있는 걸까?

신기하게도, 어떤 공간이 마음에 드는지
안 드는지는 대체로 몇 초 안에 판가름 난다.
밖에서 잠깐 엿보기만 해도 느낌이 온다.
공간을 구성하는 요소에 대해 딱히 고찰한 적이
없어 무슨 근거로 판단이 이루어지는지 모르겠다.
자신도 모르는 걸 뇌는 어찌 그리도 신속히
판단하는지 신기할 따름이다.
(중략)
"매력일 수도 있지만 내용과 형식이 얼마나
자연스럽게 결합하느냐의 문제인 것 같아요. 공간도
그래요. '분위기'라는 단어밖에 떠오르지 않아서
좀 억울한데, 사람과 공간의 분위기가 겉도는 곳이
있고 자연스러운 곳이 있잖아요. 왜 그런 느낌이
드는지는 설명할 수 없지만 그 분위기가 공간의
느낌을 결정하는 것 같아요."
—《단골이라 미안합니다》 중에서

이기준에게도 이래서 좋고 저래서 좋은 단골 카페의 리스트가 있다. 그는 카페에서 커피를 마시고 일을 하면서 짬짬이 낯선 이들을 훔쳐보고 때로는 그들과 친구가 된다. 무성의한 음악 선곡이나, 화장실에 걸린 비위생적인 수건에 대해 불평하기도 한다. 커피를 둘러싼 무수한 규칙과 법칙 같은 것을 사랑하기도 하고, 그것에 얽매이지 않으면서 자기만의 유연한 기준을 가진 이들을 경애의 눈으로 바라본다.
커피라는 습관, 커피라는 의식. 커피콩을 갈고 그것에 물을 천천히 또는 빠르게 붓는 일. 걸쭉한 커피의 진액이 흘러나오거나 신선한 커피 가루가 부풀어 오르는 모습. 뜨거운 커피의 표면에 뜬 거품, 밝은색의 크레마, 탄내가 섞인 고소한 향기 같은 것. 그리고 어떤 음료로도 대체할 수 없는 그 독하고 쓴맛을 우리는 사랑하는 것이다. 그래, 나는 커피를 마시는 나를 사랑한다.
커피를 즐기는 일에는 이렇게 외골수적인 기쁨이 있다. 아무도 모르지만 나는 아는 기쁨. 쓸데없는 일에 고집을 피우는 기쁨. 작은 것에 감동받고 실망하는 기쁨. 그 이해할 수 없는 기쁨이 우리를 끌어당긴다.

필터 홀더에 분쇄한 원두를 넣고 탬핑을 한다.
단순한 동작이지만 매우 중요한 단계다. 자연스럽게
해내기까지 제법 품이 든다. 비결은 오직 하나,
반복이다. 몸을 쓰는 행위는 다 같은 단계를 거친다.
처음엔 힘이 잔뜩 들어가다가 거듭 반복해 동작이
몸에 익으면 자연스럽게 힘이 빠진다. 몸에 배도
꾸준히 해야 한다. 하루를 쉬면 이틀을 더 해야 몸이
유지된다. 하면 할수록 새로운 차원이 열린다. 가루
고르는 일 가지고 웬 호들갑인지 눈살 찌푸릴지도
모르지만, 사실이다. 이 정도면 충분하지 싶은 순간
뭔가에 조금 더 다가갔다는 느낌이 든다. 그 변화는
지극히 섬세해 일련의 과정을 겪지 않은 사람은
알기 힘들다.
—《단골이라 미안합니다》 중에서

책이 팔리지 않는 시대다. 긴 호흡의 이야기, 진지한 질문들은 더는 각광받지 못한다. 사람들은 점점 찰나의 즐거움에 빠져든다. 긴 글을 읽고 깊이 생각하며 세계의 부조리함에 의문을 품고 자신을 성찰하는 대신, 인스타그램을 스크롤하며 낄낄대거나 남을 부러워하고,

디저트처럼 달콤하고 짧은 글들에 빠지고, 마음에 찌꺼기를 남기지 않는 가벼운 영상이나 쉬운 전개의 드라마 같은 것들로 시름을 잊는다. 큰일이다. 세상이 어떻게 되어가고 있는 건가.

그리고 나는 밤마다 침대에 모로 누워서 인스타그램을 스크롤하며 남의 인생을 부러워하거나 낄낄거리고, 세계 각국의 드라마에 빠져 당면한 과제와 매일의 시름을 잊는다. 큰일이다. 내 인생은 어떻게 되어가고 있는 건가.

그렇게 내 침대 위의 기쁨 중 하나가 된 넷플릭스의 〈선술집 바가지〉는 딱 그런 드라마다. 마음에 찌꺼기를 남기지 않는, 딱히 대단할 것도 없고 깊이도 없는, 쉽고 가벼운, 그러니까 잠들기 전 멍청하게 누워서 보기 좋은 드라마.

바가지 선술집의 주인은 부모님에게서 가게를 물려받은 젊은 여자 미네와 그의 여동생 가오루다. 돌아가신 아버지는 지나치게 고지식하고 부끄러움이 많은 남자여서, '이런 평범한 가정식 요리를 돈을 받고 팔다니, 나는 손님들에게 바가지를 씌우고 있는 것이나 마찬가지다. 그렇기 때문에 나는 요리 하나하나에 정성을 다해야 한다. 바가지가 바가지로 남지 않도록'이라고 생각했다. 그래서 이 술집의 이름이 '바가지 선술집'이 된 것이다.

그러나 손님들은 이 바가지를 바가지라 생각하지 않는다. 나라도 이런 선술집이 있다면 매일 들르고 싶을 것이다. 쾌활하고 친절한 젊은 주인들이 맛깔스러운 가정식 요리를 즉석에서 만들어 낸다. 가게 안은 언제나 따뜻하고, 누구라도 환영받으며, 모두가 이 가게를 사랑한다.

작은 상점의 주인, 일용직 노동자, 말단 샐러리맨, 그냥 할머니인 단골손님들 중에서 형편이 넉넉한 사람은 없어 보인다. 저 사람들, 벌어서 이 술집에 다 갖다 바치는 게 아닐까 내가 다 걱정스러울 정도다.

이 드라마는 나처럼 지친 노동자들에게 판타지를 선물한다. 자, 여기로 오세요. 현실에는 존재하지 않는 따뜻한 정이 살아 있는 곳으로. 골목길 이름 없는 선술집 주인도 정성을 다해 손님을 대접하는 곳. 진상 손님 따위는 없는 곳. 선의로 가득 찬, 예의와 범절을 아는 이들만 입장할 수 있는 곳. 사람들은 누군가의 응원과 연설만으로도 쉽게 마음을 바꾸고, 마음을 바꾼 사람의 삶은 그렇게 쉽게 달라지는 곳.

그래, 어딘가에는 저런 장소가 있을 거야. 사람들이 서로 존중하고 응원하는 장소가. 매일 선술집에 들러 먹고 마셔도 가계나 위장에 구멍이 나지 않는 삶이. 나는 인류와 삶에 대한 믿음을 어느 정도 회복한 채, '내일은 드라마에서 가르쳐준 대로 만두를 구워봐야지.' 하고 다짐하며 눈을 감는다. 이런 드라마는 내게 영양제와 항우울제, 그리고 수면제를 더한 것이나 마찬가지다.

그런데 문득 그런 생각이 든다. 매일 약을 먹지 않으면 잠재워지지 않는 병이라면, 과연 그 약은 치료에 도움이 되는 걸까? 아니면 그저 병의 증상을 잠시 억누르는 것뿐인 걸까? 내 고통은 과연 치유될 수 있는 것일까? 술을 마셔 시름을 잊으려다 결국 시름이 빚처럼 불어나 빚더미에 깔리는 알코올 의존자처럼, 잠깐의 기쁨에 중독된 나는 찜찜한 기분으로 남은 날들을 살아가게 된다. 이렇게 잠시 잊어버린다고 해서 문제들이 사라져 버리는 것은 아니기 때문이다. 그러므로 이런 드라마는 내게 인민의 아편이나 같다. 그러나 아편 없이 이 고된 인생을 어떻게 버티리.

하루하루의 시름을 무엇으로 잊을 수 있을까. 어떤 사람은 연애를 하고 어떤 사람은 교회나 절에 간다. 또 다른 사람은 역기를 들어 올리고 누군가는 춤을 추고 누군가는 노래를 부르고 누군가는 그림을 그린다. 인간의 앞에는 홀로 견뎌야 할 너무나 많은 시간이 똬리를 틀고 있다.

아침이면 좋아하는 카페에 가서 커피를 마신다. 내일 출근할 생각을 하면 마음에 먹구름이 끼는 것 같다가도, 또 내일 아침에 맛 좋은 커피를 마실 것을 생각하면 먹구름은 이내 물러난다. 퇴근을 하고 집안일을 모두 마친 후에는 냉장고에서 꺼낸 차가운 맥주 한 캔을 들고 티브이 앞에 앉아 드라마를 튼다. 마음속 깊은 곳에서 아저씨 목소리가 튀어나온다. 캬, 이게 인생이지!

세상 사람들의 대부분에게 관심이 없고, 그들 중 일부를 좋아하지 않는다. 그리고 그들 중 극소수를 좋아한다. 드라마 속의 사람들을 본다. 비뚤어지거나 뒤틀린 데라고는 없는 착하고 올바른 사람들이 정성껏 요리를 만들고 그 요리를 음미하는 모습을 본다. 오이시이! 스고이! 우마이! 온몸이 오그라든다. 하지만 참으려고 노력한다. 드라마마저 미워하면 나는 이제 갈 곳이 없다. 커피와 술을 벗해 나는 이 인생을 살아간다. 그리고 나는 또 둘 중 무엇을 포기해야 좋을지 무의미한 저울질을 해 본다. 어찌 됐든, 오늘도 수고하셨습니다.

우리의 과자

내가 좋아하는 과자는

바나나킥 | 발행인 송원준

아무리 먹어도 배가 부르지 않는 달콤 바삭한 유과 같다.

이메이 구미 초코볼 | 편집장 김이경

어라운드 사무실에는 간식 창고가 있다. 매달 어떤 간식이 들어올지 기대하게 되는데, '이메이 구미 초코볼 포도맛'을 이 간식 창고에서 처음 알게 됐다. 달면서도 상큼하면서도 쫀득한 식감이 질리지 않아 계속 손이 간다. 어릴 적부터 좋아했던 해태 '롤리폴리'와 많이 고민했지만 지금 나에게 베스트는 구미 초코볼인 것으로.

건빵 한 포대 | 에디터 이주연

"건빵을 잘게 부숴 우유에 말아 먹으면 맛있어." 편의점을 다 뒤져도 건빵을 찾을 수 없어 실망한 다음 날, 집으로 건빵 10킬로가 배송되었다.

새우깡 | 에디터 김지수

말해 뭐해 새우깡 최고. 손이 가요 손이 가. 명실상부 대한민국 최고의 과자. 역대급 원조. 지금도 먹고 있다. 와그작와그작.

하나만 꼽을 순 없지 | 디자이너 양예슬

군것질을 사랑하는 나는 어느 것 하나만 꼽을 수 없어.

C콘칲 | 디자이너 손혜빈

이 과자의 정식 명칭은 콘칩도, 콘칲도 아닌 C콘칲이라는 사실! 허나 이름 같은 건 그다지 중요하지 않다. 은색 봉투를 찢었을 때 풍기는 고소한 옥수수 냄새와 바삭하고 가벼운 촉감, 그리고 짭조름한 맛만 있으면 되니까. 한동안 허니버터칩에 정신이 팔려 소홀했었지, 내가 다시 찾아갈게 C콘칲!

오뜨 | 마케터 윤혜원

단연 쇼콜라 오뜨. 네다섯 살의 동생과 나는 서로의 오뜨를 탐냈다. 치즈 맛은 안중에도 없었다. 기억의 사소한 능력은 어디까지려나. 지금도 동생이 더 많이 먹을까 냉큼 내 걸 사수한다. 난 지금도 한 박스 다 먹을 수 있어!

바나나킥 | 마케터 김연영

과자도 좋지만 다 먹고 나면 남아 있는 달달한 가루가 너무 좋다. 남은 가루를 한입에 털어 넣었을 때 입안 가득 퍼지는 달달함을 사랑한다. 과자 얘기인데 부스러기 얘기만 하는 게 웃기지만 어쩌겠는가? 내가 좋아하는 건 그 부스러기인데.

C콘칲 | 에디터 김현지

언제부터 네가 내 인생에 들어왔는지 모르겠지만, 나는 종종 하루의 일과를 마무리할 때 너를 떠올려. 맥주의 단짝으로 너만 한 친구가 없다고 생각하거든.

포카칩 오리지널 | 에디터 이다은

감자칩 계의 클래식! 감자칩 계의 어머니! 세계 제일가는 맥주 안주! 시원한 흰 우유의 짝꿍! 방심하면 눅눅해지니까 한 번에 다 못 먹을 때는 고무줄로 야무지게 묶어놔야 해. 고무줄이 없으면 머리끈을 풀어서라도 묶어놔야 해. 포카칩은 바삭함이 생명이야!!!

꼬깔콘 | 에디터 이명주

꼭 과자 한 봉지를 먹다가 남기곤 하는데 꼬깔콘은 다르다. 하나씩 집어먹다 보면 어느새 봉지 바닥에 닿는 손가락이 아쉽다. 군옥수수 맛, 고소한 맛, 새우마요 맛, 심지어 멘보샤 맛까지 다양하지만 그중 최고는 매콤 달콤한 맛. 왜냐면 퇴근 후의 맥주랑 세계 최강 잘 어울리니까!

페레로로쉐 | 브랜드 프로젝트 디렉터 하나

세 개면 세 개, 다섯 개면 다섯 개, 열여섯 개면 열여섯 개. 얼마든지 먹을 수 있다. 주변의 걱정을 사긴 하지만.

델몬트 샤인머스캣&청포도 | 브랜드 프로젝트 매니저 하지영

올여름 나의 소울 아이스크림. 한입 깨어 물면 샤인머스캣인지 청포도인지 모를 새콤달콤하고도 깔끔한 포도 향이 입 안에 퍼지고, 코코넛 젤리가 쏙쏙 박혀있어 몽글몽글 씹어 먹는 재미까지 있다. 얼마나 맛있는지 아이스크림이라는 걸 난생처음 박스 채로 구매해 냉장고에 차곡차곡 쌓아보았다. 매일 저녁 하나씩 꺼내 먹는 것으로 나의 하루를 마무리한다.

조청유과 | 브랜드 프로젝트 매니저 정현지

우리 가족이 서로를 생각하는 귀여운 방법이 있다. 바로 슈퍼나 편의점에 갔을 때 각자의 최애 간식을 사 오는 것. 아빠는 메로나, 엄마는 초코 다이제, 동생은 홈런볼, 그리고 나는 조청유과. 싸운 날에는 화해의 뜻이, 기분 좋은 날에는 기념의 의미가 된다.

로투스 쿠키 | 브랜드 프로젝트 매니저 지정현

상병 지정현의 관물대에는 로투스 쿠키가 한가득. 그땐 수입 과자 먹으면 사회에 있는 것 같았는데, 전역하고 나니 집에서 뻥튀기만 먹어도 행복하더라.

Vol.01 Vol.02 Vol.03 Vol.04 Vol.05 Vol.06 Vol.07 Vol.08 Vol.09 Vol.10
Vol.11 Vol.12 Vol.13 Vol.14 Vol.15 Vol.16 Vol.17 Vol.18 Vol.19 Vol.20
Vol.21 Vol.22 Vol.23 Vol.24 Vol.25 Vol.26 Vol.27 Vol.28 Vol.29 Vol.30
Vol.31 Vol.32 Vol.33 Vol.34 Vol.35 Vol.36 Vol.37 Vol.38 Vol.39 Vol.40
Vol.41 Vol.42 Vol.43 Vol.44 Vol.45 Vol.46 Vol.47 Vol.48 Vol.49 Vol.50
Vol.51 Vol.52 Vol.53 Vol.54 Vol.55 Vol.56 Vol.57 Vol.58 Vol.59 Vol.60
Vol.61 Vol.62 Vol.63 Vol.64 Vol.65 Vol.66 Vol.67 Vol.68 Vol.69 Vol.70
Vol.71 Vol.72 Vol.73 Vol.74 Vol.75 Vol.76 Vol.77 Vol.78 Vol.79 Vol.80
Vol.81 Vol.82 Vol.83 Vol.84 Vol.85

Publisher
송원준 Song Wonjune

Editor in Chief
김이경 Kim Leekyeng

Senior Editor
이주연 Lee Zuyeon

Editor
김지수 Kim Zysoo
김현지 Kim Hyunji
이다은 Lee Daeun
하나 Hana
이명주 Lee Myeongju

Art Director
김이경 Kim Leekyeng

Senior Designer
양예슬 Yang Yeseul

Cover Design Guide
오혜진 O Hezin

Cover Image
최모레 Choe More

Photographer
윤동길 Yun Donggil
이요셉 Lee Joseph
최모레 Choe More
해란 Hae Ran

Project Editor
배순탁 Bae Soontak
전진우 Jun Jinwoo
정다운 Jung Daun
한수희 Han Suhui
한승재 Han Seungjae

Illustrator
서수연 Seo Sooyeon
추세아 Choo Sea
휘리 Wheelee

AROUND PAGE
임진아 Im Jina

Marketer
윤혜원 Yoon Hyewon

Copy Editor
기인선 Ki Inseon

Management Support
강상림 Kang Sanglim

Advertisement
김양호 Kim Yangho
김갑진 Kim Gabjin
하나 Hana

Publishing
㈜어라운드
도서등록번호 제 2014-000186호
출판등록일 2009년 12월 5일
ISSN 2287-4216
창간 2012년 8월 20일
발행일 2022년 8월 30일

AROUND Inc.
서울시 마포구 동교로51길 27
27, Donggyoro 51-gil, Mapo-gu, Seoul, Korea

광고 문의 / 070 8650 6378
구독 문의 / 070 8650 6375
around@a-round.kr

a-round.kr
instagram.com/aroundmagazine

어라운드는 나무를 아끼기 위해
고지율 20퍼센트인 재생종이 그린라이트를 사용합니다.